Die selbstständige Einziehung nach § 76a Abs. 4 StGB

und § 437 StPO

Europäische Hochschulschriften Recht

European University Studies in Law

Publications Universitaires Européennes de Droit

Band/Volume 6771

Marcel Bienhüls

Die selbstständige Einziehung nach § 76a Abs. 4 StGB und § 437 StPO

PETER LANG

Berlin - Lausanne - Bruxelles - Chennai - New York - Oxford

Bibliografische Information der Deutschen Nationalbibliothek
Die Deutsche Nationalbibliothek verzeichnet diese Publikation in der Deutschen Nationalbibliografie; detaillierte bibliografische Daten sind im Internet über http://dnb.d-nb.de abrufbar.

Zugl.: Münster (Westfalen), Univ., Diss., 2023

D 6
ISSN 0531-7312
ISBN 978-3-631-91055-9 (Print)
E-ISBN 978-3-631-91058-0 (E-PDF)
E-ISBN 978-3-631-91059-7 (EPUB)
DOI 10.3726/b21316

Verlegt durch:
Peter Lang GmbH, Berlin, Deutschland

info@peterlang.com http://www.peterlang.com/

Diese Publikation wurde begutachtet.

www.peterlang.com

Vorwort

Die vorliegende Arbeit wurde im Sommersemester 2022 von der Rechtswissenschaftlichen Fakultät der Westfälischen Wilhelms-Universität Münster als Dissertation angenommen. Das Kolloquium fand am 28. Juni 2023 statt. Rechtsprechung und Literatur befinden sich auf dem Stand von Juli 2022.

Ich möchte mich zunächst ganz herzlich bei Herrn Prof. Dr. Michael Heghmanns bedanken, der die Bearbeitung des Themas betreut hat und der jederzeit – auch sehr kurzfristig – ein offenes Ohr für Rückfragen hatte.

Herzlich danken möchte ich ebenfalls Herrn Prof. Dr. Frank Zimmermann für die Erstellung des Zweitgutachtens sowie Herrn Prof. Dr. Moritz Vormbaum für die Mitwirkung als Vorsitzender der Prüfungskommission.

Ein besonderer Dank gilt meiner Familie, insbesondere meinen Eltern Norbert und Claudia Bienhüls und meiner Schwester Eileen Bienhüls, die sich als Nichtjuristen durch alle meine Kapitelentwürfe (ich vermute) gequält, diese auf sprachliche Fehler geprüft und mich auch sonst in jeglicher Hinsicht unterstützt haben.

Ferner möchte ich meinem Freund Elyas Abasi für die Durchsicht meiner Arbeit und seine konstruktive Kritik danken. Seine differenzierten Anmerkungen haben mir bei der Anfertigung dieser Abhandlung sehr geholfen.

Zu guter Letzt möchte ich mich auch bei allen anderen Personen bedanken, die mir in dieser Zeit beigestanden haben und für mich dagewesen sind.

Dülmen, im August 2023
Marcel Bienhüls

Inhaltsverzeichnis

A) Einleitung

Zum 01.07.2017 ist in Deutschland die selbstständige Einziehung nach § 76a Abs. 4 StGB durch das Gesetz zur Reform der strafrechtlichen Vermögensabschöpfung eingeführt worden.[1] Dabei handelt es sich um ein völlig neues Abschöpfungsinstrument, das es in dieser Form bisher in der Bundesrepublik Deutschland noch nicht gegeben hat.[2] Bereits das Gesetzgebungsverfahren wurde von zahlreichen kritischen Stellungnahmen begleitet.[3] Auch nach Einführung dieser Norm riss die Kritik, auf die im Laufe der Arbeit genauer eingegangen wird, nicht ab.

Aufsehen außerhalb des Fachpublikums erregte dieses Instrument erstmals durch eine groß angelegte Maßnahme der Berliner Strafverfolgungsorgane gegen die in der Bundeshauptstadt grassierende Clankriminalität. Zunächst wurden im Juli 2018 – ein Jahr nach Inkrafttreten des § 76a Abs. 4 StGB – 77 Immobilien des sogenannten Remmo-Clans von der Staatsanwaltschaft und dem Landeskriminalamt Berlin beschlagnahmt.[4] Es bestand der Verdacht, die Beschlagnahmeobjekte seien mit Geld aus Straftaten erworben worden.[5] Dazu

---

1 BGBl. 2017 I S. 872 ff.

2 BR-Drs. 418/16, S. 80; BT-Drs. 18/9525, S. 73; *El-Ghazi/Zimmermann* wistra 2020, 64; *Hinderer/Blechschmitt* NZWiSt 2018, 179 (180); *Schilling/Corsten/Hübner* StraFo 2017, 305 (310); *Trüg* NJW 2017, 1913 (1915).

3 Siehe exemplarisch: Stellungnahme der BRAK Nr. 15/2016, S. 6 f.; Stellungnahme der BRAK Nr. 39/2016, S. 4 f.; Stellungnahme des DAV Nr. 30/2016, S. 15 ff.; Stellungnahme des DAV Nr. 59/2016, S. 3 ff.; Stellungnahme des DRB Nr. 9/16, S. 4; Stellungnahme des DRB Nr. 19/16, S. 4 f.; Stellungnahme der StVV vom 31.05.2016, S. 17 ff.; Stellungnahme der StVV vom 21.09.2016, S. 3 f.

4 *Carstens*, Münzraub, Bankraub, Geldwäsche, FAZ vom 19.07.2018, https://www.faz.net/aktuell/gesellschaft/kriminalitaet/berlin-ermittlungen-gegen-arabischen-clan-15699070.html, zuletzt abgerufen am 04.07.2022; *Demirci/Leber/Heine/van Bebber*, Der Staat greift nach dem Geld von Berlins kriminellstem Clan, Tagesspiegel vom 20.07.2018, https://www.tagesspiegel.de/themen/reportage/offene-rechnung-der-staat-greift-nach-dem-geld-von-berlins-kriminellstem-clan/22820606.html, zuletzt abgerufen am 04.07.2022; *Meyer-Heuer*, Polizei beschlagnahmt Dutzende Immobilien von Großfamilie, Spiegel vom 19.07.2018, https://www.spiegel.de/panorama/justiz/berlin-polizei-beschlagnahmt-dutzende-immobilien-arabischer-grossfamilie-a-1218905.html, zuletzt abge-rufen am 04.07.2022.

5 *Carstens*, Münzraub, Bankraub, Geldwäsche, FAZ vom 19.07.2018, https://www.faz.net/aktuell/gesellschaft/kriminalitaet/berlin-ermittlungen-gegen-arabischen-clan-15699070.html, zuletzt abgerufen am 04.07.2022; *Demirci/Leber/Heine/van Bebber*,

gehörte unter anderem der Einbruch in eine Mariendorfer Sparkasse im Oktober 2014, wobei die drei Täter mehr als 9 Millionen Euro erbeuteten.[6] Nach der Sicherstellung der Immobilien wurden in einem späteren Schritt auch die daraus generierten Mieteinnahmen beschlagnahmt.[7] Durch Beschluss des Landgerichts Berlin vom 07.04.2020 wurden zwei der Immobilien eingezogen.[8] Die dagegen eingelegte sofortige Beschwerde vor dem Kammergericht war erfolglos.[9] Deshalb hat sich das von der Einziehung betroffene Clanmitglied an das Bundesverfassungsgericht gewandt. Die anhängige Verfassungsbeschwerde wird dort unter dem Aktenzeichen 2 BvR 533/21 geführt.[10]

Der Staat greift nach dem Geld von Berlins kriminellstem Clan, Tagesspiegel vom 20.07.2018, https://www.tagesspiegel.de/themen/reportage/offene-rechnung-der-staat-greift-nach-dem-geld-von-berlins-kriminellstem-clan/22820606.html, zuletzt abgerufen am 04.07.2022; *Meyer-Heuer*, Polizei beschlagnahmt Dutzende Immobilien von Großfamilie, Spiegel vom 19.07.2018, https://www.spiegel.de/panorama/justiz/berlin-polizei-beschlagnahmt-dutzende-immobilien-arabischer-grossfamilie-a-1218905.html, zuletzt abge-rufen am 04.07.2022.

6 *Carstens*, Münzraub, Bankraub, Geldwäsche, FAZ vom 19.07.2018, https://www.faz.net/aktuell/gesellschaft/kriminalitaet/berlin-ermittlungen-gegen-arabischen-clan-15699070.html, zuletzt abgerufen am 04.07.2022; *Demirci/Leber/Heine/van Bebber*, Der Staat greift nach dem Geld von Berlins kriminellstem Clan, Tagesspiegel vom 20.07.2018, https://www.tagesspiegel.de/themen/reportage/offene-rechnung-der-staat-greift-nach-dem-geld-von-berlins-kriminellstem-clan/22820606.html, zuletzt abgerufen am 04.07.2022; *Meyer-Heuer*, Polizei beschlagnahmt Dutzende Immobilien von Großfamilie, Spiegel vom 19.07.2018, https://www.spiegel.de/panorama/justiz/berlin-polizei-beschlagnahmt-dutzende-immobilien-arabischer-grossfamilie-a-1218905.html, zuletzt abge-rufen am 04.07.2022.

7 *Keilani/Heine*, Ermittler beschlagnahmen Mieteinnahmen aus Immobilien, Tagesspiegel vom 29.04.2019, https://www.tagesspiegel.de/berlin/razzia-im-berliner-clan-milieu-ermittler-beschlagnahmen-mieteinnahmen-aus-immobilien/24267786.html, zuletzt abgerufen am 04.07.2022; Weiterer Schlag gegen kriminelle Clans, FAZ vom 29.04.2019, https://www.faz.net/aktuell/gesellschaft/kriminalitaet/mieteinnahmen-sichergestellt-ermittlung-gegen-kriminellen-clan-16162935.html, zuletzt abgerufen am 04.07.2022.

8 KG NZWiSt 2021, 74 (75); Pressemitteilung des Landgerichts Berlin vom 17.04.2020, https://www.berlin.de/gerichte/presse/pressemitteilungen-der-ordentlichen- gerichtsbarkeit/2020/pressemitteilung.922018.php, zuletzt abgerufen am 04.07.2022.

9 KG NZWiSt 2021, 74 (76).

10 Bundesverfassungsgericht – Ausgewählte Neueingänge des Jahres 2021, https://www.bundesverfassungsgericht.de/DE/Verfahren/Ausgew%C3%A4hlte%20Neueing%C3%A4nge/vs_2021/Ausgew%C3%A4hlte%20Neueing%C3%A4nge_2021_node.html, zuletzt abgerufen am 04.07.2022.

Seit dem Vorgehen der Berliner Strafverfolgungsbehörden hat § 76a Abs. 4 StGB bereits eine Novellierung durch das Gesetz zur Verbesserung der strafrechtlichen Bekämpfung der Geldwäsche erfahren, die seit dem 18.03.2021 in Kraft ist.[11] Die aktuelle Fassung der Norm lautet:

(4) [1]Ein wegen des Verdachts einer in Satz 3 genannten Straftat sichergestellter Gegenstand sowie daraus gezogene Nutzungen sollen auch dann selbständig eingezogen werden, wenn der Gegenstand aus einer rechtswidrigen Tat herrührt und der von der Sicherstellung Betroffene nicht wegen der ihr zugrundeliegenden Straftat verfolgt oder verurteilt werden kann. [2]Wird die Einziehung eines Gegenstandes angeordnet, so geht das Eigentum an der Sache oder das Recht mit der Rechtskraft der Entscheidung auf den Staat über; § 75 Absatz 3 gilt entsprechend. [3]Straftaten im Sinne des Satzes 1 sind

1. aus diesem Gesetz:
a) Vorbereitung einer schweren staatsgefährdenden Gewalttat nach § 89a und Terrorismusfinanzierung nach § 89c Absatz 1 bis 4,
b) Bildung krimineller Vereinigungen nach § 129 Absatz 1 und Bildung terroristischer Vereinigungen nach § 129a Absatz 1, 2, 4, 5, jeweils auch in Verbindung mit § 129b Absatz 1,
c) Zuhälterei nach § 181a Absatz 1, auch in Verbindung mit Absatz 3,
d) Verbreitung, Erwerb und Besitz kinderpornografischer Inhalte in den Fällen des § 184b Absatz 2,
e) gewerbs- und bandenmäßige Begehung des Menschenhandels, der Zwangsprostitution und der Zwangsarbeit nach den §§ 232 bis 232b sowie bandenmäßige Ausbeutung der Arbeitskraft und Ausbeutung unter Ausnutzung einer Freiheitsberaubung nach den §§ 233 und 233a,
f) Geldwäsche nach § 261 Absatz 1 und 2,

2. aus der Abgabenordnung:
a) Steuerhinterziehung unter den in § 370 Absatz 3 Nummer 5 genannten Voraussetzungen,
b) gewerbsmäßiger, gewaltsamer und bandenmäßiger Schmuggel nach § 373,
c) Steuerhehlerei im Fall des § 374 Absatz 2,

3. aus dem Asylgesetz:
a) Verleitung zur missbräuchlichen Asylantragstellung nach § 84 Absatz 3,
b) gewerbs- und bandenmäßige Verleitung zur missbräuchlichen Asylantragstellung nach § 84a,

11 BGBl. 2021 I S. 327 ff.

4. aus dem Aufenthaltsgesetz:
a) Einschleusen von Ausländern nach § 96 Absatz 2,
b) Einschleusen mit Todesfolge sowie gewerbs- und bandenmäßiges Einschleusen nach § 97,

5. aus dem Außenwirtschaftsgesetz:
vorsätzliche Straftaten nach den §§ 17 und 18,

6. aus dem Betäubungsmittelgesetz:
a) Straftaten nach einer in § 29 Absatz 3 Satz 2 Nummer 1 in Bezug genommenen Vorschrift unter den dort genannten Voraussetzungen,
b) Straftaten nach den §§ 29a, 30 Absatz 1 Nummer 1, 2 und 4 sowie den §§ 30a und 30b,

7. aus dem Gesetz über die Kontrolle von Kriegswaffen:
a) Straftaten nach § 19 Absatz 1 bis 3 und § 20 Absatz 1 und 2 sowie § 20a Absatz 1 bis 3, jeweils auch in Verbindung mit § 21,
b) Straftaten nach § 22a Absatz 1 bis 3,

8. aus dem Waffengesetz:
a) Straftaten nach § 51 Absatz 1 bis 3,
b) Straftaten nach § 52 Absatz 1 Nummer 1 und 2 Buchstabe c und d sowie Absatz 5 und 6.

Die Neufassung diente insbesondere der Klarstellung, dass nicht nur der sichergestellte Gegenstand, sondern auch die daraus gezogenen Nutzungen der Einziehung unterliegen können.[12] Zudem sollte dadurch die zur Gesetzeslage von 2017 ergangene Rechtsprechung des Bundesgerichtshofs überholt werden, wonach ein Katalogtatverdacht spätestens im Zeitpunkt der Sicherstellung bestehen musste.[13] Seit der Novellierung von 2021 ist es deshalb ausreichend, wenn der Verdacht wegen einer Tat des § 76a Abs. 4 S. 3 StGB erst durch Umstände und Ermittlungen aufkommt, die der Sicherstellung zeitlich nachfolgen.[14]

Prozessual flankiert wird das neue Abschöpfungsinstrument durch den ebenfalls 2017 eingeführten § 437 StPO:

[1]Bei der Entscheidung über die selbständige Einziehung nach § 76a Absatz 4 des Strafgesetzbuches kann das Gericht seine Überzeugung davon, dass der Gegenstand aus einer rechtswidrigen Tat herrührt, insbesondere auf ein grobes Missverhältnis zwischen dem

12 BT-Drs. 19/24180, S. 27.
13 BT-Drs. 19/26602, S. 7 f.
14 BT-Drs. 19/26602, S. 7 f.

Wert des Gegenstandes und den rechtmäßigen Einkünften des Betroffenen stützen. ²Darüber hinaus kann es bei seiner Entscheidung insbesondere auch berücksichtigen

1. *das Ergebnis der Ermittlungen zu der Tat, die Anlass für das Verfahren war,*
2. *die Umstände, unter denen der Gegenstand aufgefunden und sichergestellt worden ist, sowie*
3. *die sonstigen persönlichen und wirtschaftlichen Verhältnisse des Betroffenen.*

Die genannten Kriterien sollen den Gerichten dabei helfen, sich von einer rechtswidrigen Herkunft des Einziehungsgegenstandes zu überzeugen.[15]

Auf die Beschlussempfehlung des Ausschusses für Recht und Verbraucherschutz wurde zudem die Übergangsvorschrift des Art. 316h EGStGB eingeführt.[16] Sie ordnet eine rückwirkende Anwendung, nicht nur des § 76a Abs. 4 StGB, sondern noch einiger weiterer Normen an:

¹Wird über die Anordnung der Einziehung des Tatertrages oder des Wertes des Tatertrages wegen einer Tat, die vor dem 1. Juli 2017 begangen worden ist, nach diesem Zeitpunkt entschieden, sind abweichend von § 2 Absatz 5 des Strafgesetzbuches die §§ 73 bis 73c, 75 Absatz 1 und 3 sowie die §§ 73d, 73e, 76, 76a, 76b und 78 Absatz 1 Satz 2 des Strafgesetzbuches in der Fassung des Gesetzes zur Reform der strafrechtlichen Vermögensabschöpfung vom 13. April 2017 (BGBl. I S. 872) anzuwenden. ²Die Vorschriften des Gesetzes zur Reform der strafrechtlichen Vermögensabschöpfung vom 13. April 2017 (BGBl. I S. 872) sind nicht in Verfahren anzuwenden, in denen bis zum 1. Juli 2017 bereits eine Entscheidung über die Anordnung des Verfalls oder des Verfalls von Wertersatz ergangen ist.

Diese Regelung führt dazu, dass, vorbehaltlich der Ausnahme in Satz 2, ab dem Inkrafttreten des Gesetzes nur noch das neue Vermögensabschöpfungsrecht Anwendung findet.

Die Funktionsweise der selbstständigen Einziehung lässt sich am Fall des Berliner Clans skizzieren. Insbesondere kommt es dafür auf alle drei der vorgestellten Normen an. Die beiden eingezogenen Grundstücke hatte das einziehungsbetroffene Clanmitglied am 16.10.2012 erworben.[17] Dies geschah also vor dem Inkrafttreten der neuen Abschöpfungsregelungen. Die Beschlagnahmeanordnung durch das Amtsgericht Tiergarten erfolgte am 27.06.2018 und die Einziehung durch das Landgericht Berlin am 07.04.2020.[18] Bis zu diesem Zeitpunkt war noch keine Entscheidung über die Anordnung des Verfalls oder des Verfalls von Wertersatz nach altem Recht im Sinne des Art. 316h S. 2 EGStGB erfolgt.

---

15 BR-Drs. 418/16, S. 104; BT-Drs. 18/9525, S. 92.

16 BT-Drs. 18/11640, S. 21 f., 84.

17 KG NZWiSt 2021, 74 (75).

18 KG NZWiSt 2021, 74 (75).

Deshalb konnte gemäß Art. 316h S. 1 EGStGB das neue Abschöpfungsrecht angewendet werden, obwohl die mutmaßlichen Straftaten vor dem 01.07.2017 begangen wurden. Unter anderem gegen den Einziehungsadressaten war ein Ermittlungsverfahren wegen Geldwäsche geführt worden, in dem jedoch kein entsprechender Nachweis erbracht werden konnte.[19] Es bestand der Verdacht, dass der Betroffene und weitere seiner Familienmitglieder Gelder aus Katalogtaten der Geldwäsche[20] wuschen, indem sie damit Immobilien und Rechte an den Grundstücken erwarben.[21] Die Geldwäsche war und ist eine Katalogtat gemäß § 76a Abs. 4 S. 3 Nr. 1 lit. f) StGB. Somit erfolgte die Sicherstellung wegen des Verdachts einer Katalogtat und die selbstständige Einziehung war anwendbar. Worauf es jetzt noch ankam, war die Überzeugung des Gerichts von einer rechtswidrigen Herkunft der Vermögensgegenstände. Nach den getroffenen Feststellungen erwarb der Betroffene die beiden Grundstücke im Wert von 224.280 Euro im Alter von 19 Jahren.[22] Dabei konnte er nicht plausibel darlegen, woher das dafür erforderliche Vermögen stammte.[23] Insbesondere verfügte er selbst nicht über entsprechende legale Einkünfte.[24] Deshalb konnte das Gericht seine Entscheidung auf das Missverhältniskriterium des § 437 S. 1 StPO stützen: Der Einziehungsadressat konnte sich mit den beiden Grundstücken Gegenstände leisten, die vom Wert her im groben Missverhältnis zu seinen rechtmäßigen Einkünften stehen. Hinzu kam seine Clanzugehörigkeit als „sonstige persönliche Verhältnisse" im Sinne des § 437 S. 2 Nr. 3, 1. Alt. StPO. Diese Indizien genügten dem Gericht, um zu der Überzeugung zu gelangen, das Eigentum an den Grundstücken stamme aus einer rechtswidrigen Tat.[25] Danach lagen die Voraussetzungen des § 76a Abs. 4 StGB vor und eine Einziehung konnte erfolgen.

Von der Funktionsweise her verbindet § 76a Abs. 4 StGB den erweiterten Verfall nach § 73d StGB a.F. (nunmehr die erweiterte Einziehung gemäß § 73a StGB) mit der selbstständigen Anordnung gemäß § 76a StGB in der vor dem 01.07.2017 geltenden Fassung, sodass es sich genau genommen um eine

---

19 KG NZWiSt 2021, 74 (75).

20 Bis zum Jahre 2021 verfügte die Geldwäsche noch über einen Vortatenkatalog, der mit dem Gesetz zur Verbesserung der strafrechtlichen Bekämpfung der Geldwäsche aufgehoben wurde, BT-Drs. 19/24180, S. 7 f., 29.

21 KG NZWiSt 2021, 74 (75).

22 KG NZWiSt 2021, 74 (75).

23 KG NZWiSt 2021, 74 (78 ff.).

24 KG NZWiSt 2021, 74 (79).

25 KG NZWiSt 2021, 74 (78).

selbstständige erweiterte Einziehung handelt.[26] Denn nach § 73d StGB a.F. war es möglich, neben den aus einer nachgewiesenen rechtswidrigen Tat erlangten Gegenständen auch solche Objekte abzuschöpfen, die nach Überzeugung des Gerichts aus einer anderen rechtswidrigen, aber nicht nachweisbaren Tat stammten. Über § 76a StGB a.F. konnten Einziehung und Verfall von Gegenständen auch dann selbstständig angeordnet werden, wenn wegen der Straftat keine bestimmte Person verfolgt werden konnte. Diese beiden Aspekte verbindet § 76a Abs. 4 StGB, allerdings mit dem Unterschied, dass es keiner nachgewiesenen Anlasstat bedarf, sondern nur eines Anlasstatverdachts.[27] Gegen dieses neue Abschöpfungsinstrument wird eine ganze Reihe an Vorwürfen erhoben.[28] In dieser Arbeit werden in vier Kapiteln die schwerwiegendsten davon auf ihre Berechtigung hin untersucht: Ein möglicher Verstoß gegen die Unschuldsvermutung unter Berücksichtigung des Schuldgrundsatzes und der Selbstbelastungsfreiheit, ein etwaiger Eingriff in die freie richterliche Beweiswürdigung, eine Unvereinbarkeit mit der Eigentumsgarantie des Art. 14 Abs. 1 GG und ein Verstoß gegen das Rückwirkungsverbot.

---

26 *Hinderer/Blechschmitt* NZWiSt 2018, 179 (180); *Köhler/Burkhard* NStZ 2017, 665 (671).

27 *Hinderer/Blechschmitt* NZWiSt 2018, 179 (180); *Köhler/Burkhard* NStZ 2017, 665 (671).

28 Vgl. für einen ersten Überblick: Stellungnahme der StVV vom 31.05.2016, S. 17 ff.; Wissenschaftliche Dienste des Bundestages, WD 7 - 3000 - 174/18, S. 14 f.

B) Die selbstständige erweiterte Einziehung im Spannungsfeld strafrechtlicher Grundsätze

Zunächst kommt ein Verstoß gegen die Unschuldsvermutung in Betracht. Hergeleitet wird sie aus dem Rechtsstaatsprinzip (Art. 20 Abs. 3 GG) und Art. 6 Abs. 2 EMRK.[29] Inhaltlich besagt sie gemäß Art. 6 Abs. 2 EMRK, dass jede Person, die einer Straftat angeklagt ist, bis zum gesetzlichen Beweis ihrer Schuld als unschuldig gilt. Das bedeutet, dass es in Deutschland nicht Aufgabe des Beschuldigten oder der Beschuldigten[30] ist, seine bzw. ihre Unschuld zu beweisen, sondern die Strafverfolgungsbehörden die Schuld des vermeintlichen Täters darzulegen haben.[31] Tangiert sein könnte sie – wie auch der Schuldgrundsatz – deshalb, weil für eine Einziehung nach § 76a Abs. 4 StGB eine nachgewiesene Straftat nicht erforderlich ist. Diese beiden Garantien können jedoch nur bei Strafen und strafähnlichen Maßnahmen Geltung beanspruchen.[32] Insofern kommt es zunächst darauf an, ob das neue Abschöpfungsinstrument in diese Kategorie fällt. Für eine solche Einordnung gibt es zwei Ansatzpunkte. Der „generelle", weil für alle Einziehungsmaßnahmen geltende, Aspekt ist das Bruttoprinzip (hierzu I.). Der spezielle Aspekt besteht in den konkreten Auswirkungen des neuen § 76a Abs. 4 StGB, die ihn in die Nähe einer Strafe rücken könnten (dazu II.).

I.) Das Bruttoprinzip

Im Folgenden wird das „generelle" Problem der Bruttoabschöpfung kurz skizziert. Da es in dieser Arbeit um den neu geschaffenen § 76a Abs. 4 StGB geht, wird der Streit um das Bruttoprinzip auf den nächsten Seiten nur überblicksartig dargestellt. Dieses besagt, wie hoch der Tatertrag ist, der eingezogen werden darf. Auch wenn man reflexartig denken mag, dass dem Täter der gesamte Tatertrag

---

29 BVerfGE 19, 342 (347); 74, 358 (370); 82, 106 (114 f.); KK-StPO/*Fischer* Einl. Rn. 135; Meyer-Goßner/*Schmitt* Einl. Rn. 3; MüKo-StPO/*Kudlich* Einl. Rn. 203.

30 Im Folgenden wird aus Gründen der besseren Lesbarkeit bei Personenbezeichnungen und personenbezogenen Hauptwörtern das generische Maskulin verwendet. Entsprechende Begriffe gelten aber selbstverständlich für alle Geschlechter gleichermaßen.

31 Ausführlich zur Reichweite der Unschuldsvermutung: *Weigend* FS-Rogall 739 ff.

32 BVerfGE 74, 358 (370 f.); 110, 1 (13, 22 f.) jeweils m.w.N.; *Weigend* FS-Rogall 739 (750).

genommen werden darf, galt bis 1992 das sogenannte Nettoprinzip.[33] Danach mussten bei dem Verfall gemäß § 73 StGB a.F. Aufwendungen des Täters, die seinen Tatgewinn unmittelbar verringerten, berücksichtigt werden.[34] Das bedeutete, wenn der Täter eine solche gewinnmindernde Aufwendung getätigt hatte, durften ihm nicht seine gesamten Vermögensvorteile wieder genommen werden, sondern nur in der Höhe, in welcher sie seine Aufwendungen überstiegen.

Im Jahre 1992 führte der Gesetzgeber dann für den Verfall das Bruttoprinzip ein, indem er das Wort „Vermögensvorteil" in § 73 Abs. 1 S. 1 und 3 StGB a.F. durch den Begriff „etwas" ersetzte.[35] Dadurch wurde klargestellt, dass eventuelle Aufwendungen des Täters, die er zur Durchführung der Tat vorgenommen hatte, nicht mehr berücksichtigt wurden und auf den gesamten Bruttoertrag zugegriffen werden konnte. Ziel des Gesetzgebers war es, die Arbeit der Ermittlungsbehörden zu erleichtern, indem sie von nun an nicht mehr die getätigten Aufwendungen des Täters feststellen mussten.[36] Mit der Reform von 2017 kodifizierte der Gesetzgeber das Bruttoprinzip, um eine einheitliche Handhabung in der Praxis zu gewährleisten.[37] Danach sind bei der Bestimmung des Abschöpfungsumfangs Aufwendungen zu berücksichtigen, soweit sie nicht für die Begehung der Tat oder ihre Vorbereitung getätigt wurden, vgl. § 73d Abs. 1 StGB. Für die selbstständige erweiterte Einziehung spielt dies jedoch keine Rolle. Da die Herkunftstat nicht festgestellt werden muss, bleibt auch die Feststellung etwaiger getätigter berücksichtigungsfähiger Aufwendungen aus.[38] Deshalb gilt für den neuen § 76a Abs. 4 StGB das Bruttoprinzip in Gestalt vor der Reform von 2017, da auf den Einziehungsgegenstand ohne Rücksicht auf etwaige Aufwendungen zugegriffen wird.[39]

---

33 BT-Drs. 12/1134, S. 12; *Rönnau/Begemeier* GA 2017, 1.

34 BT-Drs. 12/1134, S. 12; *Rönnau/Begemeier* GA 2017, 1.

35 BT-Drs. 12/1134, S. 12; BR-Drs. 418/16, S. 46; BT-Drs. 18/9525, S. 45; *Rönnau/Begemeier* GA 2017, 1.

36 BT-Drs. 12/1134, S. 12.

37 BR-Drs. 418/16, S. 48 f., 58 f., 73 ff.; BT-Drs. 18/9525, S. 46 f., 55 f., 67 ff.; BVerfGE 156, 354 (395 f.).

38 Auf dieses Problem – allerdings für § 73a StGB – weisen hin: *El-Ghazi/Marstaller/Zimmermann* NZWiSt 2021, 297 (300 Fn. 45).

39 *Höft* HRRS 2018, 196 (199 f.); Stellungnahme des DAV Nr. 30/2016, S. 16; *Pohar* Die Rechtsnatur der verurteilungsunabhängigen Vermögensabschöpfung, S. 87 f.; *Trüg* NJW 2017, 1913 (1915); vgl. auch *Rönnau/Begemeier* NStZ 2021, 705 (707); in diese Richtung aber letztlich offengelassen: KG NZWiSt 2021, 74 (81); ausführlich zum Umfang der Abschöpfung bei § 76a Abs. 4 StGB: *Bittmann* wistra 2021, 257 (261 f.).

1.) Strafcharakter der strafrechtlichen Vermögensabschöpfung aufgrund des Bruttoprinzips?

Ob dieses Bruttoprinzip einer Maßnahme einen strafähnlichen Charakter verleiht, ist seit seiner Einführung umstritten. Im Wesentlichen stehen sich dabei auf der einen Seite der Gesetzgeber und die Rechtsprechung und auf der anderen Seite der überwiegende Teil der Literatur gegenüber.

Den Strafcharakter sehen letztere in der fehlenden Berücksichtigung von Aufwendungen. Das bedeutet, über die Abschöpfung des reinen Tatertrags hinaus werde dem Täter ein weiteres Übel in Form nutzloser Aufwendungen zugefügt und dabei handele es sich um eine Strafe.[40]

Die Rechtsprechung und der Gesetzgeber argumentieren dagegen, dass es sich nicht um eine Strafe, sondern um eine „Maßnahme eigener Art“ handele, die der Korrektur von Störungen der Vermögensordnung diene.[41]

2.) Der Meinungsstand seit 1992 und seine Bewertung

Um die Rechtsnatur von Vermögensabschöpfungen nach dem Bruttoprinzip bestimmen zu können, muss zunächst festgestellt werden, wann überhaupt eine Strafe vorliegt.

Nach der Definition der Rechtsprechung handelt es sich um eine Strafe, wenn jemandem ein Rechtsnachteil wegen einer schuldhaft begangenen rechtswidrigen Tat auferlegt wird.[42] Sie beinhalte ein sozialethisches Unwerturteil über diese Tat.[43] Anders als reine Präventionsmaßnahmen sei eine Strafe darauf ausgelegt, zumindest auch Repression und Vergeltung für eine solche Tat zu üben.[44] Für die Strafähnlichkeit einer Maßnahme genüge es aber nicht allein, dass sie zu einer Einbuße an Freiheit oder Vermögen führe und damit faktisch die Wirkung eines Übels entfalte.[45] Vielmehr müssten weitere, wertende Kriterien, wie der

---

40 *Dannecker* NStZ 2006, 683; *Hoyer* GA 1993, 406 (421); NK-StGB/*Saliger* § 73 Rn. 11, 13; *Rönnau/Begemeier* GA 2017, 1 (7); Schönke/Schröder/*Eser/Schuster* vor §§ 73 ff. Rn. 16.

41 BVerfGE 110, 1 (22); BGHSt 47, 260 (265 f.); 369, (373); BGH NJW 1995, 2235 f.; BR-Drs. 418/16, S. 48; BT-Drs. 18/9525, S. 46 f.

42 BVerfGE 110, 1 (13); BGHSt 47, 369 (375 f.).

43 BVerfGE 9, 167 (171); 22, 49 (79 f.); 95, 96 (140); 96, 10 (25); 110, 1 (13, 18).

44 BVerfGE 20, 323 (331); 21, 378 (384); BGHSt 47, 369 (375 f.); *Fischer* § 46 Rn. 2a, 4; MüKo-StGB/*Radtke* vor § 38 Rn. 51 ff.

45 BVerfGE 110, 1 (14); BGHSt 47, 369 (374 f.).

Rechtsgrund der Anordnung und der gesetzgeberische Zweck, herangezogen werden.[46]

Unter Berücksichtigung dieser Punkte sei bei der strafrechtlichen Abschöpfung nicht von einer Strafe auszugehen. Systematisch stünden die entsprechenden Normen schon nicht unter dem Titel „Strafen", sondern unter „Einziehung", bildeten also einen eigenen Titel.[47] Und die Einziehung wiederum werde zusammen mit den in § 61 StGB aufgeführten Maßregeln der Besserung und Sicherung, die ebenfalls nicht unter die Strafen fallen, in den Maßnahmen des § 11 Abs. 1 Nr. 8 StGB aufgeführt.[48]

Dieses systematische Argument kann nicht überzeugen. Zwar ist davon auszugehen, dass der Gesetzgeber eine Maßnahme wie die Abschöpfung nicht bewusst unter einem falschen Titel einordnet, nur um strafrechtliche Grundsätze und Garantien zu umgehen. Auch mag dem Bundesverfassungsgericht zuzustimmen sein, dass es der Entscheidungshoheit des Gesetzgebers unterliege, ob er mit einer gewinnabschöpfenden Maßnahme zugleich Strafzwecke verfolgen will oder nicht.[49] Doch sind diese Punkte unbeachtlich, wenn eine Maßnahme tatsächlich eine strafähnliche Wirkung entfaltet. Denn für die Anwendbarkeit strafrechtlicher Grundsätze, insbesondere des Schuldprinzips, das als Ausfluss des grundrechtlichen Rechtsstaatsprinzips[50] das gesamte Strafrecht durchdringt, kann es nicht darauf ankommen, unter welchem Titel eine Norm steht oder dass der Gesetzgeber eine pönale Wirkung nicht beabsichtigt hat. Ansonsten wäre eine Umgehung des Schuldprinzips zu einfach möglich. Dies wird deutlich, wenn man sich die Situation vor Augen führte, dass der Gesetzgeber das Fahrverbot gemäß § 44 StGB in den Titel 6 „Maßregeln der Besserung und Sicherung" verschieben und statt wie bisher, keine Verurteilung, sondern nur noch eine rechtswidrige Begehung der in § 44 StGB genannten Straftaten fordern würde. Für die Anordnung von Maßregeln der Besserung und Sicherung ist eine lediglich rechtswidrige Begehung zwar ausreichend. Dennoch ist davon auszugehen, dass hinsichtlich des Fahrverbots aus der Strafrechtswissenschaft und -rechtsprechung einhellig der Vorwurf käme, der Gesetzgeber verstoße mit dieser Gesetzesänderung gegen das Schuldprinzip. In diesem Fall würde wohl

46 BVerfGE 9, 137 (144 f.); 21, 378 (383 ff.); 27, 36 (40 ff.); 80, 109 (120 ff.); 110, 1 (14).
47 BVerfGE 110, 1 (14 f.); BGHSt 47, 369 (373).
48 BVerfGE 110, 1 (14 f.); BGHSt 47, 369 (373).
49 So BVerfGE 110, 1 (15); 156, 354 (391).
50 BVerfGE 20, 323 (331); 133, 168 (197 f.); 140, 317 (343 f.); BVerfG NJW 1967, 2151 (2153); 1990, 2741; BeckOK-StGB/*Eschelbach* § 20 Rn. 2.

niemand versuchen, den Vorwurf damit zu entkräften, die Norm sei nunmehr unter einem anderen Titel als dem der Strafen gefasst. Insofern kann dieses vermeintliche Kriterium lediglich indizielle Wirkung entfalten.

Gegen eine strafende Wirkung der Einziehung wird weiter ins Feld geführt, dass diese Art der strafrechtlichen Abschöpfung nach dem objektivierten Willen des Gesetzgebers keine schuldhaft begangene, sondern lediglich eine rechtswidrige Tat voraussetze, da er ein Instrument zur Gewinnabschöpfung ohne Strafcharakter habe schaffen wollen.[51]

Das ist zutreffend, insoweit verlangt auch § 76a Abs. 4 S. 1 StGB nur eine rechtswidrige und keine schuldhafte Tat, aus der der eingezogene Gegenstand stammen muss. Daraus jedoch zu folgern, der Bruttoabschöpfung fehle der Strafcharakter und das Schuldprinzip gelte nicht, ist ein Zirkelschluss.[52] Denn für den Fall, dass es sich bei der selbstständigen Einziehung um eine strafähnliche Maßnahme handelt, verstieße gerade dieses Fehlen des Verschuldenserfordernisses gegen das Schuldprinzip.[53] Damit es nicht in der Hand des Gesetzgebers liegt, wann das Schuldprinzip gilt und wann nicht, kann auch dem fehlenden Verschuldenserfordernis lediglich Indizwirkung zugesprochen werden.[54] Zur Verdeutlichung kann auf das obige Beispiel des Fahrverbotes verwiesen werden.

Die Rechtsprechung und der Gesetzgeber argumentieren ferner, dass es sich bei den verschiedenen Arten der Einziehung um „Maßnahmen eigener Art" handele.[55] Ziel sei es nicht, dem Betroffenen ein vorheriges strafbares Verhalten vorzuwerfen, sondern eine bestehende strafrechtswidrige Vermögenslage zu beseitigen.[56] Insofern hätten diese Maßnahmen einen quasi-kondiktionellen Charakter[57] und verfolgten deshalb eher eine zivilrechtliche Ordnungsfunktion.[58]

---

51 BVerfGE 110, 1 (15 f.); 156, 354 (391); BGHSt 47, 369 (373).

52 *Bach* wistra 2006, 46 (49); *Eser* FS-Stree/Wessels 843 (845 Fn. 90); *Geiger* Die Rechtsnatur der Sanktion, S. 307; *Hoyer* GA 1993, 406 (413); Schönke/Schröder/*Eser/Schuster* vor §§ 73 ff. Rn. 17; *Weßlau* StV 1991, 226 (231).

53 *Geiger* Die Rechtsnatur der Sanktion, S. 305 ff.; *Hohn* wistra 2003, 321 (325); *Hoyer* GA 1993, 406 (413); Schönke/Schröder/*Eser/Schuster* vor §§ 73 ff. Rn. 17.

54 Schon der EGMR führte in EGMRE 1, 178 (189 f.) (Engel u.a./Niederlande) aus: „Wenn die Vertragsstaaten nach Gutdünken eine Verfehlung als Disziplinarverstoß anstatt als Straftat bewerten [...] könnten, unterläge die Geltung der fundamentalen Bestimmungen in Art. 6 und 7 ihrem freien Willen."

55 BVerfGE 110, 1 (22); 156, 354 (391, 397); BGHSt 47, 369 (373); BR-Drs. 418/16, S. 48; BT-Drs. 18/9525, S. 46 f.

56 BR-Drs. 418/16, S. 62; BT-Drs. 18/9525, S. 58.

57 BR-Drs. 418/16, S. 48, 50, 67; BT-Drs. 18/9525, S. 47 f., 62; BVerfGE 156, 354 (394).

58 BVerfGE 110, 1 (21 f.); BGHSt 47, 369 (374 f.).

Zur Begründung wird auf den Rechtsgedanken des § 817 S. 2 BGB abgestellt, wonach das in ein verbotenes Geschäft Investierte unwiederbringlich verloren sein müsse.[59] Durch das Bruttoprinzip habe sich die Abschöpfung an die zivilrechtliche Wertung des Bereicherungsrechts gemäß §§ 812 ff. BGB angenähert. Dieses schütze über § 818 Abs. 3 BGB ebenfalls nur den gutgläubigen Bereicherungsschuldner vor Vermögenseinbußen, wohingegen der Bösgläubige über §§ 818 Abs. 4, 819 BGB die wirtschaftlichen Verlustrisiken trage.[60] Die Annäherung der strafrechtlichen Vermögensabschöpfung an diese Normen solle zur Einheit der Rechtsordnung beitragen.[61]

Für die Verneinung des Strafcharakters ist aber auch die Parallelziehung zu den Wertungen des Bereicherungsrechts nicht zielführend. Bereits die Argumentation, dass auch im Zivilrecht der bösgläubig Bereicherte trotz eines Wegfalls der Bereicherung dennoch haftbar gemacht werden könne (§§ 818 Abs. 4, 819 BGB), geht in der Sache fehl. Im Falle der Bösgläubigkeit des Bereicherten haftet der Bereicherte nämlich gerade nicht mehr kondiktionsrechtlich, sondern „nach den allgemeinen Vorschriften" (§ 818 Abs. 4 BGB).[62] Nach diesen haftet er für den Schaden, den er in schuldhafter Weise dem gegen ihn gerichteten Bereicherungsanspruch durch Entreicherung (§ 818 Abs. 3 BGB) zugefügt hat.[63] Eine finanzielle Schlechterstellung des Bereicherten ist im Bereicherungsrecht also nicht vorgesehen, in einer strafrechtlichen Abschöpfung nach dem Bruttoprinzip hingegen schon.[64] Bereits deshalb kann letztere nicht als kondiktionsähnlich angesehen werden.[65]

Auch wenn man dieses Argument für spitzfindig halten mag, so lässt sich nicht leugnen, dass sowohl das Bereicherungsrecht als auch die verschärfte Haftung nur dem Ausgleich zwischen gleichgeordneten Privatpersonen dienen, jedoch keine Aussage über ein Rechtsverhältnis zwischen Staat und Bürgern treffen.[66] Und jedenfalls diese unterschiedliche Zielsetzung steht einer Kondiktionsähnlichkeit der Vermögensabschöpfung entgegen.

---

59 BVerfGE 110, 1 (22); BGHSt 47, 369 (374); BGH NStZ 2011, 83 (85 Rn. 43).

60 BVerfGE 110, 1 (21); 156, 354 (393 f.); *Höft* HRRS 2018, 196 (200).

61 BT-Drs. 12/1134, S. 12; BVerfGE 110, 1 (21 f.).

62 Dazu bereits *Gebauer* ZRP 2016, 101 (102); *Hoyer* GA 1993, 406 (414).

63 Grüneberg/*Sprau* BGB § 818 Rn. 51; *Hoyer* GA 1993, 406 (414); MüKo-BGB/*Schwab* § 818 Rn. 3 f., 208; PWW/*Prütting* BGB § 818 Rn. 36, § 819 Rn. 1.

64 So auch *Dannecker* NStZ 2006, 683 (684); *Hoyer* GA 1993, 406 (414); NK-StGB/*Saliger* § 73 Rn. 13; *Saliger* ZStW 2017, 995 (1007 f.).

65 So auch *Gebauer* ZRP 2016, 101 (102); *Hoyer* GA 1993, 406 (414).

66 *Gebauer* ZRP 2016, 101 (102); *Saliger* ZStW 2017, 995 (1007); Stellungnahme des DRB Nr. 19/16, S. 4; in diese Richtung auch: *Reichling/Lange/Borgel* NStZ 2021, 417 f.

Aus demselben Grund führt auch der Verweis auf den Rechtsgedanken des § 817 S. 2 BGB nicht zu einer Entkräftung eines möglichen Strafcharakters der Bruttoabschöpfung und einer Einheit der Rechtsordnung. Nach seinem Wortlaut schließt § 817 S. 2 BGB die Rückforderung bei einem Gesetzes- oder Sittenverstoß des Leistenden aus. Bei dieser Norm handelt es sich um eine staatliche Rechtsschutzverweigerung, nach der der Bürger keine staatliche Hilfe für die Rückabwicklung von Bereicherungen in Anspruch nehmen kann, wenn er sich selbst sittenwidrig verhalten hat.[67] Dies sieht auch der Gesetzgeber nicht anders.[68] Die Norm beinhaltet hingegen keine wie auch immer geartete Vermögenszuordnung, insbesondere nicht zu Gunsten des Staates.[69] Denn § 817 S. 2 BGB regelt die Rechtsverhältnisse unter gleichgeordneten Privatpersonen und kein Aneignungsrecht des Staates gegenüber seinen Bürgern.[70] Da demgegenüber die Abschöpfungsnormen des Strafgesetzbuches dem Staat ein solches Aneignungsrecht gewähren, fehlt es schon an einer grundsätzlichen Vergleichbarkeit der beiden Rechtsinstitute, die als Minimalvoraussetzung für eine Übertragung des Rechtsgedankens erforderlich wäre.

Abgesehen davon ist zu berücksichtigen, dass die Analogiefähigkeit von § 817 S. 2 BGB zum einen schon im Zivilrecht umstritten ist.[71] Zum anderen lägen aber selbst bei einer Analogie die Voraussetzungen des § 817 S. 2 BGB nicht vor. Die Norm ist im Zivilrecht sowohl auf die Leistung als auch auf die Gegenleistung anwendbar, wohingegen ihre Anwendung in der strafrechtlichen Vermögensabschöpfung zu einem einseitigen Betreffen des Bürgers führt.[72]

Im Zivilrecht wird durch § 817 S. 2 BGB sowohl verhindert, dass eine sittenwidrige Leistung zurückgefordert werden kann als auch, dass eine sittenwidrig erhaltene

---

67 BGHZ 36, 395 (399 f.); 44, 1 (6 f.); 206, 69 (73 Rn. 17); BGH NJW 1961, 1458 (1459); 1965, 1585 (1587); vgl. auch *Bauer* NStZ 2011, 396 f.; Grüneberg/*Sprau* BGB § 817 Rn. 11; MüKo-BGB/*Schwab* § 817 Rn. 10; PWW/*Prütting* BGB § 817 Rn. 1; Schönke/Schröder/*Eser/Schuster* vor §§ 73 ff. Rn. 16.

68 BT-Drs. 12/1134, S. 12; BVerfGE 110, 1 (22).

69 *Dannecker* NStZ 2006, 683 (684); NK-StGB/*Saliger* § 73 Rn. 13; *Saliger* ZStW 2017, 995 (1006); Schönke/Schröder/*Eser/Schuster* vor §§ 73 ff. Rn. 16.

70 *Dannecker* NStZ 2006, 683 (684); *Geiger* Die Rechtsnatur der Sanktion, S. 306 f.; NK-StGB/*Saliger* § 73 Rn. 13; *Saliger* ZStW 2017, 995 (1007); Schönke/Schröder/*Eser/Schuster* vor §§ 73 ff. Rn. 16; ähnlich auch: *Bauer* NStZ 2011, 396 f.

71 BGH NJW 1965, 1585 (1587); BGHZ 41, 341 (349 f.); Grüneberg/*Sprau* BGB § 817 Rn. 12; MüKo-BGB/*Schwab* § 817 Rn. 15; PWW/*Prütting* BGB § 817 Rn. 8; Schönke/Schröder/*Eser/Schuster* vor §§ 73 ff. Rn. 16.

72 *Gebauer* ZRP 2016, 101 (102); *Geiger* Die Rechtsnatur der Sanktion, S. 305 ff.

Gegenleistung herausgegeben werden muss.[73] Deshalb kann die Kondiktionssperre nachteilig für den sittenwidrig Leistenden, aber auch vorteilhaft bei einem beidseitig sittenwidrigen Handeln für den Leistungsempfänger sein, da er das Erhaltene nicht zurückgewähren muss.[74] Ob die Kondiktionssperre sich für eine Partei positiv oder negativ auswirkt, hängt demnach vom Zufall ab.[75] Hingegen ist eine Abschöpfung nach dem Bruttoprinzip für den Betroffenen stets nachteilig. Denn auch in den Fällen, in denen eine Leistungsbeziehung besteht, wie beim Rauschgifthandel zwischen Käufer und Verkäufer, greift der Staat von außen in diese Beziehung ein und nimmt eine Verschiebung zu seinen Gunsten und zu Lasten des Betroffenen vor.[76] Mangels Vergleichbarkeit der Ausgangslagen – im Bereicherungsrecht: Bürger – Bürger, im Strafrecht: Staat – Bürger – kann auch der Verweis auf das Zivilrecht nicht überzeugen.[77]

Als weiteres Argument zur Verneinung des Strafcharakters der Bruttoabschöpfung wird angeführt, dass eine Abschöpfung nach der Intention des Gesetzgebers keine repressive Zielsetzung habe, sondern präventive Zwecke verfolge.[78] Dabei stellt auch das Bundesverfassungsgericht zwar fest, dass das Abschöpfungsrecht nicht explizit dazu konzipiert wurde, eine mögliche Reinvestition von Taterträgen für weitere deliktische Zwecke zu verhindern.[79] Der präventive Charakter liege aber darin, dass die durch die rechtswidrige Tat gestörte Vermögensordnung nicht für die Zukunft andauere.[80] Unerheblich für die Einordnung als präventive Maßnahme sei, dass an ein in der Vergangenheit liegendes Ereignis angeknüpft werde.[81] Auch das präventiv wirkende Gefahrenabwehrrecht knüpfe an ein vergangenes Ereignis an und beseitige die Störung für die Zukunft.[82]

---

73 *Dannecker* NStZ 2006, 684; *Geiger* Die Rechtsnatur der Sanktion, S. 305 f.; *Hohn* wistra 2003, 321 (325 f.).

74 *Gebauer* ZRP 2016, 101 (102); *Geiger* Die Rechtsnatur der Sanktion, S. 306; *Hohn* wistra 2003, 321 (325 f.).

75 *Gebauer* ZRP 2016, 101 (102); *Geiger* Die Rechtsnatur der Sanktion, S. 305 f.; *Hohn* wistra 2003, 321 (325 f.).

76 *Gebauer* ZRP 2016, 101 (102); *Geiger* Die Rechtsnatur der Sanktion, S. 306 f.; *Hohn* wistra 2003, 321 (325 f.).

77 So auch: *Gebauer* ZRP 2016, 101 (102); *Saliger* ZStW 2017, 995 (1006 ff.); Stellungnahme des DRB Nr. 9/16, S. 4.

78 BR-Drs. 418/16, S. 48; BT-Drs. 18/9525, S. 46 f.; BVerfGE 110, 1 (22); BGHSt 47, 369 (373 f.); BGH NStZ 2011, 83 (85 Rn. 43).

79 BVerfGE 110, 1 (18).

80 BVerfGE 110, 1 (18); 156, 354 (392).

81 BVerfGE 110, 1 (17); 156, 354 (391 f.).

82 BVerfGE 110, 1 (17 f.); 156, 354 (391 f.).

Dieser präventive Aspekt ist dem Abschöpfungsrecht durchaus zuzugestehen.[83] Andererseits lässt sich aber ebenfalls argumentieren, dass es eine für den Betroffenen nachteilige Maßnahme an ein in der Vergangenheit liegendes Ereignis knüpft, also repressiv wirkt. Wie man diese Maßnahme letztlich einordnet, lässt sich am sichersten bestimmen, indem man sich ihre Wirkung und die gesetzgeberische Intention genauer anschaut. Das Ziel des Gesetzgebers war es, eine präventiv wirkende Maßnahme zu schaffen, um die vermögensrechtliche Wiederherstellung des Status quo ante zu erreichen.[84] Dafür hätte aber die bloße Abschöpfung des Nettogewinns ausgereicht. Indem das, was dem Opfer einer Straftat durch den Täter genommen wurde, wieder an dieses zurückgelangt, wäre die Situation wieder identisch mit der vor der Tat. Dadurch, dass den Täter mit der Bruttoabschöpfung ein über die bloße Entreicherung hinausgehender Nachteil treffen soll, der an ein in der Vergangenheit liegendes Ereignis anknüpft, hat der Gesetzgeber aber im Ergebnis eine repressive Maßnahme geschaffen.[85]

Abgesehen davon ist die subjektive Zielsetzung des Gesetzgebers für sich genommen schon kein durchschlagendes Argument. Dies belegt die Entscheidung des Bundesverfassungsgerichts zur Verfassungswidrigkeit der Vermögensstrafe.[86] Zu dieser war im Gesetzgebungsverfahren auch teilweise ausgeführt worden, dass es sich lediglich um ein Instrument der Gewinnabschöpfung handele.[87] Dennoch hat das Bundesverfassungsgericht die Vermögensstrafe als Strafe qualifiziert.[88] Entscheidend sei der „objektivierte Wille des Gesetzgebers, so wie er sich aus dem Wortlaut der Vorschrift und dem Sinnzusammenhang ergibt, in den sie hineingestellt ist."[89]

Für den Strafcharakter der Bruttoabschöpfung spricht unfreiwillig ferner das Urteil des Bundesverfassungsgerichts zur Vermögensabschöpfung selbst. Es versucht jeden Zweifel an dem nicht-strafenden Charakter der Abschöpfung zu zerstreuen. Widersprüchlich ist in diesem Zusammenhang, wenn der Bruttoabschöpfung eine generalpräventive Wirkung zugesprochen wird. Sie solle die Rechtstreue der Bevölkerung stärken, indem sie ihr die Unverbrüchlichkeit und

83 A.A.: *Bauer* NStZ 2011, 396.

84 BVerfGE 110, 1 (18); 156, 354 (392).

85 *Gebauer* ZRP 2016, 101 (102 f.); Schönke/Schröder/*Eser/Schuster* vor §§ 73 ff. Rn. 16; im Ergebnis ebenso: *Dannecker* NStZ 2006, 683 f.; *Hoyer* GA 1993, 406 (421); NK-StGB/*Saliger* § 73 Rn. 13 f.

86 BVerfGE 105, 135.

87 BVerfGE 105, 135 (157 f.).

88 BVerfGE 105, 135 (157 f.).

89 BVerfGE 105, 135 (157); ebenso: BVerfGE 1, 299 (312); 11, 126 (130 f.).

die Gerechtigkeit der Rechtsordnung vor Augen führt, sowie dass Straftaten sich nicht lohnen und nicht geduldet werden.[90] Solche generalpräventiven Zielsetzungen werden grundsätzlich Strafen zugesprochen.[91]

Gegen den Strafcharakter der Bruttoeinziehung wird zudem eingewandt, der Täter habe bei zahlreichen Deliktsformen wie Kommissionsgeschäften im Betäubungsmittelhandel oder dem Tätigwerden als Kurier in der Regel keine oder nur geringe Aufwendungen.[92] Dies mag in vielen Fällen zutreffen. Doch dann sind Brutto- und Nettogewinn identisch.[93] Dem Täter wird kein über die Abschöpfung des bloßen Gewinns hinausgehendes Übel auferlegt. In diesen Sachverhalten gibt es keinen Unterschied zum früher geltenden Nettoprinzip, zu dem fast einhellig vertreten wurde, dass es sich dabei nicht um eine strafähnliche Maßnahme handelte.[94] Folglich sind diese Fälle schon kein Stein des Anstoßes.

Ganz abgesehen davon ist es eine fragwürdige Form der Argumentation, bei einer Debatte um die Verletzung grundsätzlicher Verfassungsprinzipien darauf hinzuweisen, dass es Konstellationen gebe, in denen die angegriffene Norm zu keinem Verstoß führe. Dieser Hinweis führt weder argumentativ noch in tatsächlicher Hinsicht zu einer Lösung des Problems.[95]

Ferner muss berücksichtigt werden, dass es neben den Fällen, in denen der Täter keine Aufwendungen hat, auch die Konstellationen gibt, in denen die Tat dem Täter per Saldo keinen Vorteil oder sogar einen Nachteil einbringt.[96] Beispielsweise, wenn der Täter sich mit legal erworbenem Vermögen Einbruchswerkzeug zulegt und das Diebesgut nur einen Teil der Kosten „deckt". Dennoch ist auch in solchen Sachlagen mit einer Abschöpfung zu rechnen. Gerade in

---

90 BVerfGE 110, 1 (19 f.); BGHSt 47, 369 (373 f.); 51, 65 (67); 52, 227 (248).

91 *Dannecker* NStZ 2006, 683 (684); *Hohn* wistra 2003, 321 (325); NK-StGB/*Saliger* § 73 Rn. 14; Schönke/Schröder/*Eser/Schuster* vor §§ 73 ff. Rn. 16; ebenfalls kritisch: *Bauer* NStZ 2011, 396.

92 So BGH NJW 1995, 2235.

93 So auch *Bach* wistra 2006, 46 (49); *Hellmann* GA 1997, 503 (521).

94 Vgl. *Gebauer* ZRP 2016, 101 (102) m.w.N.; weitere Nachweise bei BR-Drs. 418/16, S. 48; BT-Drs. 18/9525, S. 46.

95 Allerdings sind diese Konstellationen der Grund, weshalb die Bruttoabschöpfung vielfach als „gemischte" Maßnahme gesehen wird, die eine strafähnliche Wirkung entfalte, wenn sie über den Nettogewinn hinausgeht und ansonsten Sicherungscharakter habe (so *Hellmann* GA 1997, 503 (521 f.); *Hohn* wistra 2003, 321 (325); *Saliger* ZStW 2017, 995 (1007 f.).

96 *Bach* wistra 2006, 46 (49); *Hoyer* GA 1993, 406 (414).

diesen Konstellationen wird deutlich, dass eine Abschöpfung strafähnlich wirken kann.[97]

Des Weiteren sind die anfänglich genannten Ausführungen des Bundesverfassungsgerichts zu berücksichtigen: Es urteilte, dass für die Strafähnlichkeit einer Maßnahme nicht allein die Einbuße an Freiheit oder Vermögen entscheidend ist.[98] Richtigerweise muss es dabei auch auf die Intensität der Maßnahme für den Betroffenen ankommen. Dies hat das Gericht ebenfalls so gesehen und führte in einer anderen Entscheidung aus, dass es für die Frage, ob eine Kriminalstrafe vorliege, auch auf die Schwere des Eingriffs ankomme.[99]

Auch der Europäische Gerichtshof für Menschenrechte machte in seiner Engel-Entscheidung deutlich, dass er die Eingriffsintensität für ein wesentliches Kriterium zur Abgrenzung einer Strafe von einer sonstigen Maßnahme hält.[100] In dem Verfahren Engel u.a. gegen die Niederlande ging es neben anderen Punkten um die Frage, ob die Unschuldsvermutung des Art. 6 Abs. 2 EMRK verletzt worden war. Da dieser auf die strafrechtliche Anklageerhebung abhebt, kam es darauf an, ob es sich bei der angegriffenen Maßnahme um eine solche des Disziplinarrechts oder des Strafrechts handelte. Für diese Abgrenzung ging der Europäische Gerichtshof für Menschenrechte dreischrittig vor:

Als erstes wurde darauf abgestellt, wie der Mitgliedsstaat selbst den Verstoß qualifiziert, sodann kam es auf die Art des Verstoßes und zuletzt auf die Eingriffsintensität der zu prüfenden Maßnahme an.[101] Dabei ist hervorzuheben, dass der Gerichtshof den ersten Schritt lediglich als „Ausgangspunkt“ und den zweiten nur als „Bewertungselement von größerem Gewicht“ als den ersten ansieht.[102] Hingegen führt er zum dritten Punkt aus, dass eine Kontrolle durch den Gerichtshof sich als „illusorisch herausstellen [würde], wenn sie nicht ebenfalls den Schweregrad der Sanktion in Betracht zöge, die dem Betroffenen“[103]

---

97 *Bach* wistra 2006, 46 (48 f.); *Hellmann* GA 1997, 503 (521 f.).

98 BVerfGE 110, 1 (14).

99 BVerfGE 27, 36 (40 f.); so auch *Hinderer/Blechschmitt* NZWiSt 2018, 179 (183).

100 EGMRE 1, 178 (190) (Engel u.a./Niederlande).

101 EGMRE 1, 178 (190) (Engel u.a./Niederlande).

102 EGMRE 1, 178 (190) (Engel u.a./Niederlande).

103 EGMRE 1, 178 (190) (Engel u.a./Niederlande); ähnlich sieht es *Saliger* ZStW 2017, 995 (1007 f.), der bezogen auf die Argumentation des deutschen Gesetzgebers ausführt: „mit steigender Eingriffsintensität der Einziehung jenseits der Gewinnabschöpfung verblassen selbst zivilistische Analogien zu einem Bereicherungsausgleich, der auch zusätzliche normative Verlustrisiken kennt, und treten pönale Elemente unweigerlich hervor“; zustimmend BeckOK-StGB/*Heuchemer* Art. 316h EGStGB Rn. 1.2, 1.4; ebenso: Schönke/Schröder/*Eser/Schuster* vor §§ 73 ff. Rn. 17.

drohe. Nach diesen Kriterien ist die Bruttoeinziehung als strafähnliche Maßnahme zu qualifizieren.

Bereits dem „Ausgangspunkt“ nach, der Qualifikation des Verstoßes durch das deutsche Recht, handelt es sich um eine Strafe. Nach dem Gerichtshof kommt es darauf an, festzustellen, ob „der oder die Texte, welche die Zuwiderhandlung definieren, der Rechtstechnik des betroffenen Staates nach zum Strafrecht“[104] oder einem anderen Rechtsgebiet gehören. Die Vertreter der nicht-pönalen Auffassung der Einziehung argumentieren, wie gezeigt, unter anderem damit, dass die Einziehung sich schon nicht in dem Titel „Strafen“, sondern in einem eigenständigen Titel fände und lediglich eine rechtswidrige, keine schuldhafte Tat erforderlich sei.

Diese Argumente spielen bei der Beurteilung des ersten Prüfungspunktes keine Rolle. Um eine Einziehung durchführen zu können, bedarf es einer, wenn auch nur rechtswidrigen Tat. Auch bei der neuen selbstständigen Einziehung ist zumindest der Verdacht einer rechtswidrigen Vortat notwendig. Definiert wird die erforderliche rechtswidrige Tat durch das materielle Strafrecht. Das heißt, um es mit den Worten des Gerichtshofes auszudrücken: Die Texte, welche die Zuwiderhandlung definieren, gehören nach der deutschen Rechtstechnik zum Strafrecht.

Die Art der Zuwiderhandlung selbst als zweiter Prüfungspunkt, bringt hier kein abweichendes Ergebnis. Dem Täter wird eine Handlung vorgeworfen, mit der er gegen strafrechtliche Normen verstoßen hat. Es liegt eine strafrechtliche Zuwiderhandlung vor.

Dieses Ergebnis wird durch das dritte und wichtigste Bewertungselement, den Schweregrad der Sanktion, gestützt. Die Folgen einer Vermögenseinziehung können verheerend sein. Dies zeigt sich auch an dem Fall, der der viel zitierten Entscheidung des Bundesverfassungsgerichtes zugrunde lag. Dort wurde das gesamte Guthaben auf dem Sparkonto des wegen Betäubungsmitteldelikten Angeklagten in Höhe von 42.520,18 DM im Rahmen des erweiterten Verfalls eingezogen. Nach den tatgerichtlichen Feststellungen der 22. Strafkammer des Landgerichts Bochum hatte der Angeklagte ein Durchschnittseinkommen von monatlich 850 DM. Neben seinen allgemeinen Lebenskosten und den laufenden Kosten für sein Auto musste er davon auch eine monatliche Miete von 600 DM zahlen.[105]

---

104 EGMRE 1, 178 (190) (Engel u.a./Niederlande).
105 BVerfGE 110, 1 (5).

Ein anderes Beispiel für die einschneidenden Folgen einer strafrechtlichen Vermögenseinziehung ist die von der nicht-pönalen Auffassung ins Feld geführte Entscheidung des Bundesgerichtshofes aus dem Jahre 1994. Nach dem festgestellten Sachverhalt lieferte eine Papierfabrik von Juli 1992 bis November 1995 Tabakpapier an eine serbische Firma. Dies geschah unter Verstoß gegen ein unter anderem von der Bundesrepublik gegenüber Serbien und Montenegro verhängtes Embargo. Die Abteilung „Tabakpapiere" der Papierfirma war auf diese Geschäftsbeziehung angewiesen, da sie gegenüber anderen Absatzmärkten relativ profitabel war. Infolge des Strafverfahrens wurden bei dem Unternehmen 8.735.135,56 DM eingezogen.[106]

Diese Fälle zeigen, dass eine Bruttoabschöpfung eine existenzvernichtende, zumindest aber eine existenzgefährdende Wirkung zeitigen kann.[107] Unter diesem Gesichtspunkt ist der Schweregrad der Sanktion als hoch einzuschätzen. Folglich wären die Merkmale des Europäischen Gerichtshofes für Menschenrechte für eine Strafe bzw. strafähnliche Maßnahme erfüllt.[108]

Gestützt wird dieses Ergebnis durch das Urteil des Bundesverfassungsgerichts zur Vermögensstrafe. Es ordnete die Vermögensstrafe vor allem auch deshalb als Strafe und nicht bloß präventives Instrument zur Vermögensabschöpfung ein, da sie eine konfiskatorische Wirkung zeitigen konnte und deshalb eine erhebliche Eingriffsintensität besaß.[109] Deshalb könne ihre Anwendung „leicht mit dem Schuldprinzip in Konflikt"[110] geraten.

3.) Fazit

Zusammenfassend lässt sich festhalten, dass entgegen der Auffassung des Bundesverfassungsgerichts, des Bundesgerichthofes und des Gesetzgebers viel dafürspricht, die Vermögensabschöpfung nach dem Bruttoprinzip als Strafe einzuordnen.[111] Demnach wäre bereits aufgrund dieser Auffassung die

106 BGHSt 47, 369 f.

107 Auch NK-StGB/*Saliger* vor §§ 73 ff. Rn. 5 macht darauf aufmerksam, dass insbesondere der erweiterte Verfall „existenzvernichtende Folgen für den Betroffenen" haben kann; das erkennt auch BGHSt 47, 369 (375).

108 Zu diesem Ergebnis kommt auch: LG Kaiserslautern wistra 2018, 94 (95); zustimmend BeckOK-StGB/*Heuchemer* Art. 316h EGStGB Rn. 1 ff.; *Reichling* wistra 2018, 139 (140); differenzierend: *Rebell-Houben* NZWiSt 2018, 153 (156).

109 BVerfGE 105, 135 (161 f.).

110 BVerfGE 105, 135 (161).

111 So ebenfalls: LG Kaiserslautern wistra 2018, 94 (95); BeckOK-StGB/*Heuchemer* Art. 316h EGStGB Rn. 1 ff.; *Dannecker* NStZ 2006, 683 (684); *Eser* FS-Stree/Wessels

selbstständige Einziehung gemäß § 76a Abs. 4 StGB, die sich ebenfalls des Bruttoprinzips bedient, als strafähnliche Maßnahme anzusehen, die dem Schuldgrundsatz unterliegt und für die die Unschuldsvermutung gilt.

II.) Strafähnlichkeit des neuen § 76a Abs. 4 StGB?

Nach den vorausgegangenen Ausführungen lässt sich also ein Strafcharakter des § 76a Abs. 4 StGB durchaus bereits aufgrund der Anwendung des Bruttoprinzips begründen, weshalb die Unschuldsvermutung, der Schuldgrundsatz und das Prinzip der Selbstbelastungsfreiheit gelten müssten. Da die Rechtspraxis in Gestalt des Bundesverfassungsgerichts und des Bundesgerichtshofs dies jedoch anders sieht, ist hinsichtlich der Anwendbarkeit dieser Prinzipien zu untersuchen, ob die neue Regelung an sich eine Strafe darstellt.

1.) Gesetzgeberische Argumente gegen eine Strafähnlichkeit

Nach Auffassung des Gesetzgebers hat auch das neue Instrument der selbstständigen erweiterten Einziehung keine strafähnlichen Wirkungen und führt dafür verschiedene Argumente ins Feld. Sofern sich diese als valide erweisen, sind die drei oben genannten Prinzipien auf § 76a Abs. 4 StGB weitestgehend unanwendbar.

a) Verfahren ad rem

Wie der Name schon sagt, zielt die selbstständige Einziehung darauf ab, einen Gegenstand unabhängig von einer nachgewiesenen Straftat des Betroffenen, eben selbstständig, einzuziehen. Aufgrund dessen argumentiert der Gesetzgeber: „Das Verfahren der selbstständigen Einziehung nach § 76a Abs. 4 StGB-E ist ein Verfahren gegen die Sache (‚ad rem‘); es richtet sich nicht gegen eine Person. Es hat damit keinen Strafcharakter.“[112] Folglich gelte das Schuldprinzip nicht.[113]

---

843 (845); *Hoyer* GA 1993, 406 (421); NK-StGB/*Saliger* vor §§ 73 ff. Rn. 5, § 73 Rn. 13; *Rebell-Houben* NZWiSt 2018, 153 (155); Schönke/Schröder/*Eser/Schuster* vor §§ 73 ff. Rn. 18; *Weßlau* StV 1991, 226 (231 f.); ebenfalls kritisch: BGH 1 StR 467/18, juris Rn. 28.

112 BR-Drs. 418/16, S. 104; BT-Drs. 18/9525, S. 92.

113 Dieser Argumentation folgend: *Fischer* § 76a Rn. 9; *Höft* HRRS 2018, 196 (199 ff.); Lackner/Kühl/*Heger* § 76a Rn. 9.

Auf den ersten Blick erscheint diese Argumentation durchaus schlüssig. Ob sie jedoch durchgreift, hängt davon ab, ob der Gesetzgeber durch die Verfahrensnorm des § 437 StPO tatsächlich ein ad rem-Verfahren geschaffen hat.

Das „Verfahren ad rem“ stammt aus dem Common Law.[114] Auch dort ist es mittlerweile ein Instrument, das eingesetzt wird, um Vermögen aus kriminellen Handlungen einzuziehen.[115] Parteien des Verfahrens sind dort allerdings der Staat und die Sache selbst.[116] In diesem Zusammenhang leuchtet auch der Begriff „ad rem-Verfahren“ ein. Im Common Law ist es als ein verwaltungsrechtliches[117] oder zivilrechtliches[118] Verfahren ausgestaltet, in dem es um den Eigentumsübergang einer Sache auf den Staat geht.

Im Gegensatz dazu hat der deutsche Gesetzgeber kein Verfahren ad rem geschaffen.[119] Die erweiterte selbstständige Einziehung ist gerade nicht als ein separates Verfahren gegen die Sache ausgestaltet,[120] sondern wird „im sachlichen und rechtlichen Zusammenhang mit strafrechtlichen Beschuldigungen“[121] durchgeführt. Statt um ein eigenständiges Verfahren handelt es sich bei den Vorgaben in § 437 StPO lediglich um eine „exemplarische Aufzählung von Umständen, die das Gericht im Rahmen seiner Überzeugungsbildung ohnehin zu berücksichtigen“[122] hat. Dies zeigt sich daran, dass der Grundsatz der freien richterlichen Beweiswürdigung gemäß § 261 StPO laut der Gesetzesbegründung

---

114 BeckOK-StPO/*Temming* § 437 Rn. 3.1; Stellungnahme der StVV vom 21.09.2016, S. 4; *Meyer* ZStW 2015, 241 (259 f.).

115 Stellungnahme der StVV vom 21.09.2016, S. 4; *Meyer* ZStW 2015, 241 (260).

116 Stellungnahme der StVV vom 21.09.2016, S. 4; *Meyer* ZStW 2015, 241 (259).

117 Stellungnahme der StVV vom 21.09.2016, S. 4; *Meyer* StV 2017, 343 (349); *Meyer* ZStW 2015, 241 (259 f.).

118 BeckOK-StPO/*Temming* § 437 Rn. 3.1; *Meyer* StV 2017, 343 (349); *Meyer* ZStW 2015, 241 (259 f.); MüKo-StPO/*Scheinfeld/Langlitz* § 437 Rn. 17; Schönke/Schröder/*Eser/Schuster* § 76a Rn. 2.

119 So auch: *Hüls* ZWH 2017, 242 (251) („bloße ‚Etikettierung‘“); Stellungnahme der StVV vom 21.09.2016, S. 4; *Schilling/Hübner* StV 2018, 49 (54); SSW-StGB/*Heine* § 76a Rn. 21.

120 A.A. *Köhler/Burkhard* NStZ 2017, 665 (671 f.).

121 Stellungnahme der StVV vom 21.09.2016, S. 4; so auch OLG München 5 OLG 15 Ss 539/17, juris Rn. 46 f.; *Hinderer/Blechschmitt* NZWiSt 2018, 179 (184); SSW-StGB/*Heine* § 73 Rn. 5.

122 SSW-StGB/*Heine* § 76a Rn. 21; ebenso *Meyer* StV 2017, 343 (347); *Saliger* ZStW 2017, 995 (1030 f.); SSW-StPO/*Heine* § 437 Rn. 4.

durch § 437 StPO nicht eingeschränkt werden soll.[123] Zudem käme es für ein gegen die Sache ausgestaltetes Verfahren nicht auf die Schuld oder Unschuld des Einziehungsbetroffenen an, da es ja ausschließlich auf die Beseitigung strafrechtswidriger Vermögenslagen abzielt.[124] Im Widerspruch dazu soll eine Abschöpfung aber bei bewiesener Unschuld des Betroffenen hinsichtlich der verdächtigten Anlasstat ausscheiden.[125] Im Ergebnis handelt es sich bei dem vermeintlichen ad rem-Verfahren um ein gewöhnliches Strafverfahren, in dessen Rahmen eine selbstständige erweiterte Einziehung angeordnet werden kann. Dies hat zur Folge, dass es sich nicht nur um ein Verfahren gegen eine Sache, sondern gegen eine Person handelt, das Argument des Gesetzgebers nicht greift und das Schuldprinzip gilt.

Zu einem anderen Ergebnis käme man aber auch dann nicht, wenn man mit dem Gesetzgeber und Stimmen in der Literatur davon ausginge, dass durch § 437 StPO ein ad rem-Verfahren geschaffen wurde.[126] Nur weil das Verfahren explizit gegen den Einziehungsgegenstand gerichtet sein soll, führt das noch nicht dazu, dass dieses per se keinen Strafcharakter haben kann. Denn trotz allem gibt es auch bei diesem Verfahren mit dem Betroffenen jemanden, der eine Einbuße an Rechten erleidet.[127] Auch wenn das Verfahren nur gegen eine Sache gerichtet ist, kann es dieselben Wirkungen wie eine Geldstrafe zeitigen.[128] Und bei einer Geldstrafe handelt es sich – das dürfte unstreitig sein – um eine Strafe. Sowohl die Einziehung als auch die Geldstrafe führen zu einer Einbuße an Vermögen. Die Geldstrafe zielt darauf ab, das legale Vermögen des Verurteilten zu schmälern. Gegen die Vergleichbarkeit dieser beiden Institute kann man einwenden, dass der Einziehungsgegenstand aus einer rechtswidrigen Vortat stammt oder zumindest stammen sollte und der Betroffene ihn gar nicht hätte

---

123 BR-Drs. 418/16, S. 62, 104; BT-Drs. 18/9525, S. 58, 92; dazu ausführlich im Kapitel C) Die freie richterliche Beweiswürdigung, S. 81 ff.

124 Vgl. BR-Drs. 418/16, S. 62; BT-Drs. 18/9525, S. 58.

125 BR-Drs. 418/16, S. 104; BT-Drs. 18/9525, S. 92; paradox daran ist auch, dass eine bewiesene Unschuld hinsichtlich der Anlasstat nichts über die Unschuld bezüglich der vermeintlichen Herkunftstat aussagt.

126 BR-Drs. 418/16, S. 104; BT-Drs. 18/9525, S. 92; BeckOK-StPO/*Temming* § 437 Rn. 3; Lackner/Kühl/*Heger* § 76a Rn. 9; NK-StGB/*Saliger* vor §§ 73 ff. Rn. 3c; *Saliger* ZStW 2017, 995 (1022).

127 Stellungnahme der StVV vom 21.09.2016, S. 4; *Hinderer/Blechschmitt* NZWiSt 2018, 179 (183).

128 So auch: MüKo-StGB/*Joecks/Meißner* vor § 73 Rn. 56; Stellungnahme der StVV vom 21.09.2016, S. 4.

besitzen dürfen. Hierbei ist aber einerseits zu berücksichtigen, dass auch Einziehungsgegenstände mit teilweise legalem Vermögen erworben werden können, beispielsweise wenn ein Hauskauf zum Teil mit dem Geld aus einem Bankraub und zum Teil mit den eigenen Ersparnissen finanziert wird.[129] In diesen Fällen führt die Einziehung ganz unmittelbar zu einer Minderung des legalen Vermögens, vergleichbar mit einer Geldstrafe.

Andererseits ist zu bedenken, dass die selbstständige Einziehung nach der Gesetzesbegründung explizit dazu eingeführt worden ist, um die organisierte Kriminalität zu bekämpfen.[130] Kriminelle dieser Art haben häufig ihr gesamtes Vermögen durch illegale Aktivitäten erworben. Werden also solche Individuen zu einer Geldstrafe verurteilt, zahlen sie diese mit Mitteln, die ihnen ebenso wenig zur Verfügung stehen sollten, wie etwaige Einziehungsgegenstände. Auch in diesem – umgekehrten – Fall, sind die Folgen von Einziehung und Geldstrafe identisch: Abschöpfung von illegalem Vermögen. Zur Verdeutlichung soll folgendes Beispiel dienen:

Der Kriminelle K reist ins Ausland, hebt dort von einem geheimen Konto, auf dem er Gewinne aus illegalen Aktivitäten versteckt, einen hohen Bargeldbetrag ab. Bei der Wiedereinreise gerät er in eine Zollkontrolle und der Koffer mit dem Bargeld wird eingezogen.[131]

In einem anderen Fall wird der K wegen Hehlerei zu einer Geldstrafe verurteilt, die er aus vollständig illegal erworbenen Geldmitteln bezahlt.

Beide Male ist die Folge dieselbe: Das illegale Vermögen des K reduziert sich. Die Voraussetzungen dafür sind jedoch gänzlich unterschiedlich: Während es für die Geldstrafe einer Verurteilung bedarf, genügt für die Einziehung die bloße richterliche Überzeugung – nicht der Nachweis – einer Straftat. Für die rechtliche Beurteilung darf es aber keinen Unterschied machen, ob das Vermögen in Form eines Bargeldkoffers (Einziehung) oder durch eine Überweisung (Geldstrafe) an den Staat gelangt. Obwohl das Verfahren formal betrachtet einmal gegen eine Sache und einmal gegen eine Person gerichtet ist, sind die Auswirkungen für den Betroffenen identisch.

Dagegen mag man anführen, einmal sei „nur" eine rechtswidrige und das andere Mal eine schuldhafte Begehung erforderlich. Denn der entscheidende

129 Dazu ausführlich unter b) Das Problem der Mischfinanzierung, S. 48 ff.

130 BR-Drs. 418/16, S. 3; BT-Drs. 18/9525, S. 3.

131 Der Geldkoffer am Flughafen war eines der Szenarien, um die Erforderlichkeit der selbstständigen Einziehung von deliktisch erlangtem Vermögen unklarer Herkunft zu untermauern (BR-Drs. 418/16, S. 49; BT-Drs. 18/9525, S. 48).

Unterschied ist ja gerade, dass bei einer Geldstrafe eine persönliche Vorwerfbarkeit vonnöten ist, bei der selbstständigen Einziehung hingegen nicht. Diesbezüglich kann jedoch auf die Ausführungen zum Bruttoprinzip verwiesen werden: Sollte es sich bei der selbstständigen Einziehung um eine strafähnliche Maßnahme handeln, verstieße gerade das Fehlen des Verschuldenserfordernisses gegen die Unschuldsvermutung.[132] Insofern kann dieses Fehlen hier keine unterschiedliche Beurteilung rechtfertigen. Ob es sich bei der selbstständigen Einziehung um eine strafähnliche Maßnahme handelt oder nicht, soll hier noch nicht geklärt werden. Vorläufig geht es nur darum, das Formalargument zu entkräften, bei einem Verfahren gegen eine Sache könne es sich per se nicht um eine Maßnahme mit Strafcharakter handeln.

b) Zukunftsgerichtete Abschöpfungsmaßnahme

Ein weiteres Argument, das gegen den Strafcharakter der selbstständigen Einziehung angeführt wird, ist bereits aus der Diskussion um das Bruttoprinzip bekannt: Das Ziel der Maßnahme sei nicht die Verhängung einer Sanktion, sondern die Beseitigung strafrechtswidriger Vermögenslagen für die Zukunft.[133] Aufgrund der Zukunftsgerichtetheit der Maßnahme fehle ihr der für eine Strafe repressiv-vergeltende Charakter und sie unterliege deshalb nicht dem Schuldgrundsatz.[134] In seiner Entscheidung zum erweiterten Verfall musste das Bundesverfassungsgericht den präventiven Charakter, insbesondere die Verhinderung einer Reinvestition von Taterträgen in weitere deliktische Zwecke noch durch Auslegung ermitteln.[135] In der Gesetzesbegründung wurden diese Ziele explizit genannt.[136]

Hintangestellt werden soll erneut die Frage, ob es sich bei der selbstständigen Einziehung um eine Sanktion handelt. Hier wird überprüft, ob das Argument verfängt, die Maßnahme sei zukunftsgerichtet und präventiv und habe schon deshalb keinen Strafcharakter.

Die Intention des Gesetzgebers, eine Reinvestition von Verbrechensgewinnen in kriminelle Aktivitäten zu verhindern, stellt unproblematisch ein präventives Ziel

---

132 *Geiger* Die Rechtsnatur der Sanktion, S. 305 ff.; *Hohn* wistra 2003, 321 (325); *Hoyer* GA 1993, 406 (413); Schönke/Schröder/*Eser/Schuster* vor §§ 73 ff. Rn. 17 f.

133 BR-Drs. 418/16, S. 62; BT-Drs. 18/9525, S. 58.

134 BR-Drs. 418/16, S. 62; BT-Drs. 18/9525, S. 58.

135 BVerfGE 110, 1 (18).

136 BR-Drs. 418/16, S. 62; BT-Drs. 18/9525, S. 58.

dar.[137] Allerdings hat die selbstständige Einziehung, wie schon beim Bruttoprinzip dargestellt, auch eine repressive Seite: Sie knüpft eine für den Betroffenen nachteilige Maßnahme an ein in der Vergangenheit liegendes Ereignis.

Entscheidend ist letztlich, wo der Schwerpunkt der Maßnahme liegt. Dies wird am deutlichsten, wenn man sich folgenden Fall vor Augen führt: Ein polizeibekannter Straftäter und Mitglied eines Drogenkartells wird an einem Grenzübergang bei der Wiedereinreise mit einem Geldkoffer vom Zoll gefasst. Stammt das Geld zur Überzeugung des Gerichts aus einer rechtswidrigen Vortat, wird es eingezogen. Stammt es zwar nach Auffassung des Tatrichters nicht aus einer rechtswidrigen Vortat, besteht aber aufgrund der Kartellzugehörigkeit des Kuriers eine sehr hohe Wahrscheinlichkeit, dass das Geld in kriminelle Aktivitäten investiert wird, wird das Geld dennoch nicht nach § 76a Abs. 4 StGB eingezogen. Wäre das primäre Ziel dieser Norm die Prävention, würde sie in solchen Fällen die Befugnis zur Einziehung gewähren.[138] Das tut sie aber nicht. Und der Grund dafür ist, dass sie tatsächlich vorrangig einen repressiven Charakter hat.

c) Die Rechtsauffassung des Europäischen Gerichtshofs für Menschenrechte

Trotz der bisher herausgearbeiteten Widersprüche sieht der Gesetzgeber in der selbstständigen Einziehung keine Maßnahme mit strafähnlichem Charakter. Ziel sei nicht die Verhängung einer Sanktion gegen den Betroffenen, sondern die Beseitigung strafrechtswidriger Vermögenslagen.[139] Um seiner Rechtsauffassung Nachdruck zu verleihen, beruft sich der Gesetzgeber ferner auf ein Urteil des Europäischen Gerichtshofs für Menschenrechte.[140]

In dem Verfahren ging es um einen ehemaligen georgischen Politiker und seine beiden Söhne, bei denen im Zuge eines Ermittlungsverfahrens wegen Amtsmissbrauchs und Erpressung ein Großteil ihres Vermögens eingezogen wurde.[141] Das Verfahren zur Einziehung erfolgte, bevor das strafgerichtliche

---

137 Allerdings macht *Weßlau* StV 1991, 226 (233) darauf aufmerksam, dass dem (mutmaßlichen) Täter sein Vermögen bei einer rein präventiven Maßnahme zurückgegeben werden müsste, wenn die Gefahr einer Straftatbegehung nicht mehr besteht. Eine Rückgabe ist aber bei der selbstständigen Einziehung gerade nicht vorgesehen.

138 Angedeutet bei *Rönnau/Begemeier* JZ 2018, 443 (448 Fn. 56); vgl. dazu auch die Erläuterungen zu den verschiedenen Abschöpfungsmodellen bei *Saliger* ZStW 2017, 995 (1001 ff.).

139 BR-Drs. 418/16, S. 62; BT-Drs. 18/9525, S. 58.

140 BR-Drs. 418/16, S. 62; BT-Drs. 18/9525, S. 58.

141 EGMR NVwZ 2016, 1621 (Gogitidze u.a./Georgien).

Verfahren abgeschlossen war, und die Beschwerdeführer trugen in diesem Verfahren die Beweislast.[142] Die Beschwerdeführer sahen darin unter anderem eine Verletzung der Unschuldsvermutung aus Art. 6 Abs. 2 EMRK, da die rechtmäßige Herkunft des Eigentums habe belegt werden müssen, bevor der strafrechtliche Schuldvorwurf nachgewiesen worden sei.[143]

Der Gerichtshof verneinte eine Verletzung der Unschuldsvermutung, da die Einziehung „keine Entscheidung über die Stichhaltigkeit einer Anklage beinhalte [...] und keinen Strafcharakter hab[e], sondern auf Vorbeugung und Entschädigung“[144] ziele.

Auf den ersten Blick wirkt dieses Urteil tatsächlich wie eine Bestätigung der gesetzgeberischen Auffassung. Allerdings wird in dieser Entscheidung lediglich bestätigt, dass eine Einziehung von Vermögen unklarer Herkunft möglich ist, jedoch nicht, dass dies auch gerade in der von Deutschland gewählten Umsetzung erfolgen kann. Zu berücksichtigen ist, dass die Einziehung in Georgien aufgrund anderer Parameter erfolgt. Dort ist eine Einziehung „an eine zuvor gegen einen Amtsträger erhobene strafrechtliche Anklage“[145] gebunden. Auch wenn keine spätere Verurteilung vonnöten ist, sind die Voraussetzungen damit jedenfalls höher als in Deutschland, da gemäß § 76a Abs. 4 S. 1 StGB der bloße Anfangsverdacht einer Katalogtat genügt.[146]

Der wichtigere Unterschied dürfte aber sein, dass der Anstoß zu einer Einziehung zwar durch die strafrechtliche Anklage erfolgt, die Entscheidung über die Einziehung selbst aber in einem separaten Zivilverfahren ergeht.[147] Der Europäische Gerichtshof für Menschenrechte führt aus, die georgische Einziehung sei „ihrer Natur nach ein Zivilverfahren, das darauf zielt, Eigentum zurückzuerhalten, das rechtswidrig oder unerklärlich von dem jeweiligen Amtsträger oder von Personen seiner näheren Umgebung angehäuft“[148] worden ist. Da die Einziehung als Ergebnis eines Zivilverfahrens und unabhängig von einer strafrechtlichen Verurteilung erfolgt, handele es sich dabei um eine Regelung der Benutzung von Eigentum im Sinne von Art. 1 Abs. 2 Zusatzprotokoll zur Europäischen Menschenrechtskonvention.[149]

---

142 EGMR NVwZ 2016, 1621 (1622) (Gogitidze u.a./Georgien).

143 EGMR NVwZ 2016, 1621 (1625) (Gogitidze u.a./Georgien).

144 EGMR NVwZ 2016, 1621 (1626) (Gogitidze u.a./Georgien).

145 EGMR NVwZ 2016, 1621 (1622) (Gogitidze u.a./Georgien).

146 BeckOK-StPO/*Temming*, § 437 Rn. 2; Schönke/Schröder/*Eser/Schuster* § 76a Rn. 11.

147 EGMR NVwZ 2016, 1621 (1622) (Gogitidze u.a./Georgien); auf diesen Unterschied weisen auch *Hinderer/Blechschmitt* NZWiSt 2018, 179 (184) hin.

148 EGMR NVwZ 2016, 1621 (1622) (Gogitidze u.a./Georgien).

149 EGMR NVwZ 2016, 1621 (1622) (Gogitidze u.a./Georgien).

Auch wenn in Deutschland für eine Einziehung ebenfalls keine Verurteilung erforderlich ist, erfolgt die Einziehung hier im Rahmen eines Strafverfahrens.[150] Das zeigt sich schon daran, dass § 76a Abs. 4 S. 1 StGB verlangt, der Einziehungsgegenstand müsse aus einer rechtswidrigen Tat herrühren. Aufgrund dessen lassen sich aus dem Urteil keine Rückschlüsse auf die Zulässigkeit der deutschen Regelung ziehen.[151] Ganz im Gegenteil kann man eher vertreten, das Urteil erteile der deutschen Regelung eine Absage. Denn dort wird explizit betont, die Beweislast könne in „solchen nicht strafrechtlichen Einziehungsverfahren, darunter in Zivilverfahren, zulässigerweise dem Betroffenen überbürdet“[152] werden. Im Umkehrschluss lässt sich daraus folgern, dass eine Beweislastumkehr in strafrechtlichen Einziehungsverfahren gerade nicht zulässig ist.

Unabhängig davon äußert sich das Urteil explizit nur zur georgischen Regelung der Einziehung, die von der deutschen so verschieden ist, dass sich zumindest keine Rückschlüsse daraus ziehen lassen, die die Auffassung des Gesetzgebers zu ihrer Zulässigkeit stützen.[153]

d) Übertragbarkeit der Rechtsprechung des Bundesverfassungsgerichts zu § 73d StGB a.F.

Ferner führt der Gesetzgeber an, das Instrument stehe „im Einklang mit der Rechtsprechung des Bundesverfassungsgerichts zur Rechtsnatur und zum Zweck der strafrechtlichen Vermögensabschöpfung“[154]. Es ist zwar möglich, dass das Bundesverfassungsgericht wie schon zum erweiterten Verfall nach altem Recht eine Strafähnlichkeit der selbstständigen Einziehung verneint.[155] Ob dieses

150 OLG München 5 OLG 15 Ss 539/17, juris Rn. 46 f.; *Hinderer/Blechschmitt* NZWiSt 2018, 179 (184); SSW-StGB/*Heine* § 73 Rn. 5; Stellungnahme der StVV vom 21.09.2016, S. 4.

151 *Hinderer/Blechschmitt* NZWiSt 2018, 179 (184); in diese Richtung auch BeckOK-StPO/*Temming* § 437 Rn. 3; MüKo-StPO/*Scheinfeld/Langlitz* § 437 Rn. 18.

152 EGMR NVwZ 2016, 1621 (1624) (Gogitidze u.a./Georgien).

153 Auch *Hinderer/Blechschmitt* NZWiSt 2018, 179 (184) bezweifeln die Übertragbarkeit des „Unbedenklichkeitsurteils“ auf die deutsche Regelung; ebenso BeckOK-StPO/*Temming* § 437 Rn. 3; MüKo-StPO/*Scheinfeld/Langlitz* § 437 Rn. 18.

154 BR-Drs. 418/16, S. 62; BT-Drs. 18/9525, S. 58.

155 Vgl. *Lenk* NJW 2021, 1231 (1232): „Wer hier sprichwörtlich das ‚Gras wachsen hören will‘, kann dem Beschluss bereits entnehmen, dass das BVerfG der noch viel umstritteneren Regelung in § 76a IV StGB ebenso den Strafcharakter abspricht (so jedenfalls lässt sich der ausdrückliche Verweis o. Rn. 108 auf *Höft* HRRS 2018, 196 [200] deuten) [...].“

Ergebnis dann jedoch aus einer schlichten Übertragung seiner Rechtsprechung zu § 73d StGB a.F. resultiert, darf bezweifelt werden. Denn § 76a Abs. 4 StGB ist – anders als § 73a StGB – nicht der Nachfolger des § 73d StGB a.F., sondern ein gänzlich neues Abschöpfungsinstrument, das nur in Teilen vom erweiterten Verfall nach altem Recht inspiriert wurde.[156] Ein gravierender Unterschied ergibt sich bereits aus dem Gesetzestext und besteht darin, dass es für eine selbstständige erweiterte Einziehung keiner nachgewiesenen Anlasstat bedarf,[157] sondern nur eines Anlasstatverdachts.[158] Zudem wird der Einziehungsgegenstand bei § 76a Abs. 4 StGB nach der Rechtsprechung zur Geldwäsche bestimmt, was die Abschöpfung auch von Legalvermögen möglich erscheinen lässt.[159] Aufgrund dieser beiden Unterschiede besteht keine Vergleichbarkeit der beiden Vorschriften. Deshalb erscheint eine Rechtfertigung des neuen Abschöpfungsinstruments durch eine pauschale Übertragung der Rechtsprechung des Bundesverfassungsgerichts zu § 73d StGB a.F. nicht möglich.[160]

2.) Strafcharakter der selbstständigen erweiterten Einziehung?

Als Zwischenstand lässt sich bis hierher festhalten: Die beiden zunächst untersuchten Argumente, aufgrund derer ein Strafcharakter der selbstständigen Einziehung pauschal nicht gegeben sein soll, haben sich als nicht tragfähig erwiesen.

---

156 *Hinderer/Blechschmitt* NZWiSt 2018, 179 (180) bezeichnen die erweiterte selbstständige Einziehung deshalb als „Xenomorphes“, das jedoch aus bekannten Versatzstücken geschaffen wurde.

157 Eine solche darf nicht nachgewiesen sein, da eine Einziehung ansonsten nach § 73a StGB erfolgen würde, denn § 76a Abs. 4 StGB ist gegenüber den anderen Einziehungsvarianten subsidiär (vgl. BR-Drs. 418/16, S. 80; BT-Drs. 18/9525, S. 73).

158 Zweifel an der Vereinbarkeit mit der Rechtsprechung des Bundesverfassungsgerichts im Hinblick auf diesen Unterschied haben auch: BeckOK-StPO/*Temming* § 437 Rn. 3; *Gebauer* ZRP 2016, 101 (104 Fn. 37); *Hinderer/Blechschmitt* NZWiSt 2018, 179 (183 f.); MüKo-StPO/*Scheinfeld/Langlitz* § 437 Rn. 16; *Saliger* ZStW 2017, 995 (1031); *Trüg* NJW 2017, 1913 (1916).

159 An der Übertragbarkeit der Rechtsprechung des Bundesverfassungsgerichts wegen dieses Unterschieds zweifeln ebenfalls: *Hinderer/Blechschmitt* NZWiSt 2018, 179 (183 f.); *Rönnau/Begemeier* JZ 2018, 443 (448 f.); *Rönnau/Begemeier* NStZ 2021, 705 (707 f.); *Trüg* NJW 2017, 1913 (1916).

160 Ebenfalls zweifelnd: BeckOK-StPO/*Temming* § 437 Rn. 3; *Gebauer* ZRP 2016, 101 (104 Fn. 37); *Hinderer/Blechschmitt* NZWiSt 2018, 179 (183 f.); *Kraushaar* NZWiSt 2019, 288 (292 f.); MüKo-StPO/*Scheinfeld/Langlitz* § 437 Rn. 16; *Rönnau/Begemeier* JZ 2018, 443 (448 f.); *Saliger* ZStW 2017, 995 (1031); *Trüg* NJW 2017, 1913 (1916).

Auch das Urteil des Europäischen Gerichtshofs für Menschenrechte konnte keine Erkenntnisse liefern, die die Auffassung des Gesetzgebers stützen würden. Dasselbe gilt für die Entscheidung des Bundesverfassungsgerichts zu § 73d StGB a.F. Deshalb ist es jetzt an der Zeit, sich die Wirkungen und Folgen des neuen Rechtsinstituts im Einzelnen anzuschauen und die Frage zu beantworten, ob es eine strafähnliche Wirkung entfaltet oder nicht. Dazu sei noch einmal an die Kriterien der Rechtsprechung für eine Strafe oder strafähnliche Maßnahme erinnert: Demnach liegt eine solche vor, wenn jemandem als Reaktion auf eine schuldhaft begangene rechtswidrige Tat ein Rechtsnachteil auferlegt wird.[161] Im Unterschied zu einer Präventionsmaßnahme beinhalte eine Strafe ein sozialethisches Unwerturteil über diese Tat[162] und ziele zumindest auch darauf ab, dafür Repression und Vergeltung zu üben.[163] Für die Einordnung einer Maßnahme als Strafe genüge es aber nicht alleine, dass sie eine Einbuße an Freiheit oder Vermögen nach sich ziehe und somit eine faktische Übelszufügung bewirke.[164] Erforderlich sei vielmehr die Heranziehung weiterer, wertender Kriterien, wie der Rechtsgrund der Anordnung und der gesetzgeberische Zweck.[165]

a) Funktion und Wirkung der selbstständigen erweiterten Einziehung

Erforderlich für eine selbstständige erweiterte Einziehung war ursprünglich ein Ermittlungsverfahren wegen des Verdachts einer der in § 76a Abs. 4 S. 3 StGB a.F. aufgeführten Katalogtaten, zu denen neben typischen Delikten aus der organisierten Kriminalität und des Terrorismus auch die Geldwäsche gemäß § 261 StGB gehörte.[166] Der Bundesgerichtshof entschied, diese Voraussetzung sei nur erfüllt, wenn die Betreibung des Verfahrens schon auf dem Verdacht einer Katalogstraftat fußt, der aufgefundene Gegenstand selbst oder das Auffinden des Gegenstands einen entsprechenden Verdacht begründet.[167] Ein erst nach Sicherstellung in das Verfahren einbezogener Katalogstrafverdacht reiche

161 BVerfGE 110, 1 (13); 156, 354 (389 f.); BGHSt 47, 369 (375 f.).

162 BVerfGE 9, 167 (171); 22, 49 (79 f.); 95, 96 (140); 96, 10 (25); 110, 1 (13, 18); 156, 354 (412).

163 BVerfGE 20, 323 (351); 21, 378 (384); 156, 354 (389 f.); BGHSt 47, 369 (375 f.); *Fischer* § 46 Rn. 2a, 4; MüKo-StGB/*Radtke* vor § 38 Rn. 51 ff.

164 BVerfGE 110, 1 (14); 156, 354 (390); BGHSt 47, 369 (374 f.).

165 BVerfGE 9, 137 (144 f.); 21, 378 (383 ff.); 27, 36 (40 ff.); 80, 109 (120 ff.); 110, 1 (14); 156, 354 (390).

166 BR-Drs. 418/16, S. 9 ff.; 80 f.; BT-Drs. 18/9525, S. 14 f., 73.

167 BGHSt 64, 186 (193).

für eine selbstständige Einziehung hingegen nicht aus.[168] Darauf reagierte der Gesetzgeber und ermöglichte durch die Neufassung des § 76a Abs. 4 StGB die selbstständige Einziehung auch nachträglich in Verfahren, die nicht wegen einer Katalogtat eingeleitet worden waren.[169] Demnach bedarf es in der aktuellen Fassung nicht mehr eines Verfahrens wegen des Verdachts einer Katalogtat, sondern nur noch der Sicherstellung wegen des (auch nachträglichen) Verdachts einer Katalogtat in einem Verfahren wegen irgendeiner Straftat. Des Weiteren ist erforderlich, dass der eingezogene Gegenstand aus einer rechtswidrigen Vortat herrührt.

aa) Die rechtswidrige Tat

Bei der erforderlichen rechtswidrigen Vortat muss es sich nicht um eine der im Katalog des § 76a Abs. 4 S. 3 StGB genannten handeln. Es genügt also irgendeine rechtswidrige Tat.[170] Und auch diese muss nicht im Einzelnen festgestellt werden, sondern es genügt die richterliche Überzeugung, dass der Gegenstand aus einer solchen Tat stammt.[171] Kriterien für diese Überzeugungsbildung liefert der neue § 437 StPO, wonach insbesondere von einer rechtswidrigen Vortat ausgegangen werden kann, wenn zwischen dem Wert des Gegenstandes und den rechtmäßigen Einkünften des Betroffenen ein grobes Missverhältnis besteht.[172] So heißt es in der Gesetzesbegründung:

> *„Legt die Staatsanwaltschaft mit ihrem Einziehungsantrag einen (beweisbaren) Tatsachenvortrag dar, der insbesondere mit Blick auf das ‚Missverhältnis'-Kriterium (§ 437 Absatz 1 Satz 1 StPO-E) den Schluss auf die deliktische Herkunft des sichergestellten Gegenstand zulässt, wird - falls die Beweisaufnahme den Tatsachenvortrag bestätigt - das Gericht in der Regel (‚soll') die Einziehung anordnen, es sei denn, der Betroffene bestreitet als Einziehungsbeteiligter substantiiert die deliktische Herkunft und bietet entsprechenden Beweis an.“*[173]

---

168 BGHSt 64, 186 (193).

169 BT-Drs. 19/26602, S. 7 f.

170 BR-Drs. 418/16, S. 80; BT-Drs. 18/9525, S. 73; a.A. waren noch: *Löffelmann* Rechtspolitik 2016, S. 62; *Meyer* StV 2017, 343 (345); Stellungnahme der StVV vom 31.05.2016, S. 15.

171 BR-Drs. 418/16, S. 80; BT-Drs. 18/9525, S. 73.

172 Diesem Kriterium komme „bei der Überzeugungsbildung ein herausgehobener Stellenwert zu“ (BR-Drs. 418/16, S. 104; BT-Drs. 18/9525, S. 92).

173 BR-Drs. 418/16, S. 104; BT-Drs. 18/9525, S. 92.

Für die Erfüllung des Tatbestandsmerkmals der rechtswidrigen Tat genügt somit die richterliche Überzeugung, dass der sichergestellte Gegenstand aus irgendeiner nicht näher festgestellten rechtswidrigen Tat stammt.

bb) Das „Herrühren" aus einer rechtswidrigen Tat

Weitere Voraussetzung für eine selbstständige Einziehung ist, dass der Gegenstand aus einer rechtswidrigen Tat „herrührt".

Aus dem Gesetzestext selbst ergeben sich keine Anhaltspunkte dafür, wann von einem „Herrühren" auszugehen ist. Nach der Intention des Gesetzgebers soll die Strafrechtspraxis bei der Auslegung des Merkmals „Herrühren" auf die Rechtsprechung zur Geldwäsche gemäß § 261 StGB zurückgreifen.[174] Zwar heißt es in den Gesetzesmaterialien, für die Auslegung „kann" die Praxis darauf zurückgreifen[175] und zum Teil wird auch betont, dass dort gerade nicht „muss" steht.[176] Allerdings geht der Gesetzgeber in den folgenden Ausführungen von der Zugrundelegung dieser Rechtsprechung aus,[177] insbesondere auch für die Fälle der sogenannten Teilkontamination (dazu unten). Hinzu kommt, dass die Rechtsprechung gezwungen ist, auf diese Auslegung zurückzugreifen, da keine anderen Anhaltspunkte bestehen, wie dieses Wort sonst zu interpretieren ist.[178]

Nach dieser zugrunde zu legenden Rechtsprechung genügt es, wenn zwischen dem Einziehungsgegenstand und der Vortat bei wirtschaftlicher Betrachtungsweise ein Kausalzusammenhang besteht.[179] Ein solcher ist beispielsweise gegeben, wenn der ursprünglich durch die Vortat erlangte Gegenstand durch ein

---

174 BR-Drs. 418/16, S. 80; BT-Drs. 18/9525, S. 73.

175 BR-Drs. 418/16, S. 80; BT-Drs. 18/9525, S. 73.

176 So *Köhler* NZWiSt 2018, 226 (229); auch SSW-StGB/*Heine* § 76a Rn. 15 geht nicht von einer zwingenden Vorgabe aus.

177 „Der Begriff ist danach weit auszulegen" (BR-Drs. 418/16, S. 80; BT-Drs. 18/9525, S. 73); dasselbe gilt für die Novellierung des § 76a Abs. 4 StGB aus dem Jahre 2021 (BT-Drs. 19/26602, S. 7).

178 Von einem Auslegungsgebot in diesem Sinne gehen ebenfalls aus: *Fischer* § 76a Rn. 10; *Gebauer* ZRP 2016, 101 (104); *Meyer* StV 2017, 343 (345, 353); *Rönnau/Begemeier* JZ 2018, 443 (445); *Saliger* ZStW 2017, 995 (1023); *Schilling/Hübner* StV 2018, 49 (52); zudem erfolgt bereits eine Zugrundelegung der Rechtsprechung zu § 261 StGB in der Praxis, vgl. KG NZWiSt 2021, 74 (80 f.).

179 BGHSt 53, 205 (208 f.); BGH NStZ-RR 2010, 109 (111); BR-Drs. 418/16, S. 80; BT-Drs. 18/9525, S. 73.

Surrogat ersetzt worden ist.[180] Auch solche können also der Einziehung unterworfen werden.[181]

Auf den ersten Blick nicht eindeutig ist, was nach dem Willen des Gesetzgebers für die Fälle gelten soll, in denen nur ein Teil des sichergestellten Gegenstandes aus einer Straftat stammt. Denn in der Gesetzesbegründung heißt es:

> *„[1]Für die Auslegung des Tatbestandsmerkmals ‚Herrühren' kann die Strafrechtspraxis auf die Rechtsprechung zu § 261 StGB zurückgreifen. [2]Der Begriff ist danach weit auszulegen. [3]Es genügt, wenn bei wirtschaftlicher Betrachtungsweise zwischen dem Gegenstand und der Vortat ein Kausalzusammenhang besteht, wenn also der Gegenstand seine Ursache in der rechtswidrigen Tat hat (BGH, Beschluss vom 18. Februar 2009 – 1 StR 4/09 – BGHSt 53, 205-210, Rn. 12 ff.; Leipziger Kommentar-Schmidt/Krause, StGB, 12. Auflage 2010, § 261, Rn. 11f.). [4]Gelangt das Gericht zur Überzeugung, dass nur ein Teil des sichergestellten Gegenstandes aus einer Straftat ‚herrührt', kann es den Einziehungsgegenstand nach den Grundsätzen bestimmen, die für den Geldwäschetatbestand bei ‚Teilkontamination' entwickelt worden sind (dazu Münchener Kommentar-Neuheuser, StGB, 2. Auflage 2012, § 261, Rn. 47 ff.).“[182]*

Die Sätze 1 bis 3 scheinen zu Satz 4 in Widerspruch zu stehen.[183] Die Rechtsprechung, an der sich die Strafrechtspraxis nach den Sätzen 1 bis 3 orientieren soll, vertritt für die Fälle, dass ein Gegenstand nur zum Teil aus einer rechtswidrigen Tat stammt, die Lehre von der Totalkontamination. Danach wirkt sich die Bemakelung eines Teils des Gegenstandes auf den gesamten Gegenstand aus, sodass der gesamte Gegenstand als kontaminiert anzusehen ist.[184] Erforderlich sei aber, dass die Kontamination einen wirtschaftlich

---

180 BGHSt 53, 205 (208 f.); BGH NStZ-RR 2010, 109 (111); Schönke/Schröder/*Eser/Schuster* § 76a Rn. 13 mit Verweis auf Schönke/Schröder/*Hecker* § 261 Rn. 10.

181 Bereits *Meyer* StV 2017, 343 (345) weist daraufhin, dass die deutsche Regelung mit der Möglichkeit einer Surrogateinziehung über ihre ausländischen Vorbilder hinausgeht; zum wertungswidersprüchlichen Abschöpfungsumfang des § 76a Abs. 4 StGB bei mehrfacher Surrogation: *Bittmann* wistra 2021, 257 (262).

182 BR-Drs. 418/16, S. 80; BT-Drs. 18/9525, S. 73 [Nummerierung der Sätze durch Verfasser].

183 Darauf weisen bereits hin: *Rönnau/Begemeier* JZ 2018, 443 (445); SSW-StGB/*Heine* § 76a Rn. 15.

184 BGH NJW 2022, 1028 (1031); 2015, 3254 f.; BGH NZWiSt 2019, 148 (150); MüKo-StGB/*Neuheuser* § 261 Rn. 62 f.; NK-WSS/*Lindemann/Bauerkamp* StGB § 76a Rn. 23; *Rönnau/Begemeier* JZ 2018, 443 (445).

erheblichen Anteil am Gesamtvermögen ausmacht, den der Bundesgerichtshof bei der Vermengung von Giralgeld jedenfalls bei 5,9 % als erreicht ansieht.[185]

Demgegenüber wird in der Literatur zum Teil die Lehre von der Teilkontamination vertreten. Stammt ein Gegenstand nur zum Teil aus einer rechtswidrigen Tat, soll er auch nur anteilig als bemakelt gelten.[186] Der vierte Satz der Gesetzesbegründung, in dem auch explizit von „Teilkontamination" die Rede ist, klingt, als würde der Gesetzgeber in diesen Konstellationen nicht der Rechtsprechung, sondern der Literaturansicht den Vorzug geben.

Doch wie *Rönnau/Begemeier* zutreffend bemerken, ist es unwahrscheinlich, dass der Gesetzgeber § 76a Abs. 4 StGB zum Teil nach der Rechtsprechung und in bestimmten Fällen nach der Gegenansicht ausgelegt wissen will.[187] Hinzu kommt, dass im Münchener Kommentar, der in der Gesetzesbegründung für die Teilkontamination zitiert wird, der Rechtsprechung und der Lehre von der Totalkontamination der Vorzug gegeben wird.[188] Der Begriff „Teilkontamination" im vierten Satz ist unter Berücksichtigung der drei vorhergehenden Sätze nicht als Hinweis auf die Lehre von der Teilkontamination zu verstehen. Stattdessen dürfte damit lediglich die Konstellation gemeint sein, dass ein Gegenstand nur zum Teil mit Erlösen aus einer Straftat und zum Teil mit redlich erworbenen Mitteln finanziert wurde. Dafür sprechen auch die Gesetzesmaterialien zur Neufassung des § 76a Abs. 4 StGB, wonach auch Gegenstände, die „infolge von Vermögenstransaktionen (einschließlich mehrfacher Umwandlungs- und Austauschprozesse) sowie von auch mehrfacher Vermischung oder Verarbeitung an die Stelle des Ursprungsgegenstands getreten sind"[189], erfasst sein sollen. Dies gelte „insbesondere auch für Gegenstände, die an die Stelle vorangegangener Ersatzgegenstände bzw. Vermischungs- oder Verarbeitungsprodukte getreten sind."[190] Im Folgenden wird deshalb davon ausgegangen, dass der Gesetzgeber den Begriff

---

185 BGH NJW 2015, 3254 f.; MüKo-StGB/*Neuheuser* § 261 Rn. 63; *Rönnau/Begemeier* JZ 2018, 443 (445).

186 BeckOK-StGB/*Ruhmannseder* § 261 Rn. 18; SSW-StGB/*Jahn* § 261 Rn. 40.

187 *Rönnau/Begemeier* JZ 2018, 443 (445); von einer ausschließlichen Zugrundelegung der Rechtsprechung zu § 261 StGB gehen auch aus: *Gebauer* ZRP 2016, 101 (104); *Köhler/Burkhard* NStZ 2017, 665 (671); *Meyer* StV 2017, 343 (345); dasselbe gilt für die Praxis: KG NZWiSt 2021, 74 (80 f.).

188 Vgl. MüKo-StGB/*Neuheuser* 2. Auflage § 261 Rn. 53 ff., 56.

189 BT-Drs. 19/26602, S. 7.

190 BT-Drs. 19/26602, S. 7.

„herrühren" insgesamt nach den Maßgaben der Rechtsprechung verstanden wissen wollte, sodass die Lehre von der Totalkontamination anzuwenden ist.

Dies ist beispielsweise wichtig, wenn legales und rechtswidrig erlangtes Bankguthaben zusammengelegt werden.[191] Ferner ist auch daran zu denken, wenn ein Kaufgegenstand zum Teil mit Geld aus legalen Einkünften und zum Teil mit Beträgen aus rechtswidrigen Aktivitäten bezahlt wird.[192] Obwohl also nur ein Teil des Gegenstandes kontaminiert ist, kann der gesamte Gegenstand eingezogen werden.

Zusammengefasst erlaubt es die selbstständige erweiterte Einziehung also, jegliches über die nachgewiesenen rechtmäßigen Einkünfte des Betroffenen hinausgehende Vermögen einzuziehen, ohne dass ihm eine konkrete Straftat nachgewiesen werden muss, es sei denn, der Betroffene bietet Beweis für dessen legalen Erwerb an.

b) Das Problem der Mischfinanzierung

Problematisch bei der Beantwortung der Frage, ob die selbstständige erweiterte Einziehung einen strafähnlichen Charakter besitzt, ist die Übertragung der Rechtsprechung zur Geldwäsche.[193] Diese wirkt im ersten Moment wie eine Arbeitserleichterung für die Praxis. Dadurch muss nicht erneut geklärt und definiert werden, wie das Wort „herrühren" juristisch zu verstehen ist. Allerdings passt das Verständnis dieses Begriffs aus der Geldwäsche aufgrund der unterschiedlichen Systematiken nicht zur erweiterten selbstständigen Einziehung.[194] Es ist vergleichbar mit der Übertragung des Begriffs des „gefährlichen Werkzeugs" aus § 224 Abs. 1 Nr. 2 StGB auf §§ 244 Abs. 1 Nr. 1a, 250 Abs. 1 Nr. 1a und Abs. 2 Nr. 1 StGB, die aufgrund unterschiedlicher Tatbestandsstrukturen ebenfalls nicht funktioniert hat.[195] Dies offenbart sich in den Fällen der Mischfinanzierung: Erwirbt jemand einen Gegenstand

191 BGH NJW 2015, 3254 f.; BGH NZWiSt 2019, 148 (150); BeckOK-StGB/*Ruhmannseder* § 261 Rn. 18; MüKo-StGB/*Neuheuser* § 261 Rn. 62 f.

192 BGH NJW 2022, 1028 (1031); BGH NStZ 2017, 28 (29); BeckOK-StGB/*Ruhmannseder* § 261 Rn. 18; MüKo-StGB/*Neuheuser* § 261 Rn. 63.

193 BR-Drs. 418/16, S. 80; BT-Drs. 18/9525, S. 73; ebenso BT-Drs. 19/26602, S. 7.

194 NK-WSS/*Lindemann/Bauerkamp* StGB § 76a Rn. 23; *Rönnau/Begemeier* JZ 2018, 443 (447); SSW-StGB/*Heine* § 76a Rn. 15; ebenfalls kritisch: MüKo-StGB/*Joecks/Meißner* § 76a Rn. 16; Schönke/Schröder/*Eser/Schuster* § 76a Rn. 13.

195 BGHSt 52, 257, 266; *Fischer*, § 244 Rn. 14.

mit Bargeld, das sich aus legal erworbenem Vermögen und den Erträgen einer rechtswidrigen Tat zusammensetzt, und verwirklicht er bei der Abwicklung des Kaufs § 261 StGB, dann kann (auch) der Wert des legalen Vermögens abgeschöpft werden, denn dabei handelt es sich um ein Tatmittel im Sinne von § 74 Abs. 1 StGB.[196] Die Einziehung von Tatmitteln wird als strafähnliche Sanktion gesehen.[197]

Lässt sich in dem oben gebildeten Fall aber eine rechtswidrige Vortat hinsichtlich des deliktisch erlangten Vermögens nicht nachweisen, so scheitert auch der Nachweis einer Geldwäsche und die Mischfinanzierung des Kaufgegenstands bleibt straflos.[198] Gerade für solche Fälle der fehlenden Nachweisbarkeit ist der § 76a Abs. 4 StGB konzipiert. Geht der Wert des gekauften Gegenstandes über das hinaus, was sich der Einziehungsbetroffene mit seinem regelmäßigen Einkommen leisten kann, und liegen auch die restlichen Voraussetzungen vor, so kann der gesamte Gegenstand eingezogen werden, also auch der Teil, der mit dem „sauberen" Vermögen finanziert worden ist.[199] Im Ergebnis wird beide Male der Wert von legalem Vermögen eingezogen.[200] Ein Grund

196 NK-StGB/*Altenhain* § 261 Rn. 146; *Rönnau/Begemeier* JZ 2018, 443 (448); *Rönnau/Begemeier* NStZ 2021, 705 (708); SSW-StGB/*Heine* § 76a Rn. 15.

197 BGHSt 2, 337; BGH NJW 1983, 2710 (2711); BGH NStZ 1985, 362; *Köhler* NZWiSt 2018, 226; *Meyer* ZStW 2015, 241 (261 f.); MüKo-StGB/*Joecks/Meißner* § 74 Rn. 2; *Rönnau/Begemeier* JZ 2018, 443 (448); *Rönnau/Begemeier* NStZ 2021, 705 (708).

198 Vor der Novellierung des § 261 StGB durch das Gesetz zur Verbesserung der strafrechtlichen Bekämpfung der Geldwäsche im Jahr 2021 hatte die Geldwäsche noch einen Vortatenkatalog. Deshalb war die Vermischung von Geld aus nachgewiesenen rechtswidrigen Taten, die nicht dem Katalog angehörten mit legalen Einkünften straflos, weshalb letzterer Anteil nicht abgeschöpft werden konnte; bestand hingegen lediglich ein Geldwäscheverdacht war eine Totaleinziehung über § 76a Abs. 4 StGB möglich. Das führte zu der paradoxen Situation, dass es für den Betroffenen unter Einziehungsgesichtspunkten günstiger war, eine Straftat (die aber nicht dem Katalog des § 261 Abs. 1 S. 2 StGB a.F. angehören durfte) zu gestehen, statt eine selbstständige Einziehung hinzunehmen. Ausführlich dazu *Rönnau/Begemeier* JZ 2018, 443 (447 f.). Mit der Streichung des Vortatenkatalogs der Geldwäsche konnte zumindest diese Widersprüchlichkeit im Gefüge des § 76a Abs. 4 StGB beseitigt werden.

199 *El-Ghazi/Marstaller/Zimmermann* NZWiSt 2021, 297 (298); *Gebauer* ZRP 2016, 101 (104); *Hüls* ZWH 2017, 242 (251); NK-WSS/*Lindemann/Bauerkamp* StGB § 76a Rn. 23; *Rönnau/Begemeier* JZ 2018, 443 (448 f.); *Rönnau/Begemeier* NStZ 2021, 705 (708); SSW-StGB/*Heine* § 76a Rn. 15; a.A. *Köhler* NZWiSt 2018, 226 (229).

200 *Rönnau/Begemeier* JZ 2018, 443 (448 f.); *Rönnau/Begemeier* NStZ 2021, 705 (708); SSW-StGB/*Heine* § 76a Rn. 15.

dafür, weshalb das einmal strafähnlich sein soll und einmal nicht, ist nicht ersichtlich.[201]

Anders als bei der erweiterten Einziehung nach § 73a StGB besteht bei der selbstständigen erweiterten Einziehung zudem nicht die Möglichkeit, die Einziehung durch die Anwendung des § 73c StGB in eine Geldforderung in Höhe des illegalen Anteils umzuwandeln.[202] Obwohl es aufgrund seiner Subsidiarität für die Anwendung des § 76a Abs. 4 StGB darauf ankommt, dass keine konkrete Straftat nachgewiesen ist, kann es solche Vermischungskonstellationen auch dort geben.[203] Angenommen, der Betroffene besitzt einen Gegenstand im Wert von 10.000 Euro, aber aufgrund seiner Einkommens- und Vermögensverhältnisse wäre er nur in der Lage gewesen, den Kauf in Höhe von 2.000 Euro mit nachweislich legalen Mitteln zu finanzieren. Hinsichtlich der 8.000 Euro gelingt ihm ein solcher Nachweis nicht. Folglich gehen die Ermittlungsbehörden davon aus, dass jedenfalls ein Betrag in Höhe von 8.000 Euro aus rechtswidrigen Aktivitäten stammt. Dennoch erfolgt in solchen Fällen aufgrund der Übertragung der Grundsätze aus der Geldwäsche zur Teilkontamination eine Totaleinziehung.

Noch drastischer wird dies, wenn der Betroffene nach dem Ergebnis der Ermittlungen erwiesenermaßen 2.000 Euro der 10.000 Euro aus legalen Einkünften aufgebracht hat. Ein Beispiel hierfür wäre, wenn das Konto des Betroffenen ausschließlich von seinem Arbeitslohn gespeist wird. Für dieses Konto hat er einen Dauerauftrag auf sein Sparkonto eingerichtet, das seinerseits nur von diesen Umbuchungen gefüllt wird und einen Bestand von 2.000 Euro aufweist. Diese 2.000 Euro sind also nachweislich legal erworbenes Vermögen. Zahlt er jetzt mit einem Mal 8.000 Euro auf dieses Konto ein und überweist den Gesamtbetrag von 10.000 Euro für einen Autokauf oder hebt er die 2.000 Euro ab und kauft noch am selben Tag ein Auto im Wert von 10.000 Euro, dann ist

---

201 Ebenso: *El-Ghazi/Marstaller/Zimmermann* NZWiSt 2021, 297 (301 f.); *Rönnau/Begemeier* JZ 2018, 443 (448); *Rönnau/Begemeier* NStZ 2021, 705 (708); SSW-StGB/*Heine* § 76a Rn. 15; auch *Meyer* StV 2017, 343 (345) weist darauf hin, dass der „Boden des Legitimationskonzepts verlassen" würde, wenn über die Surrogateinziehung mehr abgeschöpft werden kann, als rechtswidrig erlangt wurde.

202 KG NZWiSt 2021, 74 (80 f.); *Bittmann* wistra 2021, 257 (262); *El-Ghazi/Marstaller/Zimmermann* NZWiSt 2021, 297 (302); *Rönnau/Begemeier* JZ 2018, 443 (446 f.); SSW-StGB/*Heine* § 76a Rn. 15.

203 Für ein Beispiel aus der Praxis siehe *Rönnau/Begemeier* NStZ 2021, 705 (707 f.) unter Verweis auf einen nicht veröffentlichten Beschluss des LG Hamburg vom 12.03.2019 – 621 Qs 9/19, in dem die vollständige Einziehung des Verkaufserlöses eines nur zur Hälfte mit Taterträgen finanzierten Audi TT bestätigt wurde.

offensichtlich, dass der problematische Betrag „nur" die 8.000 Euro sind. Trotzdem wird das Auto entschädigungslos eingezogen.[204] Zwar ist hierbei zu berücksichtigen, dass es sich bei § 76a Abs. 4 StGB um eine Soll-Vorschrift handelt, sodass man von einer Einziehung absehen könnte.[205] Doch der Gesetzgeber wollte für Vermischungskonstellationen einen Rückgriff auf die Rechtsprechung zur Geldwäsche.[206] Wie dargelegt, genügt es danach bereits, wenn der Bemakelungsanteil 5,9 % des Gesamtguthabens beträgt, um von einer Totalkontamination ausgehen zu können.[207] Diese Voraussetzung ist bei einer mutmaßlichen Bemakelung von 80 % ohne Weiteres erfüllt. Es liefe dem gesetzgeberischen Willen zuwider, würde man die Übertragung dieser Rechtsprechung immer mit dem Hinweis auf den Soll-Charakter der Vorschrift umgehen.[208] Bei konsequenter Rechtsanwendung ist das mit dem mutmaßlich gemischt zusammengesetzten Guthaben gekaufte Auto als mit illegalen Mitteln erworben anzusehen und deshalb tauglicher Einziehungsgegenstand.[209]

Im oben gebildeten Beispiel kommt die Literatur, die in solchen Vermischungsfällen restriktivere Kriterien anlegt als die 5,9 %-Grenze des Bundesgerichtshofs, zum selben Ergebnis. Danach sei bei der Einzahlung illegal erworbener Gelder auf ein Bankkonto mit „sauberem" Geld entscheidend, ob die Überweisungen von diesem Konto den Anteil der legalen Gelder übersteigen oder darunterbleiben.[210] Im ersten Fall soll das dafür Erlangte aus der Vortat

---

204 Von einem solchen Ergebnis geht auch die Gesetzesbegründung zur Wortlautänderung des § 76a Abs. 4 StGB aus, wonach „entsprechend der geltenden Rechtslage Gegenstände selbstständig eingezogen werden [können], die infolge von Vermögenstransaktionen (einschließlich mehrfacher Umwandlungs- und Austauschprozesse) sowie von auch mehrfacher Vermischung oder Verarbeitung an die Stelle des Ursprungsgegenstands getreten sind. Dies gilt insbesondere auch für Gegenstände, die an die Stelle vorangegangener Ersatzgegenstände bzw. Vermischungs- oder Verarbeitungsprodukte getreten sind." (BT-Drs. 19/26602, S. 7).

205 So KG NZWiSt 2021, 74 (77); LG Aachen 60 KLs 2/21, juris Rn. 26; *Köhler* NZWiSt 2018, 226 (229).

206 BR-Drs. 418/16, S. 80; BT-Drs. 18/9525, S. 73.

207 BGH NJW 2015, 3254 f.; MüKo-StGB/*Neuheuser* § 261 Rn. 63; *Rönnau/Begemeier* JZ 2018, 443 (445); *Rönnau/Begemeier* NStZ 2021, 705 (707 Rn. 24).

208 Gegen eine von der gesetzgeberischen Intention abweichende Auslegung auch *Rönnau/Begemeier* JZ 2018, 443 (449); bestätigt wird dieses Ergebnis durch BT-Drs. 19/26602, S. 7.

209 Davon gehen auch aus: BT-Drs. 19/26602, S. 7; *Gebauer* ZRP 2016, 101 (104); NK-WSS/*Lindemann/Bauerkamp* StGB § 76a Rn. 23; *Rönnau/Begemeier* JZ 2018, 443 (447 f.).

210 Schönke/Schröder/*Hecker* § 261 Rn. 11; SSW-StGB/*Jahn* § 261 Rn. 40.

herrühren, im zweiten nicht.[211] Auch nach diesen Maßstäben dürfte das Auto im Wert von 10.000 Euro, das mit 8.000 Euro mutmaßlich illegal erworbenem Geld bezahlt wurde, eingezogen werden.[212]

Zusammengefasst erzeugt die Übertragung der Rechtsprechung zur Geldwäsche auf den Begriff des „Herrührens“ folgendes Problem: Es gibt für die erweiterte selbstständige Einziehung kein Instrumentarium wie § 73c StGB, um die Einziehung durch die Zahlung eines Geldbetrages in Höhe des kontaminierten Teiles zu ersetzen.[213] Daraus resultiert, dass die erweiterte selbstständige Einziehung immer zu einer Totaleinziehung führt[214] und dadurch in Fällen der Mischfinanzierung dieselben strafähnlichen Wirkungen zeitigt wie eine Einziehung infolge einer Geldwäsche gemäß § 74 Abs. 1 und § 261 Abs. 10 i.V.m. § 74 Abs. 2 StGB. Folglich stellt dieses Institut jedenfalls in den Fällen der Teilkontamination einen „Geldwäschetatbestand ohne Schuldfeststellung“[215] dar. Aufgrund dessen ist die erweiterte selbstständige Einziehung als eine Maßnahme mit strafähnlicher Wirkung, vergleichbar mit § 74 Abs. 1 und 2 StGB, anzusehen.

c) Strafcharakter in den übrigen Fällen

Doch auch wenn man die Fälle der Teilkontamination unberücksichtigt ließe, dürfte der selbstständigen erweiterten Einziehung Strafcharakter zukommen.

---

211 Schönke/Schröder/*Hecker* § 261 Rn. 11; SSW-StGB/*Jahn* § 261 Rn. 40.

212 Dafür, dass es sich dabei nicht nur um ein theoretisches Problem handelt, siehe *Rönnau/Begemeier* NStZ 2021, 705 (707 f.) unter Verweis auf einen nicht veröffentlichten Beschluss des LG Hamburg vom 12.03.2019 – 621 Qs 9/19, in dem die vollständige Einziehung des Verkaufserlöses eines nur zur Hälfte mit Taterträgen finanzierten Audi TT bestätigt wurde.

213 Vgl. zur Anwendbarkeit der Wertersatzeinziehung bei Verbindung, Vermischung und Verarbeitung: MüKo-StGB/*Joecks/Meißner* § 73c Rn. 6 f.; Schönke/Schröder/*Eser/Schuster* § 73c Rn. 4.

214 Für einen Verweis auf bzw. eine entsprechende Anwendung von § 73c StGB plädieren deshalb: SSW-StGB/*Heine* § 76a Rn. 15; ebenso Entschließungsantrag Bündnis 90/Die Grünen im AVR (BT-Drs. 18/11640, S. 76); zum selben Ergebnis kommen *Rönnau/Begemeier* JZ 2018, 443 (449) durch die Anwendung der Lehre von der Teilkontamination.

215 SSW-StGB/*Heine* § 76a Rn. 15; ähnlich *Köhler/Burkhard* NStZ 2017, 665 (672); ebenfalls in diese Richtung: *Gebauer* ZRP 2016, 101 (104 Rn. 38) der die Maßnahme als „Verdachtsstrafe“ bezeichnet; ebenso *Pelz* NZWiSt 2018, 251 (252) und *Trüg* NJW 2017, 1913 (1916), die von einer „Verdachtssanktion“ sprechen; a.A.: *Pohar* Die Rechtsnatur der verurteilungsunabhängigen Vermögensabschöpfung, S. 88 f.

Dies gilt unabhängig davon, ob man von der Rechtsprechung des Europäischen Gerichtshofs für Menschenrechte oder der des Bundesverfassungsgerichts ausgeht.

aa) Zugrundelegung der Rechtsprechung des Europäischen Gerichtshofs für Menschenrechte

Bei der Beurteilung dieser Frage sind die schon im Rahmen des Bruttoprinzips angesprochenen Engel-Kriterien des Europäischen Gerichtshofs für Menschenrechte entscheidend. Denn in seiner Entscheidung zur Sicherungsverwahrung hat der Gerichtshof festgestellt, dass er bei der Einordnung einer Maßnahme als Strafe im Sinne des Artikel 7 EMRK von der jeweiligen nationalen Einordnung unabhängig ist.[216] Das bedeutet, sofern die erweiterte selbstständige Einziehung diese Kriterien erfüllt, handelt es sich dabei um eine Strafe. Da die Subsumtion bereits ausführlich in dem Teilkapitel zum Bruttoprinzip vorgenommen worden ist und es hier keine großen Abweichungen gibt, werden die einzelnen Schritte nur noch einmal zusammengefasst und auf die erweiterte selbstständige Einziehung zugeschnitten.

Der erste Prüfungspunkt betrifft die Qualifikation des Verstoßes durch das jeweilige nationale, also hier das deutsche Recht.[217] Entscheidend ist, ob die Norm, die die Zuwiderhandlung definiert, dem nationalen Strafrecht angehört.[218] Die erforderliche Zuwiderhandlung wird natürlich nicht durch § 76a Abs. 4 StGB normiert, da es dort nur um die Folge einer (vermeintlichen) Straftat geht. Insofern gehen eventuelle Einwände, das Verfahren richte sich nicht gegen eine Person, sondern eine Sache, ins Leere. Denn erforderlich für eine erweiterte selbstständige Einziehung ist ein Verfahren aus Anlass einer der in § 76a Abs. 4 S. 3 StGB genannten Taten, die alle – das dürfte unstreitig sein – dem deutschen Strafrecht zuzuordnen sind. Dasselbe gilt für die vermeintliche Herkunftstat, aus der der Gegenstand stammen soll. Dabei ist es unerheblich, dass lediglich eine rechtswidrige und keine schuldhafte Begehung gefordert wird, denn das ändert an der Zugehörigkeit zum Strafrecht nichts.

---

216 EGMR NJW 2010, 2495 (2497 f.), 2017, 1007 (1012); BVerfGE 128, 326 (392 f.); LG Kaiserslautern wistra 2018, 94.

217 EGMRE 1, 178 (190) (Engel u.a./Niederlande); EGMR NJW 2010, 2495 (2498); 2017, 1007 (1012); *Reichling* wistra 2018, 139 (140); *Schörner* ZIS 2019, 144 (145).

218 EGMRE 1, 178 (190) (Engel u.a./Niederlande); *Reichling* wistra 2018, 139 (140); *Schörner* ZIS 2019, 144 (145).

Der zweite Prüfungspunkt ist die Art des Verstoßes.[219] Dieser spielt dann eine Rolle, wenn der Betroffene nicht gegen eine Strafnorm verstoßen hat, ihn aber strafähnliche Konsequenzen treffen sollen.[220] Dieses Problem stellt sich bei der selbstständigen erweiterten Einziehung nicht und führt hier deshalb auch zu keinem anderen Ergebnis.

Der dritte und wichtigste Prüfungspunkt ist der Schweregrad der Sanktion.[221] Auch das Bundesverfassungsgericht hat entschieden, dass dieses Kriterium für die Frage, ob eine Kriminalstrafe vorliegt, zu berücksichtigen ist.[222] Die Intensität einer Maßnahme bemisst sich nach den Auswirkungen bei den Betroffenen.[223]

Diese können je nach Abweichung des Wertes des Einziehungsobjekts von dem offiziellen Einkommen gravierend sein. Ein Beispiel hierfür wäre, wenn sich jemand, der nicht mehr als den Mindestlohn verdient, in einer deutschen Großstadt ein Haus zu Eigentum kauft. In dem Fall wird das Haus das Einziehungsobjekt sein. Folglich verlieren der Betroffene und, falls vorhanden, seine Familie ihr Zuhause. Dass das ein intensiver Einschnitt ist, dürfte einleuchten. Überhaupt ist die Wahrscheinlichkeit, dass solche drastischen Maßnahmen schlechter verdienende Personen treffen, höher als bei gut betuchten.[224] Denn letztere sind eher dazu in der Lage plausibel zu erklären, woher zusätzliche Vermögenswerte stammen, zumindest würden diese bei vermögenden Personen nicht so schnell auffallen.[225]

---

219 EGMRE 1, 178 (190) (Engel u.a./Niederlande).

220 EGMRE 1, 178 (190) (Engel u.a./Niederlande).

221 EGMRE 1, 178 (190) (Engel u.a./Niederlande); für entscheidend halten dieses Kriterium auch: BeckOK-StGB/*Heuchemer* Art. 316h EGStGB Rn. 1.2; *Saliger* ZStW 2017, 995 (1006 f.); auch das LG Kaiserslautern wistra 2018, 94 (95) begründet die Strafähnlichkeit einer Einziehung nach neuem Recht mit der höheren Eingriffsintensität gegenüber der vorherigen Gesetzeslage.

222 BVerfGE 27, 36 (40 f.).

223 EGMRE 1, 178 (190) (Engel u.a./Niederlande); *Hinderer/Blechschmitt* NZWiSt 2018, 179 (183); *Schilling/Hübner* StV 2018, 49 (51); Stellungnahme der StVV vom 31.05.2016, S. 18.

224 So *Schorn*, Eingriff in die freie richterliche Beweiswürdigung, LTO vom 20.08.2018, https://www.lto.de/recht/hintergruende/h/vermoegensabschoepfung-geld-unklare-herkunft-berliner-fall/, zuletzt abgerufen am 04.07.2022; in diese Richtung auch *Köhler* NZWiSt 2018, 226 (229).

225 So *Schorn*, Eingriff in die freie richterliche Beweiswürdigung, LTO vom 20.08.2018, https://www.lto.de/recht/hintergruende/h/vermoegensabschoepfung-geld-unklare-herkunft-berliner-fall/, zuletzt abgerufen am 04.07.2021; in diese Richtung auch *Köhler* NZWiSt 2018, 226 (229).

Unabhängig davon, welcher Gesellschaftsschicht der Betroffene dieser Maßnahme angehört, kann sie konfiskatorische Wirkung zeitigen, also das gesamte Vermögen des Betroffenen aufzehren.[226] Bereits diese Feststellung genügte dem Bundesverfassungsgericht, der Vermögensstrafe, bei der diese Möglichkeit ebenfalls bestand, eine erhebliche Eingriffsintensität zu bescheinigen.[227] Der Unterschied zwischen der erweiterten selbstständigen Einziehung und der Vermögensstrafe besteht aber darin, dass es bei letzterer einer Schuldfeststellung bedurfte. Daran fehlt es bei dem neuen Abschöpfungsparagrafen. Zudem muss weder nachgewiesen werden, dass der Betroffene eine rechtswidrige Tat begangen hat, noch dass der eingezogene Gegenstand aus einer solchen stammt; jedenfalls muss auch die (vermutete) Herkunftstat nicht nachgewiesen werden. Es ist also keine persönliche Vorwerfbarkeit erforderlich. Aufgrund dessen ist die Eingriffsintensität der selbstständigen Einziehung noch einmal deutlich höher einzustufen als die der Vermögensstrafe. Es erscheint, gerade unter Berücksichtigung dieses Vergleichs, durchaus gerechtfertigt, die neue Einziehungsvariante als „Verdachtssanktion“[228] zu bezeichnen. Im Ergebnis ist deshalb davon auszugehen, dass die selbstständige erweiterte Einziehung eine sehr hohe Eingriffsintensität aufweist.[229]

Folglich erfüllt die erweiterte selbstständige Einziehung alle vom Europäischen Gerichtshof für Menschenrechte aufgestellten Kriterien und ist danach zumindest als strafähnliche Maßnahme anzusehen.[230]

---

226 Stellungnahme der BRAK Nr. 15/2016, S. 5; in diese Richtung auch *Gebauer* ZRP 2016, 101 (104); a.A.: *Pohar* Die Rechtsnatur der verurteilungsunabhängigen Vermögensabschöpfung, S. 220.

227 BVerfGE 105, 135 (161).

228 So *Pelz* NZWiSt 2018, 251 (252); *Trüg* NJW 2017, 1913 (1916); zustimmend *Hinderer/Blechschmitt* NZWiSt 2018, 179 (183); *Gebauer* ZRP 2016, 101 (104 Rn. 38) bezeichnet die Maßnahme als „Verdachtsstrafe“; *Eser* FS-Stree/Wessels 843 (846) sah bereits in dem erweiterten Verfall nach § 73d StGB a.F. eine „Verdachtsstrafe“.

229 Ebenso: *El-Ghazi/Marstaller/Zimmermann* NZWiSt 2021, 297; *Hinderer/Blechschmitt* NZWiSt 2018, 179 (183); *Löffelmann* Rechtspolitik 2016, S. 60, 63; NK-WSS/*Lindemann/Bauerkamp* StGB § 76a Rn. 23; *Trüg* NJW 2017, 1913 (1916); auch das LG Hamburg 610 Qs 21/19, juris Rn. 6 sieht darin eine „eingriffsintensive Maßnahme“.

230 Zu diesem Ergebnis kommen auch: LG Kaiserslautern wistra 2018, 94 f.; BeckOK-StGB/*Heuchemer* § 76a Rn. 13, Art. 316h EGStGB Rn. 1.2 f.; *Hinderer/Blechschmitt* NZWiSt 2018, 179 (183); *Löffelmann* Rechtspolitik 2016, S. 59, 63; *Rebell-Houben* NZWiSt 2018, 153 (156); *Reichling/Lange/Borgel* NStZ 2021, 417 (418); *Rönnau/Begemeier* JZ 2018, 443 (449); in diese Richtung auch: *El-Ghazi/Marstaller/Zimmermann* NZWiSt 2021, 297 (303).

bb) Strafcharakter nach der Rechtsprechung des Bundesverfassungsgerichts

Der Europäische Gerichtshof für Menschenrechte und das Bundesverfassungsgericht beurteilen das Vorliegen einer Strafe bzw. strafähnlichen Maßnahme unterschiedlich.[231] Deshalb ist zu untersuchen, ob man unter Zugrundelegung der Kriterien des Bundesverfassungsgerichts ebenfalls zu einer Strafähnlichkeit der selbstständigen erweiterten Einziehung kommt.

In seinem Beschluss zur rückwirkenden Anwendung der Einziehung nach § 76a Abs. 2 S. 1 StGB i.V.m. § 78 Abs. 1 S. 2 StGB sowie § 76b Abs. 1 StGB fasst das Bundesverfassungsgericht die für eine Strafe erforderlichen Merkmale zusammen. Danach ist eine

> *„Strafe […] die Auferlegung eines Rechtsnachteils wegen einer schuldhaft begangenen rechtswidrigen Tat. Neben ihrer Aufgabe abzuschrecken und zu resozialisieren, stellt sie eine Antwort auf strafrechtlich verbotenes Verhalten dar […]. Mit der Strafe wird ein rechtswidriges sozial-ethisches Fehlverhalten vergolten. Das dem Täter auferlegte Strafübel soll den schuldhaften Normverstoß ausgleichen und ist insoweit Ausdruck vergeltender Gerechtigkeit […]. Einer Strafe ähnlich […] sind Sanktionen, die wie eine Strafe wirken […]. Dies ist indes nicht schon dann der Fall, wenn sie mit einer Einbuße an Freiheit oder Vermögen verbunden sind und damit faktisch die Wirkung eines Übels entfalten. Bei der Beurteilung des Strafcharakters einer Rechtsfolge sind vielmehr weitere, wertende Kriterien heranzuziehen, insbesondere der Rechtsgrund der Anordnung und der vom Gesetzgeber mit ihr verfolgte Zweck […].“*[232]

Zusammengefasst ist eine Strafe danach ein mit einem sozialethischen Unwerturteil versehener Rechtsnachteil, der dem Betroffenen wegen einer schuldhaft begangenen rechtswidrigen Tat auferlegt wird, um den schuldhaften Normverstoß auszugleichen. Für die Strafähnlichkeit einer Maßnahme genügt dabei aber nicht die faktische Übelszufügung, sondern hinzutreten müssen weitere wertende Kriterien, wie die gesetzgeberische Intention und der Rechtsgrund der Anordnung. Unter Berücksichtigung dieser Merkmale dürfte das Ergebnis nicht anders ausfallen als nach den Engel-Kriterien.

Dass es sich bei der Abschöpfung von Vermögen unklarer Herkunft um einen Rechtsnachteil handelt, wird wohl unwidersprochen bleiben. Voraussetzung für die Anwendbarkeit des § 76a Abs. 4 StGB ist zwar ein Katalogtatverdacht. Der Grund, weshalb letztlich eine Einziehung erfolgt, ist aber die Überzeugung des Gerichts von einer rechtswidrigen Herkunft des Gegenstandes.[233] Somit reagiert

231 Vgl. EGMR NJW 2017, 1007 (1012); BVerfGE 128, 326 (366 f.; 370 ff.).
232 BVerfGE 156, 354 (389 f.) m.w.N.
233 BR-Drs. 418/16, S. 62; BT-Drs. 18/9525, S. 58.

die Abschöpfung – wie auch die Strafe – auf eine (vermeintlich) begangene rechtswidrige Tat. Auch wenn immer wieder betont wird, die verschiedenen Einziehungsinstrumente erforderten kein schuldhaftes Verhalten,[234] ist dieses Argument nicht geeignet, um den Strafcharakter der selbstständigen erweiterten Einziehung zu negieren. Zum einen kann dafür nicht das Erfordernis einer schuldhaften Begehung ausschlaggebend sein, da es der Gesetzgeber sonst in der Hand hätte, ob eine Maßnahme dem engen Regelkorsett des Strafrechts unterworfen wird oder nicht.[235] Zum anderen macht es für § 76a Abs. 4 StGB keinen Unterschied, ob eine rechtswidrige oder eine schuldhafte Tatbegehung gefordert ist. Da für seine Anwendbarkeit eine Herkunftstat nicht nachgewiesen sein darf, sind auch etwaige Entschuldigungs- oder Schuldausschließungsgründe nicht ergründbar. Letztlich würde damit nur dasselbe Paradoxon installiert wie bei der geforderten rechtswidrigen Herkunft. Es ist keine Konstellation denkbar, in der eine selbstständige erweiterte Einziehung an der fehlenden Überzeugung des Gerichts von der Rechtswidrigkeit der Tat scheitert. Dies würde auch für das Tatbestandsmerkmal der Schuld gelten. Im Ergebnis ist es deshalb beliebig, ob für eine Einziehung nach § 76a Abs. 4 StGB die Überzeugung des Gerichts von einer rechtswidrigen oder einer schuldhaften Tat gefordert wird. Mithin steht dieser Punkt einer Strafähnlichkeit nicht entgegen.

Das Gleiche gilt für das Erfordernis eines sozialethischen Unwerturteils. Nach den obigen Ausführungen des Bundesverfassungsgerichts liegt dieses bei einer Kriminalstrafe darin, dass damit ein strafrechtlich verbotenes Verhalten des Betroffenen bekundet und vergolten werden soll. So verhält es sich auch bei der selbstständigen erweiterten Einziehung. Wie für eine Kriminalstrafe ist zunächst ein Ermittlungs- und anschließend ein gerichtliches Verfahren erforderlich, in dem sich das Gericht von einer Straftat in Bezug auf den Einziehungsgegenstand überzeugen muss. Die Anordnung einer Einziehung bekundet öffentlich die Feststellung, der Betroffene habe eine Straftat begangen,[236] deren Vergeltung erfolgt, indem der (vermeintlich) rechtswidrig erlangte Gegenstand in das Eigentum des Staates übergeht (vgl. § 76a Abs. 4 S. 2, 1. HS StGB). Im Ergebnis stigmatisiert

234 Vgl. BR-Drs. 418/16, S. 62; BT-Drs. 18/9525, S. 58; BVerfGE 156, 354 (388 f.); zum erweiterten Verfall nach altem Recht: BVerfGE 110, 1 (23); BGHSt 47, 369 (373).

235 In diese Richtung auch EGMRE 1, 178 (189 f.) (Engel u.a./Niederlande), wenn er ausführt, dass es den Vertragsstaaten nicht freistehe, eine Maßnahme als Disziplinarmaßnahme statt als Strafe zu qualifizieren, um die strafrechtlichen Garantien zu umgehen; vgl. auch *Schörner* ZIS 2019, 144 (145).

236 Schönke/Schröder/*Eser/Schuster* § 76a Rn. 2 i.V.m. § 73a Rn. 3; dazu auch: *Meyer* NZWiSt 2018, 246 (247); *Meyer* StV 2017, 343 (345).

eine Einziehung wie eine Kriminalstrafe, da sie ebenfalls den Vorwurf einer Straftat enthält.[237] Dagegen ließe sich zwar mit dem Gesetzgeber anführen, es gehe nur um die Abschöpfung eines rechtswidrig erworbenen Gegenstandes,[238] eine individuelle Schuld des Betroffenen sei damit nicht festgestellt.[239] Es wäre ja auch denkbar, dass der Einziehungsbetroffene mit der rechtswidrigen Tat, aus der der Gegenstand stammt, nichts zu tun hat. Dagegen spricht aber, dass eine selbstständige erweiterte Einziehung bei bewiesener Unschuld des Betroffenen im Hinblick auf den Anlasstatverdacht nicht erfolgen soll.[240] Ebenfalls soll sie bei einem „gutgläubigen Drittbegünstigten ausgeschlossen [sein], wenn dieser den betreffenden Gegenstand in Erfüllung einer nicht bemakelten entgeltlichen Forderung erlangt, deren Entstehung und Inhalt in keinem Zusammenhang mit der Tat stehen […].“[241] Daraus lässt sich im Umkehrschluss folgern, dass außer in diesen beiden eng umgrenzten Ausnahmekonstellationen immer von einer irgendwie gearteten Beteiligung des Einziehungsbetroffenen an der Herkunftstat ausgegangen wird. Somit bleibt es bei der stigmatisierenden Wirkung der selbstständigen erweiterten Einziehung. Diese dürfte sogar gewollt sein, da so eine abschreckende Wirkung erzielt werden soll.[242] Damit enthält eine Vermögensabschöpfung nach § 76a Abs. 4 StGB ein sozialethisches Unwerturteil.

Zu guter Letzt ist zu berücksichtigen, dass die faktische Übelszufügung nicht ausreichen soll, um einer Maßnahme Strafähnlichkeit zu verleihen. Es müssten weitere wertende Kriterien hinzuzutreten, wie der Rechtsgrund der Anordnung und der vom Gesetzgeber verfolgte Zweck. Mit der Maßnahme soll eine Störung der Vermögensordnung beseitigt und eine Reinvestition in weitere kriminelle Aktivitäten verhindert werden.[243] Ihr Rechtsgrund liege damit nicht in

237 Schönke/Schröder/*Eser/Schuster* § 76a Rn. 2 i.V.m. § 73a Rn. 3; die Gefahr einer Stigmatisierung erkennt auch: *Meyer* NZWiSt 2018, 246 (247); *Meyer* StV 2017, 343 (345); zudem weist er auf das Risiko hin, dass durch eine selbstständige erweiterte Einziehung ein bereits erfolgter Freispruch konterkariert werden könnte (vgl. *Meyer* StV 2017, 343 (351)); generell zu dem Problem der Unterstellung von Straftaten in freisprechenden Urteilen siehe *Weigend* FS-Rogall 739 (747 ff.).

238 BR-Drs. 418/16, S. 62; BT-Drs. 18/9525, S. 58.

239 BR-Drs. 418/16, S. 104; BT-Drs. 18/9525, S. 92 f.

240 BR-Drs. 418/16, S. 104; BT-Drs. 18/9525, S. 92.

241 BR-Drs. 418/16, S. 81; BT-Drs. 18/9525, S. 73.

242 Vgl. BR-Drs. 418/16, S. 46; BT-Drs. 18/9525, S. 45; von dem Ziel einer abschreckenden Wirkung – allerdings jedweder Art von Einziehung – gehen auch aus: BeckOK-StGB/*Heuchemer* Art. 316h EGStGB Rn. 1; *Rebell-Houben* NZWiSt 2018, 153 (155).

243 BR-Drs. 418/16, S. 62; BT-Drs. 18/9525, S. 58.

der Bestrafung des Einziehungsbetroffenen, sondern in der Wegnahme rechtswidrig erlangter Vermögensvorteile.[244] Zur Untermauerung wird angeführt, der Gesetzgeber habe die Abschöpfung als eigenständige Maßnahme neben die Strafe gestellt.[245] Dieses Argument ist für eine Einziehung nach § 76a Abs. 4 StGB nicht stichhaltig. Anders als bei jedem anderen Abschöpfungsinstrument gibt es keine nachgewiesene Tat und erst recht keine Strafe, neben die eine selbstständige erweiterte Einziehung treten könnte. Im Gegensatz zu diesen Einziehungsmaßnahmen, die eine Reaktion auf eine erwiesene rechtswidrige Tat darstellen, wird eine solche für § 76a Abs. 4 StGB erstmalig „festgestellt". Entgegen der bekundeten Intention des Gesetzgebers dient diese neu geschaffene Norm nicht der Abschöpfung rechtswidriger Vermögensvorteile, sondern schafft eine ersatzweise Möglichkeit der Bestrafung in Verdachtsfällen, wenn dem vermeintlichen Täter keine konkrete Straftat nachgewiesen werden kann.[246]

d) Zwischenergebnis

Unabhängig davon, ob man die Rechtsprechung des Europäischen Gerichtshofs für Menschenrechte oder die des Bundesverfassungsgerichts zugrunde legt, handelt es sich bei der erweiterten selbstständigen Einziehung nach § 76a Abs. 4 StGB um eine strafähnliche Maßnahme.[247]

3.) Konsequenzen

Was sind die Konsequenzen der Strafähnlichkeit des neu eingeführten Abschöpfungsinstruments?

---

244 BR-Drs. 418/16, S. 62; BT-Drs. 18/9525, S. 58.

245 BVerfGE 110, 1 (16); 156, 354 (391).

246 So auch *Gebauer* ZRP 2016, 101 (104); *Hinderer/Blechschmitt* NZWiSt 2018, 179 (183); *Hüls* ZWH 2017, 242 (250 f.); *Trüg* NJW 2017, 1913 (1916).

247 Von einer Strafähnlichkeit gehen auch aus: LG Kaiserslautern wistra 2018, 94 f.; BeckOK-StGB/*Heuchemer* § 76a Rn. 13, Art. 316h EGStGB Rn. 1, 1.2; *Gebauer* ZRP 2016, 101 (104 Fn. 38); *Hinderer/Blechschmitt* NZWiSt 2018, 179 (183 ff.); *Rebell-Houben* NZWiSt 2018, 153 (155 f.); *Reichling/Lange/Borgel* NStZ 2021, 417 (418); *Rönnau/Begemeier* JZ 2018, 443 (449); *Rönnau/Begemeier* NStZ 2021, 705 (707 f.); Stellungnahme der StVV vom 31.05.2016, S. 26; *Trüg* NJW 2017, 1913 (1916); am fehlenden Strafcharakter zweifeln ebenfalls: *El-Ghazi/Marstaller/Zimmermann* NZWiSt 2021, 297 (304); *Hennecke* NZWiSt 2018, 121 (124); *Hüls* ZWH 2017, 242 (251); MüKo-StPO/*Scheinfeld/Langlitz* § 437 Rn. 12, 20; *Schilling/Corsten/Hübner* wistra 2021, 174 (178 ff.); Stellungnahme des DRB Nr. 19/16, S. 3; a.A.: *Pohar* Die Rechtsnatur der verurteilungsunabhängigen Vermögensabschöpfung, S. 91.

a) *Schuldgrundsatz*

Zunächst einmal bedeutet es, dass der Schuldgrundsatz für dieses Institut gilt, da dieser auch Sanktionen erfasst, die wie eine Strafe wirken.[248] Das heißt wie immer, wenn ein Verhalten unter Strafe gestellt ist, dass eine schuldhafte Begehung erforderlich ist. Eine solche wird für eine selbstständige erweiterte Einziehung aber nicht verlangt, sondern es genügt eine lediglich rechtswidrig begangene Vortat.

Und hier zeigt sich, dass das früher vorgebrachte Argument, einer Norm sei der Strafcharakter deshalb abzusprechen, weil sie nur eine rechtswidrige Tatbegehung verlange und keine schuldhafte, falsch ist.[249] In diesem Fall wird der zuvor angeprangerte Zirkelschluss offenbar: Das Fehlen des Verschuldenserfordernisses führt nicht dazu, dass das Schuldprinzip nicht gilt, sondern gerade dieses Fehlen führt zu einem Verstoß gegen das Schuldprinzip.[250] So liegt es auch hier: Da die Strafähnlichkeit der selbstständigen erweiterten Einziehung festgestellt worden ist, verstößt sie mit dem Erfordernis einer lediglich rechtswidrigen Tatbegehung gegen das Schuldprinzip.[251]

b) *Unschuldsvermutung und in dubio pro reo*

Eine weitere Konsequenz der Strafähnlichkeit dieser Maßnahme ist, dass die Unschuldsvermutung und der Grundsatz „in dubio pro reo" – im Zweifel für den Angeklagten – gelten. Demnach ist bei Zweifeln am Vorliegen der tatsächlichen Voraussetzungen eines Tatbestandsmerkmals die für den Beschuldigten günstigste Variante zu unterstellen.[252]

---

248 BVerfGE 35, 311 (320); 74, 358 (371, 375 f.); 110, 1 (13).

249 So aber BVerfGE 156, 354 (388 f.); 110, 1 (23); BGHSt 47, 369 (373).

250 So zum Bruttoprinzip *Eser* FS-Stree/Wessels 843 (845 f.); *Geiger* Die Rechtsnatur der Sanktion, S. 305 ff.; *Hohn* wistra 2003, 321 (325); *Hoyer* GA 1993, 406 (413); Schönke/Schröder/*Eser/Schuster* vor §§ 73 ff. Rn. 17.; *Weßlau* StV 1991, 226 (231); so auch zur gegenständlichen Regelung: *Schilling/Hübner* StV 2018, 49 (51).

251 Einen solchen Verstoß bejahen im Ergebnis auch: Stellungnahme der StVV vom 31.05.2016, S. 17 f.; NK-StGB/*Saliger* vor §§ 73 ff. Rn. 3c; SSW-StGB/*Heine* § 76a Rn. 15; ebenfalls kritisch hinsichtlich der Vereinbarkeit mit dem Schuldprinzip: *Schilling/Corsten/Hübner* StraFo 2017, 305 (310); einen Verstoß bejahen jedenfalls für den Fall, dass der Abschöpfungsumfang den Wert des deliktisch Erlangten übersteigt: *Rönnau/Begemeier* JZ 2018, 443 (449 f.); bestätigt in *Rönnau/Begemeier* NStZ 2021, 705 (707 f.).

252 BVerfG MDR 1975, 468 (469); BGH NStZ 2000, 498 (499); Meyer-Goßner/*Schmitt* § 261 Rn. 26; vgl. auch den im deutschen Recht geltenden Art. 6 Abs. 2 EMRK.

Für die erweiterte selbstständige Einziehung würde das demnach bedeuten: Kann nicht zweifelsfrei festgestellt werden, dass der Einziehungsgegenstand aus einer deliktischen (nach dem oben Gesagten: auch schuldhaften) Vortat stammt, darf eine Einziehung nicht erfolgen.

Dagegen wird gleich auf zweifache Weise verstoßen. Zum einen ist eben nur eine rechtswidrige und keine schuldhafte Vortat erforderlich. Und zum anderen bedarf es nicht einmal einer erwiesenen Täterschaft des Einziehungsbetroffenen.[253] Dies gilt sowohl hinsichtlich der Vortat als auch in Bezug auf die Katalogtaten. Ganz im Gegenteil soll hinsichtlich der Anlasstat durch das Kriterium des § 437 Abs. 1 S. 2 Nr. 1 StPO einer „Einziehung [nur] bei bewiesener Unschuld des Betroffenen vorgebeugt"[254] werden. Diese Auffassung steht der Unschuldsvermutung diametral entgegen. Wie der Name schon sagt, sind Maßnahmen in einem Strafverfahren danach grundsätzlich nur zulässig, wenn die Täterschaft des Betroffenen bewiesen ist. Im Gegensatz dazu soll die Einziehung nach Auffassung des Gesetzgebers nur ausgeschlossen sein, wenn auch die Täterschaft des Betroffenen ausgeschlossen ist.

Die einzige Voraussetzung für eine selbstständige erweiterte Einziehung ist die Überzeugung des Gerichts, dass der sichergestellte Gegenstand aus irgendeiner nicht feststellbaren rechtswidrigen Tat herrührt, die irgendjemand begangen hat.[255] Schon allein die Tatsache, dass dies die einzige Voraussetzung für eine Einziehung gemäß § 76a Abs. 4 StGB ist, stellt einen Verstoß gegen die Unschuldsvermutung dar, da es auf die Täterschaft des Einziehungsbetroffenen gar nicht ankommt. Noch gravierender ist aber, dass dieses „Tatbestandsmerkmal" denklogisch nie erfüllt sein kann. Das Gericht darf nicht zweifelsfrei wissen, dass der Einziehungsbetroffene der Täter der Vortat ist, denn ansonsten wäre ein Rückgriff auf § 76a Abs. 4 StGB weder notwendig noch zulässig. Zudem darf das Gericht aber nicht einmal zweifelsfrei wissen, dass hinsichtlich des Einziehungsgegenstandes eine Vortat stattgefunden hat. Ansonsten könnte der Einziehungsbetroffene wegen (Mit-)Täterschaft, Beihilfe, Hehlerei, Geldwäsche oder dergleichen verfolgt werden. Auch in dem Fall wäre ein Rückgriff auf § 76a Abs. 4 StGB ausgeschlossen.

---

253 Dieser Fall gehört nach der Gesetzesbegründung ausdrücklich zum Anwendungsbereich der neuen Norm (BR-Drs. 418/16, S. 104; BT-Drs. 18/9525, S. 92 f.).

254 BR-Drs. 418/16, S. 104; BT-Drs. 18/9525, S. 92.

255 BR-Drs. 418/16, S. 80; BT-Drs. 18/9525, S. 73; Schönke/Schröder/*Eser/Schuster* § 76a Rn. 2, 12; Stellungnahme des DAV Nr. 30/2016, S. 15 f.; Stellungnahme der StVV vom 31.05.2016, S. 15.

Zur Verdeutlichung: Wird die Mona Lisa gestohlen und bei dem Einziehungsbetroffenen aufgefunden, würde er als Täter, Gehilfe oder Hehler angeklagt und man dürfte nicht auf die erweiterte selbstständige Einziehung zurückgreifen. Doch selbst, wenn die Mona Lisa bereits verkauft ist und feststeht, dass ein hoher Bargeldbetrag, der bei dem Betroffenen aufgefunden wird, aus diesem Verkauf stammt, also aus der Vortat herrührt, dürfte eine Einziehung nicht nach § 76a Abs. 4 StGB erfolgen. Denn in dem Fall stünde fest, dass der Betroffene entweder (Mit-)Täter oder Gehilfe der Vortat und ansonsten Hehler ist, sodass auch wieder eine Täterschaft erwiesen wäre.

Zusammengefasst bedeutet das: Das Gericht kann sich nicht von der Täterschaft des Einziehungsbetroffenen überzeugen, das Gericht kann sich auch nicht davon überzeugen, dass irgendeine Vortat hinsichtlich des Einziehungsgegenstandes stattgefunden hat. Aber trotzdem soll es in der Lage sein, sich von einer rechtswidrigen Vortat hinsichtlich des Einziehungsgegenstandes zu überzeugen? Dass das (eigentlich[256]) nicht funktionieren kann, liegt auf der Hand.[257]

Der Verstoß gegen die Unschuldsvermutung und den Zweifelssatz wird deutlich, wenn man das Mona Lisa-Beispiel weiterdenkt: Lediglich, wenn der Betroffene nach dem Diebstahl der Mona Lisa einen großen Geldbetrag erhält, dessen Herkunft er nicht erklären kann, wäre eine selbstständige erweiterte Einziehung möglich. Doch in dem Fall greift der Zweifelssatz, sodass zugunsten des Betroffenen von einer legalen Herkunft des Geldes auszugehen ist. Erfolgt dennoch eine Einziehung nach § 76a Abs. 4 StGB, liegt ein Verstoß gegen den Grundsatz in dubio pro reo vor.

Um einen solchen Verstoß zu vermeiden, wären also wieder konkrete Nachweise der illegalen Herkunft des Geldes vonnöten. Ein Beispiel hierfür wäre, um bei dem obigen Fall zu bleiben, die Überweisung des Geldbetrags von einem der Diebe der Mona Lisa an den Einziehungsbetroffenen. Wenn aber der Nachweis der Überweisung erbracht würde, wäre wiederum kein Raum mehr für die Anwendung des § 76a Abs. 4 StGB. Das zeigt, eine Anwendung des

---

256 Auch wenn es nicht funktionieren sollte, gibt es bereits entsprechende Gerichtsentscheidungen, vgl. nur KG NZWiSt 2021, 74; LG Aachen 60 KLs 4/20, juris; LG Aachen 60 KLs 2/21, juris; siehe auch *Bittmann* NStZ 2020, 648 (658).

257 So auch: BeckOK-StGB/*Heuchemer* Art. 316h EGStGB Rn. 1.5; MüKo-StPO/*Scheinfeld/Langlitz* § 437 Rn. 5; *Schilling/Hübner* StV 2018, 49 (56); Stellungnahme des DRB Nr. 9/16, S. 4; Stellungnahme der StVV vom 31.05.2016, S. 18; ebenso zu § 73a: *Rönnau/Begemeier* NZWiSt 2016, 260 (262); so schon zu § 73d StGB a.F.: NK-StGB/*Saliger* § 73d Rn. 3; *Weßlau* Aktuelles Verfassungsrecht und Strafverteidigung 141 (143).

§ 76a Abs. 4 StGB kann es ohne Verstoß gegen die Unschuldsvermutung[258] und den Zweifelssatz[259] nicht geben, da ein Rückgriff auf diese Norm überhaupt nur dann in Betracht kommt, wenn das Gericht nicht weiß, ob irgendeine Vortat stattgefunden hat.

aa) Die Kriterien des § 437 StPO als Lösung?

Über dieses Problem hinweghelfen sollen die Kriterien des § 437 StPO.[260] Für die Überzeugung des Gerichts, dass ein Gegenstand aus einer rechtswidrigen Tat herrührt, soll danach insbesondere von Bedeutung sein, ob ein grobes Missverhältnis zwischen dem Wert des Gegenstandes und den rechtmäßigen Einkünften des Betroffenen besteht (§ 437 S. 1 StPO). Des Weiteren können das Ergebnis der Ermittlungen der Tat, die Anlass für das Verfahren war (§ 437 S. 2 Nr. 1 StPO), die Umstände, unter denen der Gegenstand aufgefunden und sichergestellt worden ist (§ 437 S. 2 Nr. 2 StPO), sowie die sonstigen persönlichen und wirtschaftlichen Verhältnisse des Betroffenen (§ 437 S. 2 Nr. 3 StPO) berücksichtigt werden.

(1) Nachweis der Vermögensherkunft

Die oben genannten Kriterien sollen einen dezidierten Nachweis der Vermögensherkunft ersetzen.

(a) Kritik

Problematisch an diesen Kriterien ist zunächst, dass sie nicht unfehlbar sind.[261]

---

258 Einen Verstoß gegen die Unschuldsvermutung bejahen auch: *Gebauer* ZRP 2016, 101 (104) („reine Verdachtsmaßnahme"); *Hinderer/Blechschmitt* NZWiSt 2018, 179 (183) („(Verdachts-)Maßnahme"); *Hüls* ZWH 2017, 242 (251); *Köllner/Mück* NZI 2017, 593 (598); MüKo-StPO/*Scheinfeld/Langlitz* § 437 Rn. 18; *Pelz* NZWiSt 2018, 251 (252) („Verdachtssanktion"); Stellungnahme der BRAK Nr. 15/2016, S. 6; Stellungnahme der BRAK Nr. 39/2016, S. 5; *Trüg* NJW 2017, 1913 (1916) („Verdachtssanktion"); kritisch auch: *Schilling/Corsten/Hübner* StraFo 2017, 305 (310); Stellungnahme der StVV vom 31.05.2016, S. 19.

259 Für einen Verstoß gegen den Zweifelssatz hinsichtlich des Abschöpfungsumfangs siehe: *Bittmann* wistra 2021, 257 (262).

260 Im Folgenden geht es nur um die Frage, welche Konsequenzen es hätte, wenn sich die Gerichte für ihre Überzeugungsbildung ausschließlich an diesen Kriterien orientieren würden; ob sie dies auch müssen, bedarf einer ausführlicheren Erörterung, die sich im Kapitel C) Die freie richterliche Beweiswürdigung, S. 81 ff. findet.

261 Aufgrund der bereits festgestellten Strafähnlichkeit der selbstständigen Einziehung, erübrigt sich eine Auseinandersetzung mit der Frage, ob diese Kriterien überhaupt

(aa) Missverhältniskriterium

Das gilt gerade auch für das Missverhältniskriterium aus § 437 S. 1 StPO. Doch ausgerechnet dieses Indiz soll eine „herausragende Bedeutung für die richterliche Überzeugungsbildung"[262] haben. Problematisch daran ist, dass es keine universelle Vermutung dahingehend gibt, Vermögensdiskrepanzen unklarer Herkunft resultierten aus rechtswidrigen Taten.[263] Zudem berücksichtigt dieses Kriterium nicht, dass es auch andere Erwerbsmöglichkeiten gibt als die offiziellen und die rechtswidrigen gemäß § 11 Abs. 1 Nr. 5 StGB. Zu denken wäre beispielsweise an Schwarzarbeit, bei der dann lediglich der ersparte Steuervorteil abzuschöpfen wäre.[264] Auch (freiwillige) Prostitution und deren nichtausbeuterische Förderung sind hierbei in Betracht zu ziehen.[265] Weitere Beispiele sind das Betreiben eines nicht angemeldeten Gewerbes und die Teilnahme an nicht-öffentlichen Glücksspielen.[266] Weder das Erbringen einer Handwerkerleistung noch Prostitution sind an sich verboten. Lediglich die Ohne-Rechnung-Abrede bzw. die Nichtangabe in der jeweiligen Steuererklärung können rechtliche Konsequenzen nach sich ziehen. Der abzüglich der zu zahlenden Steuern gemachte Gewinn ist jedoch legal. Angenommen, es würde bei einem Schwarzarbeiter oder einer

---

den weniger strengen zivilrechtlichen Vorgaben gerecht würden (verneinend: *Schilling/Hübner* StV 2018, 49 (56); Stellungnahme der BRAK Nr. 15/2016, S. 7).

262 BR-Drs. 418/16, S. 62; BT-Drs. 18/9525, S. 58.

263 So ausdrücklich *Korte* wistra 2018, 1 (9); BGHSt 40, 371 (372) ließ für den erweiterten Verfall a.F. nicht einmal die Kombination aus dem Fehlen rechtmäßiger Erwerbsquellen, einem entsprechenden Vorleben des Täters und einer erwiesenen Anlasstat als Nachweis einer rechtswidrigen Vermögensherkunft des Verfallsgegenstandes ausreichen; vgl. auch *Bittmann* NStZ 2020, 648 (658); *Höft* HRRS 2018, 196 (203); MüKo-StPO/*Scheinfeld/Langlitz* § 437 Rn. 7; *Schilling/Hübner* StV 2018, 49 (56); Stellungnahme des DRB Nr. 9/16, S. 4; ebenfalls in diese Richtung: *Löffelmann* Rechtspolitik 2016, S. 63 f.; kritisch auch *Meyer* NZWiSt 2018, 246 (249); *Meyer* StV 2017, 343 (349); a.A. *Köhler/Burkhard* NStZ 2017, 665 (672); ebenso *El-Ghazi/Laustetter* NZWiSt 2021, 209 (212) und *Beukelmann* NJW-Spezial 2019, 376 zumindest hinsichtlich hoher Bargeldfunde.

264 *Hüls* ZWH 2017, 242 (249); *Pelz* NZWiSt 2018, 251 (252); Schönke/Schröder/*Eser/Schuster* § 73a Rn. 11, § 76a Rn. 14; *Weßlau* Aktuelles Verfassungsrecht und Strafverteidigung 141 (153).

265 *Hüls* ZWH 2017, 242 (249); Schönke/Schröder/*Eser/Schuster* § 73a Rn. 11; *Weßlau* Aktuelles Verfassungsrecht und Strafverteidigung 141 (153).

266 *Weßlau* Aktuelles Verfassungsrecht und Strafverteidigung 141 (153); weitere Beispiele bei *Hüls* ZWH 2017, 242 (249, 251); MüKo-StPO/*Scheinfeld/Langlitz* § 437 Rn. 11; *Pelz* NZWiSt 2018, 251 (252).

Prostituierten eine Durchsuchung wegen des Verdachts der Geldwäsche durchgeführt. Haben diese Personen zugleich einen „offiziellen“ Beruf und wird bei der Durchsuchung ein Gegenstand gefunden, den sie sich mit ihrem „regulären“ Einkommen nicht hätten leisten können, wären sie nur schwerlich in der Lage, dessen legalen Erwerb nachzuweisen.[267] Da Schwarzarbeit nicht in den jeweiligen Steuererklärungen angegeben wird, kann deren Angabe im Einziehungsverfahren für den Schwarzarbeiter steuerliche, steuerstrafrechtliche und finanzielle Konsequenzen nach sich ziehen, weshalb er sehr genau abwägen wird, ob der betroffene Gegenstand es wert ist, die Schwarzarbeit offen zu legen. Selbst wenn der Schwarzarbeiter sich für eine Offenlegung entscheidet, muss er gegebenenfalls den Einwand, dabei handle es sich um eine Schutzbehauptung zur Verschleierung einer schwerwiegenderen Straftat, entkräften. Das kann ebenfalls noch einmal schwierig werden, da auch den Auftraggeber von Schwarzarbeit steuerliche, steuerstrafrechtliche und finanzielle Konsequenzen treffen können. Mithin wird dieser es sich ebenfalls gut überlegen, die Behauptung des Schwarzarbeiters zu verifizieren. Ähnlich verhält es sich bei der Prostitution, wobei dort eventuell noch Scham und/oder Angst vor der gesellschaftlichen Reaktion hinzukommen können. Und neben diesen Beispielen gibt es noch die wohl häufiger anzutreffende Problematik, dass der Betroffene die Umstände des Erwerbs schlicht aufgrund fehlender Dokumentation oder Zeitablaufs nicht erklären kann.[268]

(bb) Die Kriterien des § 437 S. 2 StPO

Auch bei den anderen Umständen handelt es sich nicht um solche, die nur einen einzigen möglichen Kausalverlauf zulassen und zwingend den Schluss nahelegen, der sichergestellte Gegenstand stamme aus einer rechtswidrigen Tat. Sowohl die Ermittlungsergebnisse zur Anlasstat (§ 437 S. 2 Nr. 1 StPO), als auch die Auffindeumstände des Gegenstandes (§ 437 S. 2 Nr. 2 StPO) und die sonstigen persönlichen und wirtschaftlichen Verhältnisse des Betroffenen (§ 437 S. 2 Nr. 3 StPO) können hinsichtlich einer möglichen rechtswidrigen Tat lediglich Indizien sein.

Das Ermittlungsergebnis zur Anlasstat soll es dem Gericht nicht nur ermöglichen, sich von der rechtswidrigen Herkunft des Einziehungsgegenstandes zu überzeugen, sondern auch einer Einziehung bei erwiesener Unschuld des

---

267 *Hüls* ZWH 2017, 242 (251) weist daraufhin, dass eine Entkräftung dieses Merkmals umso schwieriger wird, je größer die Vermögensdiskrepanz ausfällt.

268 So auch *Hinderer/Blechschmitt* NZWiSt 2018, 179 (183); *Hüls* ZWH 2017, 242 (251).

Betroffenen vorbeugen.[269] Beide Ziele dürften durch dieses Kriterium nicht zu erreichen sein. Der Bundesgerichtshof hat in seiner vom Bundesverfassungsgericht bestätigten Entscheidung zu § 73d StGB a.F. festgestellt, die nachgewiesene Anlasstat sei in die Überzeugungsbildung des Tatgerichts von der rechtswidrigen Herkunft des Verfallsgegenstandes einzubeziehen.[270] Folglich genügte dem Bundesgerichtshof die erwiesene Anlasstat für sich genommen nicht als Beweis für eine rechtswidrige Herkunft, sondern er sah darin nur ein Indiz. Wenn aber schon die bewiesene Anlasstat lediglich indizielle Wirkung hat, muss dies erst recht bzw. wenn überhaupt für Ermittlungen gelten, die den Nachweis einer Anlasstat nicht erbringen konnten.[271]

Wie die Ermittlungsergebnisse zur Anlasstat umgekehrt einer Einziehung bei bewiesener Unschuld des Betroffenen vorbeugen sollen, bleibt ebenfalls schleierhaft. Die Gesetzesbegründung stellt selbst klar, dass der Einziehungsgegenstand nicht aus einer Anlasstat, sondern aus irgendeiner rechtswidrigen Tat stammen kann.[272] In der Folge ist eine nachgewiesene Unschuld bezüglich der Anlasstat für eine Einziehungsentscheidung ohne Belang und kann nicht vor einer Einziehung schützen. Deutlich wird dies in Sachverhalten, die alle Umstände des § 437 StPO aufweisen. Der Wert des Einziehungsgegenstands steht im groben Missverhältnis zum Einkommen des Betroffenen, der Gegenstand selbst war in einem Schuppen versteckt und der Betroffene ist bereits mehrfach wegen Hehlerei und Geldwäsche vorbestraft. Die gegen ihn wegen eines Geldwäscheverdachts eingeleiteten Ermittlungen ergeben jedoch seine Unschuld im Hinblick auf diesen Vorwurf. Dass ihm der Gegenstand in so einer Sachverhaltskonstellation trotz erwiesener Unschuld nicht zurückgegeben wird, dürfte auf der Hand liegen. Somit kann dieses Merkmal nicht als Korrektiv dienen.

Die Gewissheit, der sichergestellte Gegenstand stamme aus einer rechtswidrigen Tat, lässt sich auch nicht aus den Auffindeumständen des Einziehungsobjekts

---

269 BR-Drs. 418/16, S. 104; BT-Drs. 18/9525, S. 92.

270 BVerfGE 110, 1 (26); BGHSt 40, 371 (373).

271 *Löffelmann* Rechtspolitik 2016, S. 63 fragt zu Recht, wie die Überzeugung von der deliktischen Herkunft anhand der anderen Kriterien gelingen soll, wenn das Ergebnis der Ermittlung zur Anlasstat gerade nicht für eine Verurteilung ausreicht; für eine indizielle Wirkung dieses Merkmals: BGH NStZ 2021, 286 („Orientierungshilfe"); *Kraushaar* NZWiSt 2019, 288 (291); bloße Verdachtsmomente sehen darin: BeckOK-StPO/*Temming* § 437 Rn. 4; MüKo-StPO/*Scheinfeld/Langlitz* § 437 Rn. 13.

272 BR-Drs. 418/16, S. 80; BT-Drs. 18/9525, S. 73; BT-Drs. 19/26602, S. 7.

herleiten.[273] Für eine selbstständige Einziehung nach § 76a Abs. 4 StGB dürften die Umstände, unter denen ein Gegenstand aufgefunden worden ist, nur selten eine Indizwirkung entfalten. Der Grund hierfür liegt in der Konzeption der selbstständigen Einziehung, wonach eine nachgewiesene Straftat nicht erforderlich ist. Wird ein Gegenstand, der keiner konkreten rechtswidrigen Tat zuzuordnen ist, unter Gegenständen gefunden, bei denen es sich nachweislich um Diebesgut handelt, erfolgt eine Einziehung nach § 73a Abs. 1 StGB. Wird ein Gegenstand, der keiner konkreten rechtswidrigen Tat zuzuordnen ist, unter Gegenständen gefunden, bei denen es sich mutmaßlich um Diebesgut handelt, ist schon fraglich, wie dann eine Differenzierung möglich sein soll. In dem Fall würden – bei entsprechendem Anlasstatverdacht – wohl alle Gegenstände nach § 76a Abs. 4 StGB eingezogen werden. Falls ein sehr wertvoller Gegenstand in einem Versteck gefunden wird, greift in den meisten Fällen die Vermutung des § 437 S. 1 StPO. Wird ein Objekt, das nicht als besonders wertvoll einzustufen ist, in einem Versteck gefunden, ist schon fraglich, wie diese Auffindesituation die Überzeugung einer rechtswidrigen Erlangung stützen soll. Letztlich fungieren die Auffindeumstände primär als ein Hilfskriterium, wenn einer der anderen Fälle des § 437 StPO vorliegt.

Bei den sonstigen persönlichen und wirtschaftlichen Verhältnissen des Betroffenen (§ 437 S. 2 Nr. 3 StPO) stellt sich hinsichtlich der wirtschaftlichen Verhältnisse bereits die Frage, ob sich daraus Anhaltspunkte ziehen lassen, die über das Missverhältniskriterium hinausgehen.[274] Zu berücksichtigen ist ferner auch hier die Rechtsprechung des Bundesgerichtshofs, wonach der Umstand, dass „‚sich rechtmäßige Quellen nicht feststellen lassen (und) sich die Herkunft aus rechtswidrigen Taten im Hinblick auf die Situation des Täters und sein Vorleben einem objektiven Beobachter geradezu aufdrängt'"[275] für die Annahme einer rechtswidrigen Herkunft des Gegenstands nicht ausreicht. Die sonstigen persönlichen und wirtschaftlichen Verhältnisse können allenfalls eine Verdachtslage begründen.[276]

---

273 So auch: BGH NStZ 2021, 286 („Orientierungshilfe"); bloße Verdachtsmomente sehen darin: BeckOK-StPO/*Temming* § 437 Rn. 4; MüKo-StPO/*Scheinfeld/Langlitz* § 437 Rn. 13.

274 Darauf weist auch *Kraushaar* NZWiSt 2019, 288 (291) hin.

275 BGHSt 40, 371 (372).

276 BGHSt 40, 371 (372); BeckOK-StPO/*Temming* § 437 Rn. 4; *Kraushaar* NZWiSt 2019, 288 (291); MüKo-StPO/*Scheinfeld/Langlitz* § 437 Rn. 13.

(cc) Zusammenfassung

Von den in § 437 S. 2 StPO aufgeführten Umständen ist keiner geeignet, eine richterliche Überzeugungsbildung zu stützen.[277] Im Zusammenhang mit diesen Kriterien ist zwar zu bedenken, dass kein Strafgericht unfehlbar ist. Doch birgt besonders die bloße Vermutung des nach der Intention des Gesetzgebers so bedeutsamen § 437 S. 1 StPO eine erhöhte Fehlerwahrscheinlichkeit. Denn der „Ausschluss von legalen Einnahmequellen dürfte nur in Ausnahmefällen so zuverlässig sein wie eine Verknüpfung von ermittelter Straftat und Bereicherung."[278]

(b) Andere Beurteilung durch die Rechtsprechung?

Fraglich ist, ob die Rechtsprechung diese Probleme, wie schon bei der Strafähnlichkeit der Bruttoabschöpfung, abweichend beurteilt. Dieser Auffassung scheint zumindest der Gesetzgeber zu sein. Er beruft sich auf das Urteil des Bundesgerichtshofs zum erweiterten Verfall a.F. von 1994, wonach an die richterliche Überzeugung keine „überspannten Anforderungen" gestellt werden dürften.[279]

(aa) Übertragbarkeit der Rechtsprechung

Zunächst ist schon fraglich, ob sich diese Rechtsprechung überhaupt auf die selbstständige erweiterte Einziehung übertragen lässt. In der Entscheidung des Bundesgerichtshofs ging es um die erweiterte Einziehung nach altem Recht, die – später vom Bundesverfassungsgericht bestätigt – nicht als strafähnlich eingestuft wurde. Aufgrund dessen war es in diesem Fall durchaus legitim, einen anderen Maßstab bei der richterlichen Überzeugung anzulegen.

Nach den obigen Feststellungen handelt es sich bei der Einziehung nach § 76a Abs. 4 StGB aber um eine strafähnliche Maßnahme. Deshalb verbietet es sich bei diesem neuen Abschöpfungsinstrument, die Anforderungen an die richterliche Überzeugungsbildung zu lockern.[280] Im Ergebnis ist die Rechtsprechung

---

277 So auch Lackner/Kühl/*Heger* § 76a Rn. 9; *Löffelmann* Rechtspolitik 2016, S. 63; *Saliger* ZStW 2017, 995 (1028); a.A. *Köhler* NZWiSt 2018, 226 (229).

278 *Rönnau/Begemeier* NZWiSt 2016, 260 (262); ebenso *Fischer* § 73a Rn. 8; NK-StGB/*Saliger* § 73d Rn. 3; *Weßlau* Aktuelles Verfassungsrecht und Strafverteidigung 141 (143); auf die geringere Zuverlässigkeit weist auch *Pelz* NZWiSt 2018, 251 (252) hin; in diese Richtung ebenfalls *Meyer* StV 2017, 343 (349): Vermögensdiskrepanzen seien zwar ein „erster starker, aber nicht hinreichender Indikator"; MüKo-StPO/*Scheinfeld/Langlitz* § 437 Rn. 8.

279 BR-Drs. 418/16, S. 80; BT-Drs. 18/9525, S. 73.

280 In diese Richtung auch: Stellungnahme des DAV Nr. 30/2016, S. 16.

zur erweiterten Einziehung nach altem Recht deshalb schon nicht auf das neue Verfahren übertragbar.

(bb) Anforderungen der Rechtsprechung erfüllt?

Selbst wenn man mit dem Gesetzgeber davon ausginge, dass diese Rechtsprechung übertragbar wäre, erscheint es zweifelhaft, ob die Anforderungen durch die neuen Vorschriften erfüllt werden.

Für eine selbstständige erweiterte Einziehung reicht es aus, wenn sich der Tatrichter davon überzeugt, dass der Einziehungsgegenstand aus irgendeiner im Einzelnen nicht festgestellten Straftat stammt.

Der Bundesgerichtshof hat in seiner vom Gesetzgeber zitierten Entscheidung zwar festgestellt, dass an die richterliche Überzeugung keine überspannten Anforderungen zu stellen sind. Doch in derselben Entscheidung macht er auch klar, dass das Tatgericht insbesondere „nicht gehindert, sondern gehalten [ist] die festgestellten Anlaßtaten […] in seine Überzeugungsbildung“[281] einzubeziehen. Dieser vom Bundesgerichtshof formulierten und vom Bundesverfassungsgericht gebilligten[282] Notwendigkeit kann das Tatgericht im Rahmen der selbstständigen erweiterten Einziehung nicht entsprechen, da die Feststellung einer Anlasstat gerade nicht erforderlich ist.[283]

Hieran wird deutlich, dass das neue Abschöpfungsinstrument nicht einmal die weniger strengen Kriterien für Maßnahmen ohne strafähnlichen Charakter erfüllt.

(2) Die Beweislastumkehr

Das zweite und noch schwerwiegendere Problem der Kriterien des § 437 StPO sind ihre Folgen für den Fall, dass die Gerichte ihre Einziehungsentscheidungen ausschließlich auf diese stützen müssen, also beim Vorliegen eines oder

281 BGHSt 40, 371 (373).

282 BVerfGE 110, 1 (26).

283 Auch BeckOK-StPO/*Temming* § 437 Rn. 3 und MüKo-StPO/*Scheinfeld/Langlitz* § 437 Rn. 16 weisen auf diesen gravierenden Unterschied hin und zweifeln deshalb an einer Übertragbarkeit der Rechtsprechung zum erweiterten Verfall nach altem Recht auf die selbstständige Einziehung; auf diesen Unterschied machen ebenfalls aufmerksam: *Gebauer* ZRP 2016, 101 (104); *Hinderer/Blechschmitt* NZWiSt 2018, 179 (182 f.); *Hüls* ZWH 2017, 242 (250 f.); *Madauß* NZWiSt 2018, 28 (34); *Meyer* ZStW 2015, 241 (262) weist zudem darauf hin, dass schon die „Verurteilung wegen einer Katalogtat […] zwar eine gewisse Filterwirkung, doch […] keine direkt ausschlaggebende Relevanz für die Bewertung, ob die Vermögenswerte aus Straftaten herrühren“ habe.

mehrerer dieser Umstände eine Einziehung anzuordnen haben. Das wird für die weitere Prüfung zunächst unterstellt.[284] Ist eines dieser Indizien von der Staatsanwaltschaft nachgewiesen, wird der sichergestellte Gegenstand nur dann nicht eingezogen, wenn der Betroffene beweisen kann, dass er nicht aus einer Straftat stammt.[285] Im Ergebnis führt dies zu einem Anscheinsbeweis, wie man ihn aus dem Zivilrecht kennt, der dem Strafrecht jedoch fremd ist.[286] Dadurch wird eine Beweislastumkehr etabliert, die den Grundsatz in dubio pro reo in sein Gegenteil – in dubio contra reo – pervertiert.[287] Denn der Einziehungsbetroffene muss faktisch seine Unschuld hinsichtlich der vermeintlichen Straftat beweisen, aus der der Gegenstand stammen soll. Insofern wird hier auch noch einmal deutlich, dass das Argument, das Verfahren richte sich nur gegen eine Sache, nicht durchgreift. Letztlich geht es doch um die Verantwortlichkeit des Besitzers der Sache.

(a) Gibt es bereits eine Beweislastumkehr im Strafrecht?

Für eine Zulässigkeit der in § 76a Abs. 4 StGB eingeführten Beweislastumkehr könnte allerdings sprechen, dass es eine solche im Strafrecht bereits gibt. Dafür muss man sich die üble Nachrede gemäß § 186 StGB genauer anschauen. Dort heißt es:

> *„Wer in Beziehung auf einen anderen eine Tatsache behauptet oder verbreitet, welche denselben verächtlich zu machen oder in der öffentlichen Meinung herabzuwürdigen geeignet ist, wird, wenn nicht diese Tatsache erweislich wahr ist, mit Freiheitsstrafe bis zu einem Jahr oder mit Geldstrafe und, wenn die Tat öffentlich oder durch Verbreiten eines Inhalts (§ 11 Absatz 3) begangen ist, mit Freiheitsstrafe bis zu zwei Jahren oder mit Geldstrafe bestraft."*

284 Ob dem tatsächlich so ist, wird in dem Kapitel C) Die freie richterliche Beweiswürdigung, S. 81 ff. geklärt.

285 BR-Drs. 418/16, S. 104; BT-Drs. 18/9525, S. 92.

286 *Schilling/Corsten/Hübner* StraFo 2017, 305 (313); *Schilling/Hübner* StV 2018, 49 (55 f.); Stellungnahme der BRAK Nr. 15/2016, S. 6 f.; Stellungnahme der StVV vom 31.05.2016, S. 19; *Pelz* NZWiSt 2018, 251 (252) erkennt darin einen faktischen Anscheinsbeweis.

287 *Hinderer/Blechschmitt* NZWiSt 2018, 179 (183); *Schilling/Corsten/Hübner* StraFo 2017, 305 (313); Stellungnahme der StVV vom 31.05.2016, S. 19; von einer (faktischen) Beweislastumkehr gehen auch aus: BeckOK-StGB/*Heuchemer* Art. 316h EGStGB Rn. 1.5; *Köllner/Mück* NZI 2017, 593 (598); MüKo-StPO/*Scheinfeld/Langlitz* § 437 Rn. 18; Stellungnahme der BRAK Nr. 15/2016, S. 6; Stellungnahme der BRAK Nr. 39/2016, S. 4 f.; *Veljovic* NZWiSt 2021, 82 (83); a.A. *Meyer* NZWiSt 2018, 246 (248); *Saliger* ZStW 2017, 995 (1029).

Nach dem Passus, „wenn nicht diese Tatsache erweislich wahr ist“, entfällt eine Strafbarkeit, wenn die behauptete oder verbreitete Tatsache sich als wahr erweist.[288] Insofern könnte man argumentieren, dass es bei der üblen Nachrede, vergleichbar der selbstständigen Einziehung, darauf ankommt, dass der (vermeintliche) Täter beweist, dass er keine Straftat begangen hat. Bei der selbstständigen Einziehung erfolgt dies durch den Nachweis des legalen Erwerbs des sichergestellten Gegenstandes. Bei der üblen Nachrede ist dies möglich, indem er nachweist, dass die Tatsache wahr ist. Der gravierende Unterschied zwischen den beiden Vorschriften besteht darin, dass es bei der selbstständigen Einziehung allein Aufgabe des Einziehungsbetroffenen ist, den Nachweis eines legalen Erwerbs im Hinblick auf den sichergestellten Gegenstand zu führen.[289] Demgegenüber ist es bei der üblen Nachrede – wie gewohnt – Aufgabe des Gerichts, herauszufinden, ob die Tatsache wahr ist.[290] In § 186 StGB ist keine formelle Beweislastregel enthalten.[291] Somit hat die Frage der Wahrheit der Tatsache keinen Einfluss auf die übliche Beweislastverteilung in einem Strafverfahren.

(b) Das Verständnis der Nichterweislichkeit einer Tatsache bei der üblen Nachrede

Problematisch ist hingegen der Fall, wenn Zweifel an der Wahrheit der Tatsachenbehauptung verbleiben. Zwar ändert auch dies nichts an der Verteilung der Beweislast. Aber welche Auswirkungen solche Zweifel haben, ist umstritten. Die Antwort auf diese Frage hängt davon ab, wie man die Nichterweislichkeit der Tatsache systematisch einordnet.

Die Rechtsprechung und Teile der Literatur gehen davon aus, dass es sich bei der Nichterweislichkeit der Wahrheit der Tatsache um eine objektive Bedingung der Strafbarkeit[292] handelt bzw. die Erweislichkeit der Wahrheit einen Strafausschließungsgrund[293] darstellt. In der Folge gehen verbleibende Zweifel an

288 Über diese Konsequenz der Klausel besteht Einigkeit, vgl. nur: BeckOK-StGB/*Valerius* § 186 Rn. 18; *Fischer* § 186 Rn. 11; MüKo-StGB/*Regge/Pegel* § 186 Rn. 24.

289 BR-Drs. 418/16, S. 104; BT-Drs. 18/9525, S. 92.

290 Allgemeine Meinung, vgl. nur BeckOK-StGB/*Valerius* § 186 Rn. 20; *Fischer* § 186 Rn. 11; Lackner/*Kühl* § 186 Rn. 7a; MüKo-StGB/*Regge/Pegel* § 186 Rn. 30; NK-StGB/*Zaczyk* § 186 Rn. 23.

291 *Fischer* § 186 Rn. 11; MüKo-StGB/*Regge/Pegel* § 186 Rn. 30.

292 BGHSt 11, 273 (274); BeckOK-StGB/*Valerius* § 186 Rn. 18 f.; Lackner/*Kühl* § 186 Rn. 7; Schönke/Schröder/*Eisele/Schittenhelm* § 186 Rn. 10.

293 BGHSt 11, 273 (274); Schönke/Schröder/*Eisele/Schittenhelm* § 186 Rn. 10.

der Wahrheit der Tatsache zu Lasten des Angeklagten.[294] Kann die Wahrheit der Tatsache nicht erwiesen werden, ist die objektive Bedingung der Strafbarkeit erfüllt bzw. greift der Strafausschließungsgrund nicht ein. Entgegen des in dubio-Grundsatzes können verbleibende Zweifel hier zu einer Verurteilung des Angeklagten führen.[295]

Um diesem Problem zu begegnen, verlangt die Gegenansicht, dass der Täter im Hinblick auf die Unwahrheit der Tatsache wenigstens sorgfaltswidrig gehandelt haben muss.[296] Hat der Täter also trotz sorgfältiger Recherche eine unwahre Tatsache verbreitet, kann er hiernach nicht wegen übler Nachrede verurteilt werden.[297] Das führt dazu, dass eine Verurteilung nicht von dem Risiko der Nichterweislichkeit der Wahrheit der Tatsache, sondern von dem Verhalten des Täters abhängt.

Dieser Streit[298] braucht allerdings nicht entschieden zu werden. Denn lediglich die zuerst genannte Auffassung stellt die bisherige Argumentation, die selbstständige Einziehung verstoße gegen den Zweifelssatz, infrage. Zwar werfen Vertreter der Gegenansicht diesem Verständnis der üblen Nachrede einen Verstoß gegen den Zweifelssatz vor.[299] Doch folgt man diesem Verständnis, stellt sich die Frage, ob sich dann nicht auch für die selbstständige Einziehung ein Verstoß gegen den bzw. eine Ausnahme vom Zweifelssatz rechtfertigen lässt. Deshalb wird es im Folgenden darauf ankommen, ob es Unterschiede zwischen dem obigen Verständnis der üblen Nachrede und der selbstständigen Einziehung gibt, die eine unterschiedliche Beurteilung rechtfertigen.

---

294 BGHSt 11, 273 (274); BeckOK-StGB/*Valerius* § 186 Rn. 21; *Fischer* § 186 Rn. 11; Lackner/*Kühl* § 186 Rn. 7a; Schönke/Schröder/*Eisele/Schittenhelm* § 186 Rn. 16.

295 Darauf weisen vor allem die Kritiker dieser Ansicht hin: *Fischer* § 186 Rn. 11; MüKo-StGB/*Regge/Pegel* § 186 Rn. 25; NK-StGB/*Zaczyk* § 186 Rn. 16; Schönke/Schröder/*Eisele/Schittenhelm* § 186 Rn. 1, 16.

296 *Fischer* § 186 Rn. 13a; MüKo-StGB/*Regge/Pegel* § 186 Rn. 28, 31; NK-StGB/*Zaczyk* § 186 Rn. 19, 23.

297 Vgl. MüKo-StGB/*Regge/Pegel* § 186 Rn. 28; NK-StGB/*Zaczyk* § 186 Rn. 19.

298 Neben den beiden genannten Ansichten werden vereinzelt auch die Auffassungen vertreten, die Nichterweislichkeitsklausel bzw. die Unwahrheit der Tatsache in den Tatbestand der üblen Nachrede aufzunehmen, vgl. dazu die Überblicke bei MüKo-StGB/*Regge/Pegel* § 186 Rn. 26 f.; NK-StGB/*Zaczyk* § 186 Rn. 17 f. jeweils m.w.N.

299 *Fischer* § 186 Rn. 11, 13a; MüKo-StGB/*Regge/Pegel* § 186 Rn. 25, 30; NK-StGB/*Zaczyk* § 186 Rn. 16.

(aa) Vergleichbarkeit der beiden Rechtsinstitute?

Es ist schon fraglich, ob es sich nach der zu untersuchenden Auffassung bei dem Tatbestandsmerkmal der Nichterweislichkeit überhaupt um eine Ausnahme von dem Grundsatz in dubio pro reo handelt und ob eine Übertragung auf die selbstständige Einziehung möglich ist.

Gegen eine Vergleichbarkeit sprechen bereits die verschiedenen Ausgangslagen der üblen Nachrede und der selbstständigen Einziehung. Aufgrund der Beweislastumkehr im Rahmen der selbstständigen Einziehung gehen dort jegliche Zweifel zu Lasten des Einziehungsbetroffenen. Bei der üblen Nachrede trifft dies nur auf die Nichterweislichkeit der Tatsache zu.[300] Zudem dürften Zweifel im Rahmen des § 186 StGB seltener sein, da eine gerichtliche Aufklärungspflicht besteht.[301]

Zu der Frage, ob die Tatsache wahr ist oder nicht, kommt man überdies nur dann, wenn feststeht, dass der Angeklagte eine ehrenrührige Tatsache über einen anderen behauptet oder verbreitet hat. Unabhängig vom Wahrheitsgehalt ist also erwiesen, dass der Angeklagte die Ehre eines anderen angegriffen hat.[302] Wie bereits dargelegt bedarf es im Unterschied dazu für eine selbstständige Einziehung keiner erwiesenen Tatsachen im Hinblick auf die Herkunftstat. Aufgrund dieser Punkte fehlt es schon an einer Vergleichbarkeit zwischen § 76a Abs. 4 StGB und § 186 StGB.

(bb) Zulässige Ausnahme von dem Grundsatz in dubio pro reo?

Selbst wenn man von einer Vergleichbarkeit ausgehen würde, ließen sich daraus keine Argumente ableiten, die eine Verletzung des Zweifelssatzes durch die selbstständige Einziehung rechtfertigen würden. Dies wird deutlich, wenn man sich den Verbotstatbestand der üblen Nachrede genauer anschaut. Es gibt – unjuristisch gesprochen – drei Möglichkeiten, einem anderen verbal einen Nachteil zuzufügen: Durch eine Beleidigung, das Verbreiten von Lügen und das Verbreiten von Gerüchten (natürlich gilt das nur, soweit es sich um negativ behaftete Lügen und Gerüchte für den Betroffenen handelt).[303] Beleidigungen

---

300 BGHSt 11, 273 (274); BeckOK-StGB/*Valerius* § 186 Rn. 21; *Fischer* § 186 Rn. 11; Lackner/*Kühl* § 186 Rn. 7a; Schönke/Schröder/*Eisele/Schittenhelm* § 186 Rn. 16.

301 BeckOK-StGB/*Valerius* § 186 Rn. 20; *Fischer* § 186 Rn. 11; Lackner/*Kühl* § 186 Rn. 7a; MüKo-StGB/*Regge/Pegel* § 186 Rn. 30; NK-StGB/*Zaczyk* § 186 Rn. 23.

302 MüKo-StGB/*Regge/Pegel* § 186 Rn. 2; NK-StGB/*Zaczyk* § 186 Rn. 15; Schönke/Schröder/*Eisele/Schittenhelm* § 186 Rn. 1 f.

303 Überblick bei BeckOK-StGB/*Valerius* § 185 Rn. 14 f.; Lackner/*Kühl* § 185 Rn. 2; Schönke/Schröder/*Eisele/Schittenhelm* § 186 Rn. 1.

sind in § 185 StGB unter Strafe gestellt,[304] die Verbreitung von Lügen als bewusst unwahre Tatsachenbehauptungen im Verleumdungsparagrafen des § 187 StGB.[305] Die üble Nachrede erfasst das Behaupten ehrenrühriger Tatsachen,[306] also das Verbreiten von Gerüchten. Bei ihrer Verbreitung sind Gerüchte noch nicht erwiesenermaßen richtig oder falsch, da es sich sonst um Fakten oder Lügen handeln würde. Die erste Variante ist, außer im Falle des § 192 StGB,[307] grundsätzlich straflos, bei der zweiten Variante wäre man wieder bei der Verleumdung. Wenn aber § 186 StGB das Verbreiten von Gerüchten unter Strafe stellt, liegt bereits ohne die Unwahrheit der Behauptung normwidriges Unrecht vor.[308] Dieses normwidrige Unrecht in Form der Behauptung oder Verbreitung ehrenrühriger Tatsachen muss mit den Strengbeweismitteln der Strafprozessordnung nachgewiesen sein.[309] Gelingt der Nachweis nicht, gilt wie üblich der Grundsatz in dubio pro reo. Nur wenn dieser Beweis geführt werden kann, wird die Gefahr der Nichterweislichkeit der Wahrheit der ehrverletzenden Tatsache dem Angreifer überbürdet. Deshalb ist jedenfalls nicht von einer vollständigen Ausnahme des Zweifelssatzes auszugehen.[310] Da die Amtsermittlungspflicht hinsichtlich der Tathandlung wie üblich beim Gericht liegt, lässt sich daraus auch nichts für die selbstständige erweiterte Einziehung ableiten. Mithin bleibt es bei dem eingangs Gesagten: Eine Beweislastumkehr, wie sie durch eine obligatorische Geltung der Kriterien des § 437 StPO etabliert würde, ist dem deutschen Strafrecht bisher aus guten Gründen fremd.

bb) Zwischenergebnis

Die vorstehende Darstellung macht deutlich, dass die zwingende Anwendung der Kriterien des § 437 StPO nicht zu einer Entschärfung des Verstoßes gegen die Unschuldsvermutung und den in dubio pro reo-Grundsatz führen würden, sondern diesen Verstoß vertieften.[311]

---

304 Lackner/*Kühl* § 185 Rn. 2 f.; Schönke/Schröder/*Eisele/Schittenhelm* § 185 Rn. 1.

305 *Fischer* § 187 Rn. 2; Schönke/Schröder/*Eisele/Schittenhelm* § 187 Rn. 2.

306 *Fischer* § 186 Rn. 7; MüKo-StGB/*Regge/Pegel* § 186 Rn. 2.

307 MüKo-StGB/*Regge/Pegel* § 186 Rn. 30, § 192 Rn. 1; NK-StGB/*Zaczyk* § 192 Rn. 1.

308 NK-StGB/*Zaczyk* § 186 Rn. 15; Schönke/Schröder/*Eisele/Schittenhelm* § 186 Rn. 1, 5; kritisch: MüKo-StGB/*Regge/Pegel* § 186 Rn. 2.

309 Denn dabei handelt es sich um Feststellungen, die den Schuldausspruch betreffen, sodass das Strengbeweisverfahren gilt, vgl. KK-StPO/*Krehl* § 244 Rn. 8; MüKo-StPO/*Trüg/Habetha* § 244 Rn. 34.

310 Auch *Fischer* § 186 Rn. 11 führt aus, dass er nur „insoweit nicht" gelte.

311 A.A. *Köhler* NZWiSt 2018, 226 (229), der in der neuen Regelung eine „verfassungskonforme Beweislastumkehr" bzw. eine Art Geldwäschetatbestand sieht, der „im

c) Die Selbstbelastungsfreiheit des Einziehungsbetroffenen

Hand in Hand mit dem Verstoß gegen die Unschuldsvermutung und den Zweifelssatz geht ein Verstoß gegen den Grundsatz nemo tenetur se ipsum accusare.[312] Danach darf niemand gezwungen werden, sich selbst zu belasten.[313] Deshalb steht es dem Beschuldigten eines Strafverfahrens frei, sich zu den gegen ihn erhobenen Tatvorwürfen zu äußern oder dazu zu schweigen.[314] Entscheidet sich der Beschuldigte, vollständig zu schweigen, dürfen daraus keine für ihn nachteiligen Schlüsse gezogen werden.[315] Dieses Schweigerecht wird durch die verurteilungsunabhängige Einziehung faktisch unterlaufen.[316] Dabei sind zwei Dinge in den Blick zu nehmen.

Gegenzug zum Verzicht auf Bestrafung auf die Feststellung einer konkreten Vortat" verzichte.

312 Auf die logische Konsequenz, dass auch die Selbstbelastungsfreiheit tangiert ist, wenn der in dubio-Grundsatz keine volle Gültigkeit mehr hat, weist bereits *Weßlau* StV 1991, 226 (232) hin.

313 BVerfGE 38, 105 (113); 55, 144 (150); 56, 37 (43); BGHSt 14, 358 (364 f.); 38, 214 (220).

314 BGHSt 34, 39 (46); 42, 139 (152).

315 BGHSt 38, 302 (305); 42, 139 (152).

316 MüKo-StPO/*Scheinfeld/Langlitz* § 437 Rn. 18; *Schilling/Hübner* StV 2018, 49 (56 f.); Stellungnahme der StVV vom 31.05.2016, S. 19 f.; Zweifel an der Vereinbarkeit mit dem nemo tenetur-Grundsatz haben auch: *Hinderer/Blechschmitt* NZWiSt 2018, 179 (183, 185); *Saliger* ZStW 2017, 995 (1031); Schönke/Schröder/*Eser/Schuster* § 76a Rn. 14; BeckOK-StPO/*Temming* § 427 Rn. 4 und MüKo-StPO/*Putzke/Scheinfeld* § 427 Rn. 2, 6 sehen nicht nur für den Betroffenen einer selbstständigen Einziehung, sondern für den Beteiligten einer jeden Einziehung eine Beeinträchtigung des nemo tenetur-Grundsatzes, soweit diesem kein vollumfängliches Schweigerecht, entsprechend dem eines Angeklagten, zusteht; auch das LG Aachen 60 KLs 4/20, juris Rn. 36, das von der Verfassungsmäßigkeit des § 76a Abs. 4 StGB ausgeht, hält dessen Anwendung nur in einem selbstständigen, nicht aber in einem subjektiven Verfahren für möglich, da ansonsten ein Verstoß gegen den nemo-tenetur-Grundsatz vorläge, ohne jedoch erklären zu können, weshalb die im selbstständigen Verfahren gewonnenen Erkenntnisse nicht in einem (späteren) Strafverfahren Verwendung finden sollten; *Pelz* NZWiSt 2018, 251 (252) sieht bereits durch die erweiterte Einziehung nach § 73a StGB eine faktische Pflicht des Betroffenen etabliert, sich zu äußern; *Weßlau* StV 1991, 226 (232) sah bereits in dem erweiterten Verfall nach § 73d StGB a.F. einen Verstoß gegen den Grundsatz der Selbstbelastungsfreiheit, wo die Anlasstat immerhin noch positiv festgestellt werden musste; a.A.: *Pohar* Die Rechtsnatur der verurteilungsunabhängigen Vermögensabschöpfung, S. 143 f.

aa) Die Rechte des Einziehungsbetroffenen im Hauptverfahren

Zunächst sind die in § 427 StPO festgelegten Rechte des Einziehungsbeteiligten im Hauptverfahren und die dazugehörige Gesetzesbegründung zu beachten. Relevant ist hier § 427 Abs. 1 StPO:

> *„[1]Von der Eröffnung des Hauptverfahrens an hat der Einziehungsbeteiligte, soweit dieses Gesetz nichts anderes bestimmt, die Befugnisse, die einem Angeklagten zustehen. [2]Im beschleunigten Verfahren gilt dies vom Beginn der Hauptverhandlung, im Strafbefehlsverfahren vom Erlass des Strafbefehls an."*

Diese Norm gilt für alle Einziehungsverfahren, also auch für die selbstständige Einziehung nach § 76a Abs. 4 StGB. Dem Einziehungsbeteiligten in dem Verfahren die Befugnisse eines Angeklagten zuzusprechen, ist aufgrund der bereits festgestellten Strafähnlichkeit der Maßnahme notwendig. Demnach müsste einem Einziehungsbetroffenen auch das uneingeschränkte Schweigerecht zustehen. Doch dazu heißt es in der Gesetzesbegründung:

> *„Der Einziehungsbeteiligte sieht sich einer quasi-bereicherungsrechtlichen Maßnahme ausgesetzt, die gerade keinen Strafcharakter hat. Das Verbot, nachteilige Schlüsse aus dem Schweigen zu ziehen, kann deshalb nicht im gleichen Umfang wie für einen Angeklagten gelten […]. Vielmehr wird zu berücksichtigen sein, dass die Stellung des Einziehungsbeteiligten eher mit der eines Beklagten im Zivilprozess als mit der eines Angeklagten vergleichbar ist […]."*[317]

Nach dem Willen des Gesetzgebers soll den Einziehungsbetroffenen hinsichtlich des Schweigerechts also nicht die gleiche Position wie den Angeklagten eines Strafverfahrens, sondern eine schwächere Position zustehen. Aufgrund der bereits festgestellten Strafähnlichkeit stellt dieses geringere Schutzniveau jedenfalls für Einziehungsbetroffene einer Maßnahme nach § 76a Abs. 4 StGB einen Verstoß gegen den nemo tenetur-Grundsatz dar.[318]

bb) Die besondere Ausgestaltung des selbstständigen Einziehungsverfahrens

Bei der selbstständigen Einziehung kommt erschwerend die Ausgestaltung des Verfahrens hinzu. Theoretisch kann der Einziehungsbetroffene zur Herkunft des

---

317 BR-Drs. 418/16, S. 100 f.; BT-Drs. 18/9525, S. 89.

318 In diese Richtung auch *Schilling/Hübner* StV 2018, 49 (51); einen solchen Verstoß für alle Arten der Einziehung sehen BeckOK-StPO/*Temming* § 427 Rn. 4 und MüKo-StPO/*Putzke/Scheinfeld* § 427 Rn. 2, 6, soweit den Betroffenen kein vollumfängliches Schweigerecht zustehen soll.

sichergestellten Gegenstandes schweigen. Doch dann wird dieser Gegenstand eingezogen:

> *„Besitzt der Antrag der Staatsanwaltschaft also die beschriebene Substanz und erweisen sich die darin aufgeführten Tatsachen im gerichtlichen Verfahren als zutreffend, wird der Einziehungsbeteiligte die Anordnung der Einziehung mit bloßem Schweigen oder einem Bestreiten mit Nichtwissen in aller Regel nicht abwenden können (vgl. insofern auch Begründung zu § 427 StPO-E).“*[319]

Teilweise wird angeführt, dies sei nichts Besonderes, da ein schweigender Angeklagter auch verurteilt wird, wenn die Feststellungen in der Hauptverhandlung lediglich belastender Natur sind.[320] Dabei ist aber zu beachten, dass der Antrag der Staatsanwaltschaft nicht die rechtswidrige Herkunft des Gegenstandes, sondern nur mögliche Indizien für eine rechtswidrige Herkunft wie das Vorliegen eines der Kriterien des § 437 StPO beweisen muss.[321] Übertragen auf ein Strafverfahren würde es demnach für eine Verurteilung genügen, wenn die Staatsanwaltschaft nicht die Straftat, sondern nur Indizien beweisen müsste, die auf eine Straftat hindeuten können, aber nicht müssen. Sieht sich der Angeklagte in so einer Situation zu einer Aussage gezwungen, um eine Verurteilung abzuwenden, dürfte darin nach einhelliger Meinung ein Verstoß gegen sein Schweigerecht liegen. So liegt aber die Situation bei einer selbstständigen erweiterten Einziehung. Deshalb lässt sie sich nur durch eine Aussage, nicht aber durch ein Schweigen abwenden.[322] Letztlich wird das Schweigen des Einziehungsbetroffenen zu seinen Lasten gewertet. Wenn er sich nicht äußert, wird unterstellt, dass der Einziehungsgegenstand aus einer rechtswidrigen Tat stammt und eingezogen werden darf. Dies stellt einen unzulässigen Eingriff in das Schweigerecht des Betroffenen dar.[323]

Dass jemand so zu einer Aussage „genötigt“ wird, mag in den Fällen, in denen es einen Unschuldigen trifft, unproblematisch sein.[324] Dieser hat nichts

---

319 BR-Drs. 418/16, S. 104; BT-Drs. 18/9525, S. 92.

320 Mit diesem Argument: *Bittmann* NStZ 2020, 152 (153).

321 BR-Drs. 418/16, S. 104; BT-Drs. 18/9525, S. 92.

322 *Hinderer/Blechschmitt* NZWiSt 2018, 179 (183); *Köllner/Mück* NZI 2017, 593 (598); *Saliger* ZStW 2017, 995 (1031); Stellungnahme der StVV vom 31.05.2016, S. 20; in diese Richtung auch Schönke/Schröder/*Eser/Schuster* § 76a Rn. 14 („Mitwirkungsobliegenheiten“).

323 BGHSt 38, 302 (305); 42, 139 (152).

324 „Unproblematisch“ ist dies aber nur in tatsächlicher Hinsicht; unter rechtlichen Gesichtspunkten ist zu berücksichtigen, dass auch einem Unschuldigen das Recht zu schweigen zusteht, in das auf diese Weise eingegriffen wird.

zu verbergen, erklärt die Umstände des Erwerbs und kann seinen Gegenstand behalten. Problematisch sind die bereits oben angesprochenen Konstellationen der freiwilligen Prostitution, der Schwarzarbeit und vergleichbare Fälle. Die Betroffenen haben den Gegenstand ebenfalls auf legale Weise erworben, müssten sich aber zum Nachweis dessen selbst einer Steuerhinterziehung bezichtigen. Im Ergebnis stehen Betroffene eines verurteilungsunabhängigen Einziehungsverfahrens somit schlechter da als Beschuldigte eines regulären Strafverfahrens.[325] Denn dort gilt das Schweigerecht uneingeschränkt. Einen Beschuldigten im Strafverfahren mit der Androhung unter Druck zu setzen, einen Teil seines Eigentums dauerhaft einzuziehen oder gegen ihn ein Ordnungsgeld entsprechend § 70 Abs. 1 S. 2 StPO zu verhängen, wenn er nicht aussagt, stellt offenkundig einen Verstoß gegen das Schweigerecht dar und ist deshalb unzulässig. Nachdem bereits festgestellt worden ist, dass es sich bei der verurteilungsunabhängigen Einziehung um eine strafähnliche Maßnahme handelt, müssen für das Einziehungsverfahren auch dieselben Standards wie für das Strafverfahren gelten.[326]

An diesem Ergebnis würde sich nicht einmal dann etwas ändern, wenn man mit dem Gesetzgeber einen strafähnlichen Charakter der selbstständigen Einziehung verneinte. Dies ergibt sich aus der in der Gesetzesbegründung häufig zitierten Entscheidung des Bundesverfassungsgerichts zu § 73d StGB a.F. Darin stellt das Gericht fest, dass es sich bei dem erweiterten Verfall nicht um eine Strafe oder strafähnliche Maßnahme handele.[327] Dennoch billigt es die Auslegung des Bundesgerichtshofs unter dem Aspekt der Selbstbelastungsfreiheit nur, weil sich der Angeklagte

> *„weder zu der angeklagten Anlasstat noch zu eventuellen anderen strafbaren Verhaltensweisen äußern [muss], um eine Anordnung des erweiterten Verfalls zu vermeiden.“*[328]

Wie bereits dargelegt kann ein Betroffener einer selbstständigen Einziehung eine solche nur abwenden, wenn er sich dazu äußert und den Vorwurf, der Einziehungsgegenstand stamme aus einer rechtswidrigen Tat, entkräftet. Somit widerspricht die neue Regelung selbst den Anforderungen, die das

---

325 So im Ergebnis auch: MüKo-StPO/*Putzke/Scheinfeld* § 427 Rn. 2, 6; *Schilling/Hübner* StV 2018, 49 (51, 56 f.); Stellungnahme der StVV vom 31.05.2016, S. 19 f.

326 Ebenso: MüKo-StPO/*Putzke/Scheinfeld* § 427 Rn. 2, 6; *Schilling/Hübner* StV 2018, 49 (51); Stellungnahme der StVV vom 31.05.2016, S. 19 f.

327 BVerfGE 110, 1 (14).

328 BVerfGE 110, 1 (31).

Bundesverfassungsgericht für Maßnahmen aufgestellt hat, die nicht strafähnlicher Natur sind.[329]

4.) Ergebnis

Zusammengefasst verstößt die erweiterte selbstständige Einziehung in ihrer derzeitigen Fassung somit gegen das Schuldprinzip, die Unschuldsvermutung und das Schweigerecht des Betroffenen.

329 Dass die selbstständige erweiterte Einziehung nicht mit dieser Rechtsprechung des Bundesverfassungsgerichts zur Selbstbelastungsfreiheit in Einklang steht, kritisieren auch: *Hinderer/Blechschmitt* NZWiSt 2018, 179 (183); *Saliger* ZStW 2017, 995 (1031).

C) Die freie richterliche Beweiswürdigung

Im Folgenden wird die Frage zu klären sein, ob die selbstständige Einziehung, insbesondere aufgrund ihrer verfahrensrechtlichen Ausgestaltung in § 437 StPO, auch gegen den Grundsatz der freien richterlichen Beweiswürdigung verstößt. Auf die Kriterien des § 437 StPO wurde zwar im vorigen Kapitel bereits eingegangen. Doch ging es dabei nur darum, ob sie geeignet sind, für sich genommen eine richterliche Überzeugungsbildung zu tragen, was verneint wurde. In diesem Kapitel kommt es darauf an, ob durch sie auch in die freie richterliche Beweiswürdigung eingegriffen wird.[330] Zu dieser Frage wird alles vertreten, von einem Eingriff in die freie Beweiswürdigung[331] über eine Reduzierung der Beweisstandards gegenüber § 261 StPO[332] bis hin zu der Auffassung, dass kein Eingriff gegeben sei.[333] Zur Beantwortung dieser Frage kommt es zunächst darauf an, ob die freie richterliche Beweiswürdigung für die selbstständige Einziehung überhaupt Geltung beanspruchen kann und was sie garantiert.

I.) Geltung der freien richterlichen Beweiswürdigung für die selbstständige Einziehung

Nach der hier vertretenen Auffassung ergibt sich die Geltung der freien richterlichen Beweiswürdigung ganz zwanglos schon deshalb, weil es sich bei der selbstständigen Einziehung um eine strafähnliche Maßnahme handelt, sodass

330 Zu der Frage, ob Beweiserleichterungen durch Unionsrecht möglich sind: *Rönnau* FS-Ostendorf 707 (721 ff.); *Saliger* ZStW 2017, 995 (1017 f.).

331 BeckOK-StPO/*Temming* § 437 Rn. 3; *Hüls* ZWH 2017, 242 (251); Stellungnahme der BRAK Nr. 15/2016, S. 6 f., Stellungnahme der BRAK Nr. 39/2016, S. 5; Stellungnahme des DAV Nr. 30/2016, S. 16 f.; kritisch auch *Gebauer* ZRP 2016, 101 (104); *Hinderer/Blechschmitt* NZWiSt 2018, 179 (183 f.).

332 *Meyer* StV 2017, 343 (347 f.); *Saliger* ZStW 2017, 995 (1028 f.); *Schilling/Corsten/Hübner* StraFo 2017, 305 (313); *Schilling/Hübner* StV 2018, 49 (55 f.).

333 *Bittmann* NStZ 2020, 152 (153); KK-StPO/*Schmidt* § 437 Rn. 2; *Korte* wistra 2018, 1 (9); *Köhler/Burkhard* NStZ 2017, 665 (671); *Köhler* NZWiSt 2018, 226 (229); Lackner/Kühl/*Heger* § 76a Rn. 7, 9; Meyer-Goßner/Schmitt/*Köhler* § 437 Rn. 3 f.; MüKo-StPO/*Scheinfeld/Langlitz* § 437 Rn. 1; NK-WSS/*Lindemann/Bauerkamp* StGB § 76a Rn. 17, 22; *Pelz* NZWiSt 2018, 251 (252); *Rönnau/Begemeier* JZ 2018, 443 (446); SSW-StGB/*Heine* § 76a Rn. 21; SSW-StPO/*Heine* § 437 Rn. 3 f.

für eine Einziehung die Überzeugung des Gerichts von der Schuld des Einziehungsbetroffenen erforderlich ist.

Doch auch wenn man dieser Maßnahme eine Strafähnlichkeit abspricht, ist das ohne Einfluss auf die Geltung der freien richterlichen Beweiswürdigung.[334] Dagegen wird zwar teilweise vorgebracht, dass es mangels Strafcharakters der selbstständigen Einziehung nicht auf die Maßstäbe für die Verhängung einer Kriminalstrafe ankomme.[335] Das überzeugt jedoch nicht. Der Gesetzgeber selbst geht von der uneingeschränkten Geltung der freien richterlichen Beweiswürdigung auch im Rahmen der selbstständigen Einziehung aus. So stellt er wiederholt klar, dass § 261 StPO durch die neue Regelung des § 437 StPO nicht eingeschränkt werde.[336] Diese Klarstellung wäre nicht erforderlich, wenn die freie Beweiswürdigung auf die selbstständige Einziehung von vorneherein nicht anwendbar wäre. Dazu passt auch, dass ursprünglich ein zweiter Absatz für § 437 StPO geplant war, der explizit die uneingeschränkte Geltung des § 261 StPO klarstellen sollte.[337] Er wurde jedoch auf Anraten des Ausschusses für Recht und Verbraucherschutz des Bundestages wegen seiner rein deklaratorischen Natur wieder verworfen.[338]

Auch der Bundesgerichtshof führte in seiner Entscheidung zum erweiterten Verfall gemäß § 73d Absatz a.F. StGB aus:

> *„Für die den Schuldspruch tragenden Feststellungen ist in der Rechtsprechung anerkannt, daß selbst ein sehr hohes Maß an Wahrscheinlichkeit die notwendige tatrichterliche Überzeugung nicht ersetzen kann [...]. Nichts anderes kann für die Feststellungen gelten, die die Anordnung des erweiterten Verfalls tragen.“*[339]

Dabei ist zu beachten, dass dem erweiterten Verfall eine Strafähnlichkeit abgesprochen wurde[340] und trotzdem – entgegen der oben dargestellten Auffassung – derselbe Überzeugungsgrad wie bei der Verhängung einer Kriminalstrafe verlangt wird. Dies machte der Bundesgerichtshof bereits in dem Leitsatz seiner Entscheidung deutlich, wonach § 73d a.F. StGB verfassungskonform dahingehend auszulegen sei, dass „die Anordnung des erweiterten Verfalls die

---

334 A.A. *Meyer* StV 2017, 343 (348 f.).

335 So *Meyer* StV 2017, 343 (349).

336 BR-Drs. 418/16, S. 62, 104, 105; BT-Drs. 18/9525, S. 58, 92, 93.

337 Absatz 2 sollte lauten: „§ 261 bleibt unberührt.“, siehe BR-Drs. 418/16, S. 28; BT-Drs. 18/9525, S. 30.

338 BT-Drs. 18/11640, S. 89.

339 BGHSt 40, 371 (372 f.).

340 BVerfGE 110, 1 (14, 22); BGHSt 47, 369 (373); BGH NStZ 1995, 491.

uneingeschränkte tatrichterliche Überzeugung von der deliktischen Herkunft der Gegenstände“[341] voraussetze.

Diese Auslegung wurde durch das Bundesverfassungsgericht nicht nur gebilligt, sondern es machte deutlich, dass die einschränkende Auslegung durch den Bundesgerichtshof erforderlich war, um sicherzustellen, dass die „Eigentumsordnung nur dort korrigiert wird, wo dies erforderlich ist, um deliktisch verursachte Störungen zu beseitigen.“[342] Zudem werde durch diese Auslegung gewährleistet, dass eine „Beeinträchtigung legal erworbener Vermögenspositionen des Betroffenen [...] nicht zu besorgen [sei]; diese stellt sicher, dass der Richter sich von der deliktischen Herkunft des Objekts des Verfalls“[343] überzeuge. Diesen Ausführungen des Bundesverfassungsgerichts ist zu entnehmen, dass die volle tatrichterliche Überzeugung auch für Maßnahmen, die keine Strafähnlichkeit aufweisen, jedenfalls dann erforderlich ist, wenn sie das Potential haben, in die grundrechtlich geschützte Eigentumsposition des Betroffenen einzugreifen.[344] Da dies – das dürfte insoweit unstreitig sein – auf die selbstständige Einziehung zutrifft, gilt die freie richterliche Beweiswürdigung auch im Rahmen eines solchen Einziehungsverfahrens.

II.) Die Garantie der freien richterlichen Beweiswürdigung

Die freie richterliche Beweiswürdigung ist in § 261 StPO normiert:

> *„Über das Ergebnis der Beweisaufnahme entscheidet das Gericht nach seiner freien, aus dem Inbegriff der Verhandlung geschöpften Überzeugung.“*

Diese Norm entspricht nach dem Bundesverfassungsgericht den verfassungsrechtlichen Anforderungen.[345] Die Freiheit der Beweiswürdigung liegt darin, dass der Tatrichter nicht an gesetzliche Beweisregeln gebunden ist, sondern sich seine Überzeugung unter Berücksichtigung von wissenschaftlichen Erkenntnissen, Gesetzen der Logik und Erfahrungssätzen bilden kann.[346] Ein Eingriff

---

341 BGHSt 40, 371.

342 BVerfGE 110, 1 (27).

343 BVerfGE 110, 1 (29 f.).

344 Darauf weisen auch hin: *Hinderer/Blechschmitt* NZWiSt 2018, 179 (183 f.); *Rönnau/Begemeier* NZWiSt 2016, 260 (261); *Rönnau* FS-Ostendorf 707 (710 ff.); *Saliger* ZStW 2017, 995 (1016 f.; 1029 f.); Stellungnahme des DAV Nr. 59/2016, S. 4 f.; a.A. *Meyer* StV 2017, 343 (348).

345 BVerfGE 130, 1 (35 ff.).

346 BGHSt 39, 291 (295); KK-StPO/*Ott* § 261 Rn. 49; MüKo-StPO/*Miebach* § 261 Rn. 4, 94.

durch die selbstständige Einziehung läge demnach vor, wenn die Kriterien des § 437 StPO für das Gericht verbindlich sind, also beim Vorliegen einer dieser Umstände eine Einziehungsentscheidung erfolgen *muss*.

III.) Eingriff in die freie richterliche Beweiswürdigung?

Ob dem so ist, ob also ein Eingriff in die freie richterliche Beweiswürdigung vorliegt, wird, wie bereits erwähnt, sehr unterschiedlich beurteilt.

Losgelöst von dieser Frage ist zunächst zu klären, ob nicht ohnehin bereits eine Relativierung dieser Garantie stattgefunden hat. In den Blick zu nehmen sind hier die § 190 StGB und § 274 StPO.

Der § 190 StGB „Wahrheitsbeweis durch Strafurteil" lautet:

> *„Ist die behauptete oder verbreitete Tatsache eine Straftat, so ist der Beweis der Wahrheit als erbracht anzusehen, wenn der Beleidigte wegen dieser Tat rechtskräftig verurteilt worden ist. Der Beweis der Wahrheit ist dagegen ausgeschlossen, wenn der Beleidigte vor der Behauptung oder Verbreitung rechtskräftig freigesprochen worden ist."*

Hat eine behauptete ehrenrührige Tatsache das Vorliegen einer Straftat zum Inhalt und gibt es zu dieser Straftat ein abgeschlossenes Gerichtsverfahren, so ist das Tatgericht bezüglich der Feststellung dieser Tatsache nicht mehr frei in seiner Entscheidungsfindung. Im Falle einer Verurteilung des Betroffenen gilt der Wahrheitsbeweis als erbracht (§ 190 S. 1 StGB), im Falle eines Freispruchs vor Verbreitung der Tatsache, ist der Wahrheitsbeweis ausgeschlossen (§ 190 S. 2 StGB). Folglich enthält § 190 StGB eine Beschränkung der freien richterlichen Beweiswürdigung in diesen Fällen.[347]

Ähnlich verhält es sich mit § 274 StPO, der die „Beweiskraft des Protokolls" regelt:

> *„Die Beobachtung der für die Hauptverhandlung vorgeschriebenen Förmlichkeiten kann nur durch das Protokoll bewiesen werden. Gegen den diese Förmlichkeiten betreffenden Inhalt des Protokolls ist nur der Nachweis der Fälschung zulässig."*

Nach dieser Regelung ist das Revisionsgericht hinsichtlich der Überprüfung der in der Hauptverhandlung zu beachtenden Förmlichkeiten an den Sachverhalt gebunden, wie er sich aus dem Hauptverhandlungsprotokoll ergibt.[348] Dies gilt selbst dann, wenn ein anderer Sachverhalt bewiesen werden könnte.[349]

---

347 *Fischer* § 190 Rn. 2; Lackner/*Kühl* § 190 Rn. 1; Schönke/Schröder/*Eisele/Schittenhelm* § 190 Rn. 2.

348 BVerfGE 122, 248 (263 f.); BGHSt 2, 125 (126); 26, 281 (283); 36, 354 (358).

349 BVerfGE 122, 248 (264 f.); BGHSt 2, 125 (126); 26, 281 (283); 36, 354 (358 f.).

Folglich führt auch diese Norm zu einer Einschränkung der freien richterlichen Beweiswürdigung.[350]

Auch wenn beide Regelungen in gewissem Umfang zu einer Verkürzung der freien Beweiswürdigung führen, ergibt sich daraus keine Relativierung dieses Grundsatzes. Sinn und Zweck des § 190 StGB ist es zu verhindern, dass über ein Beleidigungsverfahren eine bereits abgeschlossene Strafsache erneut aufgerollt wird.[351] § 274 StPO soll dem Revisionsgericht die Überprüfung von Verfahrensrügen erleichtern, indem es durch die Beweiskraft des Hauptverhandlungsprotokolls auf die unsichere Rekonstruktion der Hauptverhandlung verzichten kann.[352] Zu einer möglichen Einschränkung der Beweiswürdigung durch § 437 StPO besteht jedoch ein gravierender Unterschied: Im Fall des § 190 StGB ist das Gericht, das das Strafurteil fällt, in seiner Beweiswürdigung absolut frei im Sinne des § 261 StPO. Dasselbe gilt für das Tatgericht, das für die Erstellung des Protokolls gemäß § 274 StPO verantwortlich ist. Sollten die Vorgaben des § 437 StPO verbindlich sein, greifen diese direkt in die Beweiswürdigung durch das Tatgericht ein und hätten damit eine andere Qualität als die vorgenannten Regelungen. Folglich kommt es darauf an, welchen Charakter § 437 StPO aufweist – unverbindliche Hilfestellung oder zwingende Vorgabe.

1.) Zwingende Vorgabe

Teilweise wird die Auffassung vertreten, dass die freie richterliche Beweiswürdigung gemäß § 261 StPO und die Kriterien des § 437 StPO nicht miteinander kompatibel seien. Die Schlussfolgerung, die daraus gezogen wird, ist ein Eingriff in die freie richterliche Beweiswürdigung.[353] Dieser bestehe darin, dass dem Tatrichter sehr weitgehende und detaillierte Vorgaben gemacht würden, auf die er seine Überzeugungsbildung zu stützen habe.[354] Für diese Auffassung spricht die

350 BVerfGE 122, 248 (263 f.); BGHSt 2, 125 (126 f.); 26, 281 (283); 36, 354 (358); Meyer-Goßner/*Schmitt* § 274 Rn. 3; MüKo-StPO/*Valerius* § 274 Rn. 1.

351 BeckOK-StGB/*Valerius* § 190 Rn. 1; Lackner/*Kühl* § 190 Rn. 1; MüKo-StGB/*Regge/Pegel* § 190 Rn. 5.

352 BVerfGE 122, 248 (262 ff.); BGH NJW 1976, 977 (978); BGHSt 26, 281 (283); Meyer-Goßner/*Schmitt* § 274 Rn. 2; MüKo-StPO/*Valerius* § 274 Rn. 2.

353 BeckOK-StPO/*Temming* § 437 Rn. 3; *Köllner/Mück* NZI 2017, 593 (598); Stellungnahme der BRAK Nr. 15/2016, S. 6 f., Stellungnahme der BRAK Nr. 39/2016, S. 5; Stellungnahme des DAV Nr. 30/2016, S. 16 f.; kritisch auch *Gebauer* ZRP 2016, 101 (104); *Hinderer/Blechschmitt* NZWiSt 2018, 179 (183 f.).

354 BeckOK-StPO/*Temming* § 437 Rn. 3; Stellungnahme der BRAK Nr. 39/2016, S. 5; Stellungnahme des DAV Nr. 30/2016, S. 16 f.

Gesetzesbegründung zu § 437 StPO. Dort ist davon die Rede, dass den Gerichten mit dieser Norm eine „klare Leitlinie, auf welcher tatsächlichen Grundlage sie sich von der deliktischen Herkunft überzeugen können“[355] an die Hand gegeben würde. Ferner wird festgestellt, dass „das Gericht in der Regel (‚soll‘) die Einziehung anordnen“[356] soll, wenn der Einziehungsantrag der Staatsanwaltschaft einen beweisbaren Tatsachenvortrag bezüglich der Kriterien des § 437 StPO enthalte. Gerade dass dem Richter dadurch ein Regel-Ausnahme-Verhältnis vorgeschrieben werde, stelle einen unzulässigen Eingriff in die freie richterliche Beweiswürdigung dar.[357]

2.) Reduzierung der Beweisstandards

Davon abweichend werden in den Kriterien des § 437 StPO zum Teil keine für den Richter zwingenden Beweisregeln gesehen, sondern eine Reduktion des Beweismaßes, indem die Möglichkeit einer mittelbaren Beweisführung etabliert wird.[358] Danach muss sich der Tatrichter nicht von der deliktischen Herkunftstat selbst überzeugen, sondern lediglich von der Tatsachengrundlage für eines oder mehrere der Kriterien des § 437 StPO.[359] Ob diese Beweismaßreduktion mit der freien richterlichen Beweiswürdigung vereinbar ist[360] oder nicht,[361] ist ebenfalls umstritten.

3.) Unverbindliche Hilfestellung

Konträr zur erstgenannten Auffassung gibt es auch Stimmen, die durch die neue Verfahrensnorm keinen Eingriff in den Gehalt der freien richterlichen

355 BR-Drs. 418/16, S. 62; BT-Drs. 18/9525, S. 58.

356 BR-Drs. 418/16, S. 104; BT-Drs. 18/9525, S. 92.

357 *Köllner/Mück* NZI 2017, 593 (598); Stellungnahme der BRAK Nr. 39/2016, S. 5; in diese Richtung bereits: Stellungnahme der BRAK Nr. 15/2016, S. 7; Stellungnahme des DAV Nr. 30/2016, S. 16 f.

358 *Meyer* StV 2017, 343 (347 f.); *Saliger* ZStW 2017, 995 (1028 f.); *Schilling/Corsten/Hübner* StraFo 2017, 305 (313); *Schilling/Hübner* StV 2018, 49 (55 f.).

359 BR-Drs. 418/16, S. 104; BT-Drs. 18/9525, S. 92; *Meyer* StV 2017, 343 (347); *Saliger* ZStW 2017, 995 (1029).

360 Jedenfalls *Meyer* StV 2017, 343 (348 f.) hält eine „[s]trafrichterliche Überzeugung stricto sensu“ für nicht zwingend erforderlich.

361 *Rönnau/Begemeier* NZWiSt 2016, 260 (262); *Rönnau* FS-Ostendorf 707 (712 f.); *Saliger* ZStW 2017, 995 (1029); *Schilling/Hübner* StV 2018, 49 (55 f.).

Beweiswürdigung erkennen.[362] Durch § 437 StPO sei keine von § 261 StPO abweichende Verfahrensart geschaffen worden,[363] sodass für eine selbstständige Einziehung eine volle richterliche Überzeugung vonnöten sei.[364] Bei den Kriterien der Norm handle es sich lediglich um eine exemplarische Aufzählung, die nicht bindend sei.[365] Dies ergebe sich aus dem Normtext selbst, wonach das Gericht die genannten Kriterien berücksichtigen „kann“, aber eben nicht muss.[366] Ferner werde dort davon gesprochen, dass „insbesondere“ die genannten Kriterien berücksichtigt werden könnten, was die Beispielhaftigkeit des Katalogs verdeutliche.[367]

4.) Auslegung und Ergebnis

Auch wenn die selbstständige Einziehung gegen die Unschuldsvermutung, das Schuldprinzip und die Selbstbelastungsfreiheit des Beschuldigten verstößt, lässt sich ein Verstoß gegen die freie richterliche Beweiswürdigung nicht feststellen. Dies ergibt sich aus einer Auslegung des § 437 StPO. Von besonderer Bedeutung sind dabei die von den Vertretern der verschiedenen Positionen angeführten Punkte des Gesetzeswortlauts und der Gesetzesbegründung. Hierbei ist zu berücksichtigen, dass die „anerkannten Methoden der Gesetzesauslegung aus dem Wortlaut der Norm, der Systematik, ihrem Sinn und Zweck sowie aus den

---

362 BGHSt 64, 186 (189); *Bittmann* NStZ 2020, 152 (153); KK-StPO/*Schmidt* § 437 Rn. 2; *Korte* wistra 2018, 1 (9); *Köhler/Burkhard* NStZ 2017, 665 (671); *Köhler* NZWiSt 2018, 226 (229); Lackner/Kühl/*Heger* § 76a Rn. 7, 9; Meyer-Goßner/Schmitt/*Köhler* § 437 Rn. 3 f.; MüKo-StPO/*Scheinfeld/Langlitz* § 437 Rn. 1; *Pelz* NZWiSt 2018, 251 (252); *Rönnau/Begemeier* JZ 2018, 443 (446); SSW-StGB/*Heine* § 76a Rn. 21; SSW-StPO/*Heine* § 437 Rn. 3 f.

363 Stellungnahme der StVV vom 21.09.2016, S. 4; *Schilling/Hübner* StV 2018, 49 (54); SSW-StGB/*Heine* § 76a Rn. 21.

364 Lackner/Kühl/*Heger* § 76a Rn. 9; Meyer-Goßner/Schmitt/*Köhler* § 437 Rn. 3 f.; Stellungnahme des DRB Nr. 9/16, S. 4.

365 *Bittmann* NStZ 2020, 152 (153); *Kraushaar* NZWiSt 2019, 288 (291); Lackner/Kühl/*Heger* § 76a Rn. 7; Meyer-Goßner/Schmitt/*Köhler* § 437 Rn. 4; MüKo-StPO/*Scheinfeld/Langlitz* § 437 Rn. 1; *Pelz* NZWiSt 2018, 251 (252); SSW-StGB/*Heine* § 76a Rn. 21.

366 KK-StPO/*Schmidt* § 437 Rn. 2; *Köhler/Burkhard* NStZ 2017, 665 (671); Meyer-Goßner/Schmitt/*Köhler* § 437 Rn. 4.

367 BR-Drs. 418/16, S. 104; BT-Drs. 18/9525, S. 92; KK-StPO/*Schmidt* § 437 Rn. 3; *Kraushaar* NZWiSt 2019, 288 (291); *Meyer* StV 2017, 343 (347); Meyer-Goßner/Schmitt/*Köhler* § 437 Rn. 4; *Rönnau/Begemeier* JZ 2018, 443 (446 Rn. 37); *Saliger* ZStW 2017, 995 (1028).

Gesetzesmaterialien und der Entstehungsgeschichte [...] einander nicht ausschließen, sondern sich gegenseitig ergänzen“[368], wobei unter ihnen „keine einen unbedingten Vorrang vor einer anderen“[369] hat.

Es ist schon fraglich, ob der Wortlaut der Vorschrift überhaupt auslegungsbedürftig ist. Dies wäre nur dann der Fall, wenn er mehrere Interpretationsmöglichkeiten zuließe. Aufgrund der Verwendung der Wörter „kann“ und „insbesondere“ erscheint es eindeutig, dass der Tatrichter zwar die Option, aber nicht die Pflicht hat, auf diese Kriterien zurückzugreifen.

Wollte man wegen der dazu in Widerspruch stehenden Auffassungen eine Auslegung für erforderlich halten, ergibt sich kein anderes Bild. Der Gesetzeswortlaut spricht gegen eine verpflichtende Vorgabe für das Tatgericht. Auch die Gesetzesmaterialien stehen dem nicht entgegen. Zwar soll § 437 StPO den Gerichten eine klare Leitlinie an die Hand geben, auf „welcher tatsächlichen Grundlage sie sich von der deliktischen Herkunft überzeugen können.“[370] Doch ist dort eben nur von „können“ und nicht „müssen“ die Rede.

Die Formulierung, dass bei beweisbarem Tatsachenvortrag der Staatsanwaltschaft, der „insbesondere mit Blick auf das „Missverhältnis“-Kriterium [...] den Schluss auf die deliktische Herkunft des sichergestellten Gegenstands zulässt, [...] das Gericht in der Regel (‚soll‘) die Einziehung anordnen“[371] soll, statuiert ebenfalls keine entsprechende Pflicht für den Richter. Dass eine Einziehung beim Rückschluss auf eine deliktische Herkunft erfolgen „soll“, ergibt sich aus § 76a Abs. 4 StGB, sagt jedoch nichts darüber aus, nach welchen Kriterien dieser Schluss zu ziehen ist. Die Hervorhebung („insbesondere“) des Missverhältniskriteriums überrascht ebenfalls nicht, ergibt sie sich doch in dieser Form aus dem Wortlaut des § 437 S. 1 StPO. Abgesehen davon heißt es in den Gesetzesmaterialien – wie bereits erwähnt – ausdrücklich, dass der Grundsatz der freien Beweiswürdigung durch die Vorschrift des § 437 StPO nicht eingeschränkt würde.[372]

Die Kriterien des § 437 StPO an sich sind ebenfalls nicht zu beanstanden. Wie *Meyer* bereits festgestellt hat, „kann man sich kaum vorstellen, wie sich das Gericht seine Überzeugung ohne deren Berücksichtigung (rechtsfehlerfrei)

368 BVerfGE 133, 168 (205); ebenso: BVerfGE 11, 126 (130); 105, 135 (157).
369 BVerfGE 105, 135 (157); 133, 168 (205); ebenso: BVerfGE 11, 126 (130).
370 BR-Drs. 418/16, S. 62; BT-Drs. 18/9525, S. 58.
371 BR-Drs. 418/16, S. 104; BT-Drs. 18/9525, S. 92.
372 BR-Drs. 418/16, S. 62, 104, 105; BT-Drs. 18/9525, S. 58, 92, 93.

bilden können sollte."[373] Der Gesetzesbegründung ist mithin keine vom Wortlaut abweichende Auslegung zu entnehmen. In dem Fall wäre dann zudem zu berücksichtigen, dass die Gesetzesmaterialien für die „Auslegung immer nur mit einer gewissen Zurückhaltung, in der Regel bloß unterstützend"[374] zu berücksichtigen sind, auch wenn ihnen eine starke Indizwirkung zukommen kann.[375] Dann wäre aber ohnehin die Frage aufzuwerfen, ob eine solche „Neuausrichtung […] im Wege der Normerläuterung vorgenommen werden kann."[376] Unter systematischen Gesichtspunkten ist ebenfalls nicht davon auszugehen, dass der Gesetzgeber sich mit einer neu geschaffenen Norm in Widerspruch zu einer bereits bestehenden setzen wollte. Dementsprechend bedarf es zur Einziehung eines Gegenstands nach wie vor einer vollen richterlichen Überzeugungsbildung hinsichtlich dessen rechtswidriger Herkunft. Diese Auffassung hat sich gleichfalls in der Praxis durchgesetzt.[377] So führt der Bundesgerichtshof aus:

> *„Dass [das Landgericht] hierbei der Vorschrift des § 437 StPO keine die am Maßstab des § 261 StPO erfolgende richterliche Überzeugungsbildung modifizierende Bedeutung beigemessen hat, ist zutreffend."*[378]

Im Ergebnis ist somit kein Eingriff in die freie richterliche Beweiswürdigung gegeben.

---

373 *Meyer* StV 2017, 343 (347); ebenso *Saliger* ZStW 2017, 995 (1030 f.); SSW-StGB/*Heine* § 76a Rn. 21; SSW-StPO/*Heine* § 437 Rn. 4.

374 BVerfGE 11, 126 (130) m.w.N.

375 BVerfGE 133, 168 (205).

376 *Meyer* StV 2017, 343 (348).

377 BGHSt 64, 186 (189); KG NZWiSt 2021, 74 (78); LG Aachen 60 KLs 4/20, juris Rn. 44; LG Hamburg 614 Qs 21/18, juris Rn. 21; AG Frankfurt/Main, 920 Ls 6330 Js 219421/18, openjur Rn. 67; in diese Richtung auch BGH NStZ 2021, 286.

378 BGHSt 64, 186 (189); auch BGH NStZ 2021, 286 spricht bezüglich der Kriterien des § 437 StPO lediglich von einer „Orientierungshilfe".

D) Vereinbarkeit mit Art. 14 GG

Nach Ansicht des Gesetzgebers muss sich die selbstständige Einziehung ausschließlich an Art. 14 GG messen lassen.[379] Aufgrund der bereits festgestellten Strafähnlichkeit ist das nach hier vertretener Auffassung nicht zutreffend. Dennoch ist zu untersuchen, ob das Verfahren mit der grundgesetzlichen Eigentumsgarantie vereinbar ist. Sollte dies nicht der Fall sein, wäre damit auch der gesetzgeberischen Argumentation der Boden entzogen.

I.) Prüfungsmaßstab

Die Eigentumsgarantie des Grundgesetzes ist hierbei der richtige Prüfungsmaßstab. Zwar wurde die ursprüngliche Fassung der selbstständigen Einziehung durch das Gesetz zur Reform der strafrechtlichen Vermögensabschöpfung eingeführt, das auch der Umsetzung der EU-Richtlinie 2014/42/EU über die Sicherstellung und Einziehung von Tatwerkzeugen und Erträgen aus Straftaten in der Europäischen Union dient.[380] Ginge die selbstständige Einziehung auf diese Richtlinie zurück, käme es – je nach Ausgestaltung – in erster Linie auf das europäische Primärrecht an.[381] Allerdings hat der Gesetzgeber auf die Stellungnahme des Nationalen Normenkontrollrates[382] hin klargestellt, dass die selbstständige Einziehung nicht auf der EU-Richtlinie basiert.[383] Dasselbe gilt für die Neufassung des § 76a Abs. 4 StGB.[384] Somit ist Art. 14 GG der richtige Prüfungsmaßstab.[385]

---

379 BR-Drs. 418/16, S. 104; BT-Drs. 18/9525, S. 92.

380 BR-Drs. 418/16, S. 2; BT-Drs. 18/9525, S. 2.

381 Bei einer Eins-zu-Eins-Umsetzung der Richtlinie ist grundsätzlich ausschließlich das EU-Primärrecht entscheidend, geht der Gesetzgeber über die Richtlinie hinaus, ist dieser Teil an den Grundrechten des Grundgesetzes zu messen, vgl. *Höft* HRRS 2018, 196 (198); *Rönnau/Begemeier* NZWiSt 2016, 260 (262 f.).

382 BR-Drs. 418/16, S. 125 ff.; BT-Drs. 18/9525, S. 109 ff.

383 BR-Drs. 418/16, S. 131; BT-Drs. 18/9525, S. 112; darauf weisen auch hin: *Saliger* ZStW 2017, 995 (1023); *Schilling/Hübner* StV 2018, 49 (52 f.); Stellungnahme der StVV vom 31.05.2016, S. 15.

384 BT-Drs. 19/24180, S. 2.

385 So auch *Höft* HRRS 2018, 196 (198); *Rönnau/Begemeier* JZ 2018, 443 (447).

II.) Schutzbereich und Eingriff

Ein Eingriff in den Schutzbereich des Art. 14 Abs. 1 S. 1 GG ist gegeben.[386] Danach werden das Eigentum und das Erbrecht gewährleistet. Das Eigentum umfasst nach dem Bundesverfassungsgericht „alle vermögenswerten Rechte, die dem Berechtigten von der Rechtsordnung in der Art zugeordnet sind, dass er die damit verbundenen Befugnisse nach eigenverantwortlicher Entscheidung zu seinem privaten Nutzen ausüben darf."[387]

Folglich ist der Schutzbereich nicht eröffnet, soweit Gegenstände von der selbstständigen Einziehung erfasst werden, die dem Betroffenen nach der Rechtsordnung nicht zustehen, da er sie durch Verstoß gegen strafrechtliche Vorschriften erlangt hat.[388] Ein Beispiel hierfür ist Diebesgut, denn der Dieb erwirbt daran gemäß § 935 Abs. 1 BGB kein Eigentum.[389]

Allerdings erfasst die selbstständige Einziehung auch Gegenstände, die zwar deliktisch, aber zivilrechtlich wirksam erworben wurden. Darunter fallen zum Beispiel mit dem Erlös aus rechtswidrigen Taten gekaufte Gegenstände. Denn nach dem Gesetzgeber ist es ausreichend, wenn bei „wirtschaftlicher Betrachtungsweise zwischen dem Gegenstand und der Vortat ein Kausalzusammenhang besteht, wenn also der Gegenstand seine Ursache in der rechtswidrigen Tat"[390] hat. In diesen Fällen ist ein Eingriff in den Schutzbereich gegeben.[391]

---

386 Zu der Frage, ob der Schutzbereich auch bei der Entziehung der gezogenen Nutzungen eröffnet ist, lassen sich die Gedanken von *Rönnau/Begemeier* GA 2017, 1 (5 f.) zur Wertersatzeinziehung nach altem Recht fruchtbar machen, da das Problem vergleichbar ist – Belastung auch des legalen Vermögens mit einem Zahlungsanspruch des Staates, jedenfalls wenn die Nutzungen nicht mehr vom Legalvermögen getrennt werden können. Je nachdem, ob man dem 1. oder dem 2. Senat das Bundesverfassungsgerichts folgt, verneint oder bejaht man einen Eingriff in Art. 14 GG; im ersteren Falle müsste man dann auf Art. 2 Abs. 1 GG ausweichen.

387 BVerfGE 83, 201 (209); 101, 239 (258); 112, 93 (107).

388 So bereits zum erweiterten Verfall a.F.: BVerfGE 110, 1 (23); BGHSt 47, 369 (376); ferner BGH NJW 2019, 1891 (1894).

389 Hier wird noch einmal die Reichweite der selbstständigen Einziehung deutlich: Erforderlich ist zwar die Sicherstellung aufgrund des (auch nachträglichen) Verdachts einer Katalogtat zu denen Diebstahl nicht zählt, doch besteht der Verdacht einer Katalogtat, können auch Gegenstände aus jeder anderen rechtswidrigen Tat – also auch Diebstahl – eingezogen werden.

390 BR-Drs. 418/16, S. 80; BT-Drs. 18/9525, S. 73; diese Intention liegt auch der Neufassung des Gesetzes zugrunde, vgl. BT-Drs. 19/24180, S. 26 und BT-Drs. 19/26602, S. 7.

391 So zum erweiterten Verfall a.F.: BVerfGE 110, 1 (24 f.); BVerfG wistra 2015, 348 (349); *Rönnau/Begemeier* GA 2017, 1 (5 f.).

Dieser ist noch intensiver in den bereits angesprochenen Konstellationen der Mischfinanzierung.[392] Wird der Kaufpreis für ein Auto in Höhe von 25.000 Euro zu 20.000 Euro mit finanziellen Mitteln aus rechtswidrigen Taten und zu 5.000 Euro mit Erspartem aus Arbeitseinkommen bezahlt, unterliegt das Auto vollständig und entschädigungslos der Einziehung.[393] Denn nach dem Gesetzgeber sind auf solche Sachverhalte der Mischfinanzierung die zur Geldwäsche entwickelten Grundsätze anzuwenden.[394] Damit ist, wie bereits dargelegt,[395] die Lehre von der Totalkontamination der Rechtsprechung gemeint, weshalb der bemakelte Gegenstand vollständig eingezogen werden kann. Folglich wird in diesen Fällen auch der Wert legalen Vermögens abgeschöpft, sodass der Eingriff in den Schutzbereich hier noch augenfälliger ist.[396]

III.) Verfassungsrechtliche Rechtfertigung

Nach Auffassung des Gesetzgebers handelt es sich bei der selbstständigen erweiterten Einziehung um eine Inhalts- und Schrankenbestimmung im Sinne des Art. 14 Abs. 1 S. 2 GG.[397] Dem ist zuzustimmen.[398] Zwar könnte man aufgrund der dargestellten Abschöpfung legal erworbener Vermögenspositionen, die unter Umständen fast das gesamte Vermögen aufzehren kann, auch an eine Enteignung gemäß Art. 14 Abs. 3 GG denken. Eine solche liegt allerdings nur bei der vollständigen oder teilweisen Entziehung einer geschützten subjektiven Eigentumsposition zur Erfüllung einer bestimmten öffentlichen Aufgabe durch einen hoheitlichen Rechtsakt zur Güterbeschaffung vor.[399] Diese Voraussetzungen

---

392 Siehe dazu oben b) Das Problem der Mischfinanzierung, S. 48 ff.

393 Zu diesem Beispiel ausführlich: *Rönnau/Begemeier* JZ 2018, 443 (446 f.).

394 BR-Drs. 418/16, S. 80; BT-Drs. 18/9525, S. 73; diese Intention liegt auch der Neufassung des Gesetzes zugrunde, vgl. BT-Drs. 19/26602, S. 7.

395 Vgl. bb) Das „Herrühren" aus einer rechtswidrigen Tat, S. 45 ff.

396 *Gebauer* ZRP 2016, 101 (104); *Rönnau/Begemeier* JZ 2018, 443 (448).

397 BR-Drs. 418/16, S. 104; BT-Drs. 18/9525, S. 92; ergibt sich auch durch den Verweis auf *Meyer* ZStW 2015, 241 (256-263), der auf S. 257 Rn. 66 die Regelung als Inhalts- und Schrankenbestimmung gemäß Art. 14 Abs. 1 S. 2 GG deklariert.

398 Zur Abschöpfung nach neuem Recht: BGH NJW 2019, 1891 (1894); *Köhler* NStZ 2017, 497 (498); *Köhler* NZWiSt 2018, 226; *Meyer* StV 2017, 343 (351); *Saliger* ZStW 2017, 995 (1026); *Veljovic* NZWiSt 2021, 82; so bereits zum erweiterten Verfall a.F.: BVerfGE 110, 1 (24 f.); BVerfG wistra 2015, 348 (349).

399 BVerfGE 143, 246 (332 f.); 104, 1 (9 f.); *Jarass*/Pieroth GG Art. 14 Rn. 75 f.; Dürig/Herzog/Scholz/*Papier/Shirvani* GG Art. 14 Rn. 638 ff.; v. Münch/Kunig/*Bryde/ Wallrabenstein* GG Art. 14 Rn. 93 ff.

sind bei einer selbstständigen Einziehung nicht gegeben, da sie nicht der Erfüllung einer öffentlichen Aufgabe dient, sondern einen gemeinwohlschädlichen Gebrauch verhindern (und nach hier vertretener Ansicht auch sanktionieren) soll.[400] Entscheidend ist somit, ob es sich bei der selbstständigen Einziehung um eine verfassungsgemäße Inhalts- und Schrankenbestimmung des Eigentums gemäß Art. 14 Abs. 1 S. 2 GG handelt.

1.) Verfassungsmäßigkeit der Rechtsgrundlage

An der Verfassungsmäßigkeit gibt es, sowohl auf formeller als auch auf materieller Ebene, Bedenken.

a) Formelle Verfassungsmäßigkeit

An der formellen Verfassungsmäßigkeit des Gesetzes zur Reform der strafrechtlichen Vermögensabschöpfung, mit dem die selbstständige Einziehung eingeführt worden ist, wurden teilweise Zweifel im Hinblick auf die Zuständigkeit des Bundes geäußert.[401] Diese zog er aus seiner Gesetzgebungskompetenz für das Strafrecht und das gerichtliche Verfahren gemäß Art. 74 Abs. 1 Nr. 1 GG.[402] Dagegen wurde angeführt, es handle sich bei der selbstständigen Einziehung nicht um eine Strafe und sie erfolge unabhängig von einem Strafurteil, sodass es sich bei dieser Maßnahme nicht um „Strafrecht" im Sinne des Art. 74 Abs. 1 Nr. 1 GG handele.[403]

Für die hier vertretene Auffassung der Strafähnlichkeit der selbstständigen Einziehung besteht dieses Problem nicht. Doch auch wenn man eine Strafähnlichkeit ablehnt, dürfte diese Ansicht spätestens nach der Entscheidung des Bundesverfassungsgerichts zur elektronischen Fußfessel nicht mehr haltbar sein. Dort war vorgetragen worden, die Fußfessel unterfalle als Maßnahme der Betreuung und Überwachung nicht der Gesetzgebungskompetenz des Bundes für das Strafrecht, da es dabei im Wesentlichen um Fragen des sozialen Zusammenlebens gehe.[404] Dem widersprach das Bundesverfassungsgericht und führte aus:

400 BVerfGE 110, 1 (24 f.); 22, 387 (422); *Jarass*/Pieroth GG Art. 14 Rn. 81.

401 BeckOK-StPO/*Temming* § 437 Rn. 3; MüKo-StPO/*Scheinfeld/Langlitz* § 437 Rn. 17; *Rönnau/Begemeier* JZ 2018, 443 (444).

402 BR-Drs. 418/16, S. 62; BT-Drs. 18/9525, S. 58.

403 BeckOK-StPO/*Temming* § 437 Rn. 3; MüKo-StPO/*Scheinfeld/Langlitz* § 437 Rn. 17; *Rönnau/Begemeier* JZ 2018, 443 (444).

404 BVerfG 2 BvR 916/11, 2 BvR 636/12, juris Rn. 94.

„Die elektronische Aufenthaltsüberwachung unterfällt als Maßnahme der Führungsaufsicht der konkurrierenden Gesetzgebung des Bundes für das Strafrecht nach Art. 74 Abs. 1 Nr. 1 GG, weil sie sich als staatliche Reaktion darstellt, die […] an die vorangegangene Begehung einer Straftat anknüpft, ausschließlich für Straftäter gilt und ihre sachliche Rechtfertigung aus der Anlasstat bezieht […].“[405]

Bereits in früheren Entscheidungen hat das Bundesverfassungsgericht festgestellt, dass die „staatliche Reaktion“ auch nachträgliche, repressive und präventive Maßnahmen erfasst.[406] Die selbstständige Einziehung lässt sich darunter subsumieren. Zwar bedarf es dafür praktisch keiner nachgewiesenen Straftat, sodass sich in Zweifel ziehen ließe, ob diese Maßnahme nur für Straftäter gilt oder an die Begehung einer Straftat anknüpft. Allerdings ist dennoch eine volle richterliche Überzeugung von dem Herrühren des Einziehungsgegenstandes aus einer rechtswidrigen Tat für eine selbstständige Einziehung vonnöten.[407] Deshalb handelt es sich auch bei dieser Maßnahme um eine staatliche Reaktion, die an die vorangegangene Begehung einer Straftat anknüpft, ausschließlich für Straftäter gilt und ihre sachliche Rechtfertigung aus der Anlasstat bezieht. Somit sollten keine Zweifel mehr bestehen, dass die konkurrierende Gesetzgebungskompetenz des Bundes gegeben ist.

b) Materielle Verfassungsmäßigkeit

In materieller Hinsicht ist fraglich, ob die selbstständige Einziehung die Grenzen der Verhältnismäßigkeit einhält. Die Vorschriften zu Einziehung und Verfall nach altem Recht wurden zutreffend als Inhalts- und Schrankenbestimmung der Eigentumsgarantie des Art. 14 Abs. 1 S. 2 GG gesehen.[408] Diese Einschätzung gilt richtigerweise für die Einziehung nach neuem Recht fort.[409] Mithin kommt es für die Frage der materiellen Verfassungsmäßigkeit insbesondere darauf an, ob die Schrankenbestimmung dem Grundsatz der Verhältnismäßigkeit gerecht

---

405 BVerfG 2 BvR 916/11, 2 BvR 636/12, juris Rn. 186.

406 BVerfGE 109, 190 (212); 134, 33 (55 f.).

407 Dieser Widerspruch ist der Grund, weshalb der Deutsche Richterbund in seiner Stellungnahme Nr. 9/16, S. 4 davon ausging, dass diese Regelung keine Praxisrelevanz erfahren werde; diese Möglichkeit ziehen ebenfalls in Betracht: *Madauß* NZWiSt 2018, 28 (34); *Meyer* StV 2017, 343 (346 Fn. 25).

408 BVerfGE 110, 1 (24 f.); BVerfG wistra 2015, 348 (349).

409 Zur Einziehung allgemein: BGH NJW 2019, 1891 (1894); konkret zur selbstständigen Einziehung nach § 76a Abs. 4 StGB: *Köhler* NStZ 2017, 497 (498); *Köhler* NZWiSt 2018, 226; *Meyer* StV 2017, 343 (351); *Saliger* ZStW 2017, 995 (1026); *Veljovic* NZWiSt 2021, 82.

wird.[410] Dies ist nach der Entscheidung des Bundesverfassungsgerichts zum erweiterten Verfall nach altem Recht der Fall, wenn die den Eigentümer treffenden Einschränkungen vom

> *„jeweiligen Sachbereich her geboten und auch in ihrer Ausgestaltung sachgerecht [sind]. Sie dürfen nicht weiter gehen als es ihr Grund, der Schutz des Gemeinwohls, erfordert […] und sie dürfen insbesondere auch nicht, gemessen am sozialen Bezug und an der sozialen Bedeutung des Eigentumsobjekts sowie im Blick auf den Regelungszweck, zu einer übermäßigen Belastung führen und den Eigentümer im vermögensrechtlichen Bereich unzumutbar treffen."*[411]

aa) Legitimes gesetzgeberisches Ziel

Der Gesetzgeber bezweckte mit der Einführung der selbstständigen erweiterten Einziehung „strafrechtswidrige Vermögenslagen [zu] beseitigen, um die Nutznießung von Verbrechensgewinnen oder deren Reinvestition in kriminelle Aktivitäten zu verhindern. Das Ziel der Maßnahme ist es also, eine Störung der Vermögensordnung zu beseitigen und so der materiellen Rechtsordnung Geltung zu verschaffen."[412] An dieser Intention hat sich auch durch die Überarbeitung der Norm im Rahmen des Gesetzes zur Verbesserung der strafrechtlichen Bekämpfung der Geldwäsche nichts geändert.[413] Indem den Betroffenen die aus mutmaßlichen rechtswidrigen Taten herrührenden Gegenstände genommen werden, soll der Anreiz zur Begehung gewinnorientierter Delikte und mögliches Kapital zur Begehung weiterer Straftaten reduziert und das Vertrauen der Bevölkerung in die Unverbrüchlichkeit der Rechtsordnung geschützt werden.[414] Dabei handelt es sich um einen legitimen Zweck.[415]

---

410 BVerfGE 110, 1 (28); BVerfG wistra 2015, 348; *Meyer* StV 2017, 343 (351).

411 BVerfGE 110, 1 (28).

412 BR-Drs. 418/16, S. 62; BT-Drs. 18/9525, S. 58.

413 BT-Drs. 19/26602, S. 7: Denn mit der Überarbeitung soll „im Einklang mit der Intention des Gesetzentwurfs – sichergestellt werden, dass die selbstständige Einziehung, wie bisher und auch nach der mit dem Gesetzentwurf beabsichtigten Fassung, auch nach beispielsweise mehrfachen Umwandlungen und Transfers von Taterträgen und Tatprodukten aus (irgend-) einer – nicht konkret feststellbaren – rechtswidrigen Tat sowie nach deren Vermischung mit anderem Vermögen oder deren Verarbeitung möglich ist."

414 BR-Drs. 418/16, S. 46; BT-Drs. 18/9525, S. 45.

415 Zu Einziehung und Verfall nach altem Recht: BVerfGE 81, 228 (237 f.); 110, 1 (28 f.); zum neuen Abschöpfungsrecht: BGH NJW 2019, 1891 (1894); BGH NStZ-RR 2018, 241 (242).

bb) Geeignetheit und Erforderlichkeit

Es bestehen keine Zweifel daran, dass die selbstständige erweiterte Einziehung als Teil des Abschöpfungsrechts geeignet ist, dieses gesetzgeberische Ziel zu fördern.[416] Das Verfahren kann dafür sorgen, strafrechtswidrige Vermögenslagen zu beseitigen und eine abschreckende Wirkung auf potenzielle Straftäter auszuüben. Zudem steht dem Gesetzgeber diesbezüglich eine weite Einschätzungsprärogative zu.[417] Auch ist nicht ersichtlich, dass es ein milderes, gleich geeignetes Mittel gibt, um das verfolgte gesetzgeberische Ziel zu erreichen.[418] Somit steht auch dessen Erforderlichkeit nicht in Frage.[419]

cc) Angemessenheit

Für die Angemessenheit bzw. die Verhältnismäßigkeit der Maßnahme im engeren Sinne kommt es darauf an, ob die „schutzwürdigen Interessen des Eigentümers und die Belange des Gemeinwohls in einen gerechten Ausgleich und ein ausgewogenes Verhältnis“[420] gebracht worden sind. Im Falle der selbstständigen Einziehung und des Abschöpfungsrechts generell stehen sich dabei das „Interesse des Staates an einer möglichst umfassenden Abschöpfung illegal erworbener Vermögenswerte und das Interesse des Betroffenen, seine Vermögenswerte zu behalten, die nicht eindeutig einer Straftat zugeordnet werden können, gegenüber.“[421]

(1) Die Begrenzung der selbstständigen Einziehung

Wichtig ist in diesem Zusammenhang, ob die selbstständige Einziehung eine sinnvolle Begrenzung erfährt, um die Abschöpfung von legalem Vermögen, insbesondere bei unschuldigen Personen, zu verhindern.[422]

---

416 So auch: BGH NJW 2019, 1891 (1894); BGH NStZ-RR 2018, 241 (242); *Höft* HRRS 2018, 196 (203); *Rönnau/Begemeier* GA 2017, 1 (8).

417 BVerfGE 8, 71 (80); 30, 292 (317); 81, 228 (237); 110, 1 (33); *Meyer* StV 2017, 343 (352).

418 So auch: BGH NStZ-RR 2018, 241 (242); *Höft* HRRS 2018, 196 (203); *Meyer* StV 2017, 343 (352); *Rönnau/Begemeier* GA 2017, 1 (8).

419 *Höft* HRRS 2018, 196 (203); *Meyer* StV 2017, 343 (352); *Rönnau/Begemeier* GA 2017, 1 (8).

420 BVerfGE 100, 226 (240); so auch: BVerfGE 110, 1 (28).

421 *Höft* HRRS 2018, 196 (203).

422 BVerfGE 110, 1 (27, 30 f.); *Meyer* ZStW 2015, 241 (257) sieht deshalb den „Nachweis eines unrechtmäßigen Ursprungs [als] die zentrale Voraussetzung einer Vermögensentziehung“.

(a) *Straftatenkatalog*

Der Gesetzgeber hat versucht, eine solche Begrenzung über den Straftatenkatalog des § 76a Abs. 4 S. 3 StGB zu erreichen.[423] Dieser sollte Delikte erfassen, die im Zusammenhang mit Terrorismus und der organisierten Kriminalität stehen.[424] So heißt es in der Gesetzesbegründung ausdrücklich:

> *„Satz 3 enthält den Katalog der Delikte, die als Anknüpfung für die selbstständige Einziehung nach § 76a Abs. 4 StGB-E in Betracht kommen. Es handelt sich ausschließlich um schwere Straftaten aus dem Bereich des Terrorismus oder der organisierten Kriminalität.“*[425]

Die Idee war also, dieses Instrument auf eine bestimmte Art besonders schwerwiegender Delikte zu begrenzen, um dem Verhältnismäßigkeitsgrundsatz Genüge zu tun.[426] Schon *Meyer* gibt aber zu, man könne „über die Plausibilität der Auflistung gewiss streiten.“[427] Dem ist zuzustimmen.

Schaut man sich den Katalog des § 76a Abs. 4 S. 3 StGB an, enthält er zwar Delikte wie die Vorbereitung einer schweren staatsgefährdenden Gewalttat, Terrorismusfinanzierung oder die Bildung krimineller und terroristischer Vereinigungen (§ 76a Abs. 4 S. 3 Nr. 1 lit. a) und b) StGB). Allerdings sind dort beispielsweise auch Steuerhinterziehung, Steuerhehlerei und Geldwäsche aufgeführt, die nicht zwingend als typische Straftaten der organisierten Kriminalität oder des Terrorismus deklariert werden können.[428] Insbesondere die Aufnahme der Geldwäsche in den Vortatenkatalog erfuhr heftige Kritik und wurde als Beleg dafür gesehen, dass das neue Abschöpfungsinstrument gerade nicht nur gegen den Terrorismus und die organisierte Kriminalität gerichtet ist.[429] Denn

---

423 BT-Drs. 19/24180, S. 27; *El-Ghazi/Zimmermann* wistra 2020, 64 (65); *Saliger* ZStW 2017, 995 (1025); als mögliche Verhältnismäßigkeitserwägung sehen den Katalog: BGHSt 64, 186 (191); *Meyer* StV 2017, 343 (345).

424 BR-Drs. 418/16, S. 3, 62, 80 f.; BT-Drs. 18/9525, S. 3, 58, 73.

425 BR-Drs. 418/16, S. 81; BT-Drs. 18/9525, S. 73.

426 *El-Ghazi/Zimmermann* wistra 2020, 64 (65); *Saliger* ZStW 2017, 995 (1025).

427 *Meyer* StV 2017, 343 (352), der einige Delikte durch andere ersetzen würde.

428 So auch: *Hinderer/Blechschmitt* NZWiSt 2018, 179 (181); siehe ebenfalls: *Schilling/Hübner* StV 2018, 49 (52); *Beukelmann* NJW-Spezial 2019, 376; weitere Beispiele bei: *Höft* HRRS 2018, 196 (204); *Schilling/Corsten/Hübner* StraFo 2017, 305 (310); auch *Pelz* NZWiSt 2018, 251 (253) weist darauf hin, dass der Katalog nicht nur typische Delikte der organisierten Kriminalität enthält.

429 *El-Ghazi/Marstaller/Zimmermann* NZWiSt 2021, 297 (303); *Hinderer/Blechschmitt* NZWiSt 2018, 179 (181); *Hüls* ZWH 2017, 242 (251); *Köllner/Mück* NZI 2017, 593 (595, 598); *Kraushaar* NJW 2020, 167; *Pelz* NZWiSt 2018, 251 (253); *Schilling/Corsten/*

bei Einführung der selbstständigen Einziehung hatte § 261 StGB selbst ebenfalls noch einen Vortatenkatalog, der Delikte des Wirtschaftsstrafrechts umfasste (vgl. § 261 Abs. 1 S. 2 StGB a.F.). Über die Geldwäsche erfolge somit eine zusätzliche Einbeziehung des gesamten Wirtschaftsstrafrechts in ein Abschöpfungsinstrument, das nach der Intention des Gesetzgebers nur gegen die organisierte Kriminalität und den Terrorismus gerichtet sein soll.[430] Soweit eine vollständige Streichung der Geldwäsche aus dem Vortatenkatalog des § 76a Abs. 4 StGB aus politischen Gründen ausscheide, forderte der Deutsche Anwaltverein, dass § 261 StGB nur dann taugliche Vortat der selbstständigen Einziehung sein dürfe, wenn bestimmte, ausgewählte Geldwäschevortaten verwirklicht worden seien.[431]

Unabhängig von der Frage, ob diese Lösung im Hinblick auf die Verhältnismäßigkeit der Maßnahme zielführend gewesen wäre, ist ihre Umsetzung seit der Novellierung des § 261 StGB zum 18.03.2021 durch das „Gesetz zur Verbesserung der strafrechtlichen Bekämpfung der Geldwäsche“[432] nicht mehr möglich. Seit dieser Zeit hat § 261 StGB keinen Vortatenkatalog mehr, sodass jedes Delikt taugliche Vortat für eine Geldwäsche sein kann. Mit dieser Gesetzesänderung hat sich das oben angeführte Problem deutlich verschärft.[433] Denn § 261 StGB ist ohne Einschränkungen Vortat der selbstständigen Einziehung geblieben (vgl. § 76a Abs. 4 S. 3 Nr. 1 lit. f) StGB). Auch die Bundesregierung hatte diesbezüglich Zweifel. Nach dem Regierungsentwurf sollte die Geldwäsche im Straftatenkatalog der selbstständigen Einziehung nur Berücksichtigung finden, wenn „die Vortat ein Verbrechen ist, oder in den Fällen der gewerbs- oder bandenmäßigen Begehung einer Vortat.“[434] Zur Begründung wurde angeführt:

> *„Ohne die Einschränkung des Entwurfs auf Vermögensgegenstände, die aus einem Verbrechen oder aus einer gewerbsmäßig oder von einem Mitglied einer Bande, die sich zur*

Hübner StraFo 2017, 305 (310); Stellungnahme des DAV Nr. 30/2016, S. 18; *Trüg* NJW 2017, 1913 (1916).

430 *Köllner/Mück* NZI 2017, 593 (598); MüKo-StGB/*Joecks/Meißner* § 76a Rn. 15; *Schilling/Hübner* StV 2018, 49 (52); Stellungnahme des DAV Nr. 30/2016, S. 18; *Trüg* NJW 2017, 1913 (1916).

431 Stellungnahme des DAV Nr. 30/2016, S. 18; a.A.: *Meyer* StV 2017, 343 (352).

432 BT-Drs. 19/24180; 19/24902; 19/26602.

433 Von einer daraus resultierenden erheblichen Ausweitung gehen auch aus: BeckOK-StGB/*Heuchemer* § 76a Rn. 11; *Böhme/Busch* wistra 2021, 169 (173); *Fischer* § 76a Rn. 10 f.; *El-Ghazi/Laustetter* NZWiSt 2021, 209 (215); kritisch bereits zum noch zurückhaltenderen Regierungsentwurf: *Veljovic* NZWiSt 2021, 82 (83).

434 BT-Drs. 19/24180, S. 7; eine solche Einschränkung befürwortend: *El-Ghazi/Marstaller/Zimmermann* NZWiSt 2021, 297 (303).

fortgesetzten Begehung solcher Taten verbunden hat, begangenen Vortat stammen, würde der Straftatenkatalog des § 76a Absatz 4 StGB, der die Anwendbarkeit der Einziehung von Vermögen unklarer Herkunft bewusst begrenzt, empfindlich ausgehöhlt. Über die Geldwäsche als typisches Anschlussdelikt könnte sonst jede Vortat in den Anwendungsbereich des § 76a Absatz 4 StGB geraten. Um dies zu verhindern, soll künftig verlangt werden, dass der einzuziehende Vermögensgegenstand in einem Verfahren wegen Geldwäsche sichergestellt wurde, bei der der Verdacht besteht, dass die Vortat ein Verbrechen oder eine gewerbs- oder bandenmäßige Vortat ist. Nur durch diese Einschränkung ist auch weiterhin gewährleistet, dass der Katalog des § 76a Absatz 4 StGB schwerpunktmäßig, schwere Straftaten aus dem Bereich des Terrorismus und der organisierten Kriminalität' (Bundestagsdrucksache 18/ 9525, S. 73) erfasst."[435]

Im Rahmen der Novellierung der Geldwäsche hatte nun also auch die Bundesregierung das Problem des ausufernden Vortatenkatalogs der selbstständigen Einziehung erkannt. Der Gesetzgeber berücksichtigte diese Erkenntnis jedoch nicht. Stattdessen wurde das Gesetz zur Verbesserung der strafrechtlichen Bekämpfung der Geldwäsche in Form der Beschlussempfehlung des Ausschusses für Recht und Verbraucherschutz angenommen.[436] Die berechtigten Einwände des Regierungsentwurfs wurden in der Beschlussempfehlung nicht einmal zu entkräften versucht, sondern lediglich lapidar festgestellt, dass der „Anwendungsbereich der selbstständigen Einziehung gegenüber dem Gesetzentwurf erweitert"[437] werde.

Genau darin liegt aber der Grund für die Kritik. Es gab jedoch bereits vor der Novellierung des § 261 StGB Gegenmeinungen zu der Auffassung, die Geldwäsche führe zu einer Ausuferung der selbstständigen Einziehung. Als Argument wurde angeführt, dass als Anlasstat für die selbstständige Einziehung „weiterhin nur § 261 StGB in Betracht kommt und hinsichtlich der Herkunftstat ohnehin keine Einschränkungen im Gesetz vorgesehen sind."[438]

Diese Aussage muss im Hinblick auf zwei Punkte genauer untersucht werden. Der eine ist das Argument, eine Geldwäsche müsse nach wie vor der Anlass für die Führung des Ermittlungsverfahrens sein. Das ist zwar zutreffend. Da es sich bei der Geldwäsche aber um ein typisches Anschlussdelikt, jedenfalls

---

435 BT-Drs. 19/24180, S. 27 f.

436 BT-Drs. 19/26602.

437 BT-Drs. 19/26602, S. 8; eine Begründung für die Streichung der Restriktionen vermissen auch: *El-Ghazi/Marstaller/Zimmermann* NZWiSt 2021, 297 (300).

438 *Höft* HRRS 2018, 196 (204); in diese Richtung auch *Saliger* ZStW 2017, 995 (1025), der meint, dass die „Katalogtaten nach S. 3 Anknüpfungstaten sein müssen und schon dadurch den Anwendungsbereich von § 76a Abs. 4 StGB n.F. einengen."

bei Eigentums- und Vermögensstraftaten handelt, ermöglicht sie indirekt eine selbstständige Einziehung bei dem Verdacht von Delikten, die nicht im Katalog des § 76a Abs. 4 S. 3 StGB aufgeführt sind.[439] So führte der Bundesgerichtshof schon zur Geldwäsche alter Fassung – also mit Vortatenkatalog – aus,

> *„in den Fällen, in denen nach Abschluss der Ermittlungen nicht geklärt werden kann, aus welcher rechtswidrigen Tat der Gegenstand herrührt, mithin das Herrühren aus einer Nichtkatalogtat nicht belegbar ist, ließe sich im Nachhinein zumeist ein nicht zu erhärtender Verdacht jedenfalls nach § 261 Abs. 1, 2 oder 4 StGB als Katalogtaten nach § 76a Abs. 4 S. 3 Nr. 1 Buchst. f StGB […] erörtern."*[440]

Deshalb hilft es für eine Begrenzung der selbstständigen Einziehung generell und für eine Beschränkung auf typische Delikte der organisierten Kriminalität und des Terrorismus im Besonderen nicht, dass die Anlasstat nach wie vor eine Geldwäsche sein muss.[441]

Der zweite zu untersuchende Punkt ist die Aussage, es existierten bezüglich der Herkunftstat ohnehin keine Einschränkungen im Gesetz. Dem ist zuzustimmen, da es nach nahezu einhelliger Ansicht lediglich erforderlich ist, das Verfahren wegen des Verdachts einer Anlasstat des § 76a Abs. 4 S. 3 StGB einzuleiten, der einzuziehende Gegenstand aber aus irgendeiner rechtswidrigen Tat stammen kann.[442] Auch wenn die obige Ausführung dazu gedacht war, die Kritik an der Aufnahme der Geldwäsche in den Vortatenkatalog der selbstständigen

---

439 Darauf hat der Gesetzgeber wohl auch abgezielt, wenn es in der Gesetzesbegründung heißt: „Zudem wird [die selbstständige Einziehung] in Geldwäscheverdachtsfällen (§ 261 StGB) zur Anwendung kommen, in denen der Tatnachweis an der Feststellung einer konkreten Katalogvortat im Sinne des § 261 Absatz 1 Satz 2 StGB [a.F.] scheitert" (BR-Drs. 418/16, S. 104; BT-Drs. 18/9525, S. 93); ebenso *Korte* wistra 2018, 1 (8).

440 BGHSt 64, 186 (192); ebenso *Kraushaar* NJW 2020, 167.

441 Ferner ist zu bedenken, dass über die Vortat der Geldwäsche Abschöpfungen im Rahmen von (vermeintlichen) Delikten ermöglicht werden, bei denen – anders als bei typischen Straftaten des Terrorismus oder der organisierten Kriminalität – gar nicht die Gefahr einer Investition in weitere Straftaten besteht, so z.B. bei einem Raub, bei dem es dem Täter ausschließlich um die Erlangung von Beute geht (diese zutreffende Kritik findet sich – allerdings in einem etwas anderen Kontext – beim LG Hamburg 610 Qs 21/19, juris Rn. 6).

442 BGHSt 64, 186 (189); BR-Drs. 416/18, S. 80; BT-Drs. 18/9525, S. 73; *Beukelmann* NJW-Spezial 2019, 376; *Hinderer/Blechschmitt* NZWiSt 2018, 179 (181); *Köhler* NStZ 2017, 497 (499); *Kraushaar* NZWiSt 2019, 288 (290); *Schilling/Hübner* StV 2018, 49 (50); *Trüg* NJW 2017, 1913 (1915); a.A. noch *Löffelmann* Rechtspolitik 2016, S. 62; *Meyer* StV 2017, 343 (345); Stellungnahme der StVV vom 31.05.2016, S. 15.

Einziehung zu entkräften, offenbart sie ein weiteres Problem dieses Abschöpfungsinstruments: Dadurch, dass die Herkunftstat nicht zum Katalog der Vortaten gehören muss, ist der Vortatenkatalog kaum in der Lage, die selbstständige Einziehung zu begrenzen. Selbst wenn es sich also – was wie gezeigt nicht der Fall ist – bei allen Delikten des § 76a Abs. 4 S. 3 StGB um typische Straftaten der organisierten Kriminalität oder des Terrorismus handeln würde, wäre der Konnex zwischen diesen Straftaten und dem Einziehungsgegenstand nicht gewährleistet.[443]

Somit lässt sich festhalten, dass dem Gesetzgeber eine Begrenzung der selbstständigen Einziehung durch den Vortatenkatalog des § 76a Abs. 4 S. 3 StGB nicht gelungen ist. Zum einen hat er es nicht geschafft, ausschließlich Delikte der organisierten Kriminalität und des Terrorismus in diesen Katalog aufzunehmen. Zum anderen scheitert dies an der fehlenden Verbindung zwischen Vor- und Herkunftstat. Folglich fällt ein wesentlicher Aspekt zur Begründung der Verhältnismäßigkeit weg.

(b) „Herrühren" aus einer Katalogtat

Eine Auseinandersetzung mit der Bedeutung des Wortes „herrühren" in § 76a Abs. 4 S. 1 StGB findet sich zwar bereits im Kapitel zur Unschuldsvermutung.[444] Nichtsdestotrotz ist eine erneute Befassung mit den Auswirkungen seines Verständnisses für die Angemessenheit der Norm im Rahmen des Eigentumsgrundrechts erforderlich. Denn diese Auswirkungen tangieren Art. 14 Abs. 1 GG direkt, wenn eine Abschöpfung legalen Vermögens erfolgt.

(aa) Weites Verständnis

Es wurde bereits dargelegt, dass die Lehre von der Totalkontamination für das Verständnis des „Herrührens" entscheidend ist.[445] Danach kann bei Vermischungskonstellationen nicht nur der rechtswidrig erlangte Teil, sondern der gesamte Gegenstand eingezogen werden.[446] Infolgedessen wird auch legales, von Art. 14 Abs. 1 GG geschütztes Eigentum abgeschöpft. Eine Erklärung, wie

---

443 *Hinderer/Blechschmitt* NZWiSt 2018, 179 (181); *Kraushaar* NZWiSt 2019, 288 (290); *Meyer* NZWiSt 2018, 246 (247 Fn. 12, 248).

444 Siehe bb) Das „Herrühren" aus einer rechtswidrigen Tat, S. 45 ff.

445 Vgl. unter bb) Das „Herrühren" aus einer rechtswidrigen Tat, S. 47 f.

446 Dieses weite Verständnis wurde in der Gesetzesbegründung zur Änderung des § 76a Abs. 4 StGB noch einmal bekräftigt, BT-Drs. 19/26602, S. 7; a.A. *Köhler* NZWiSt 2018, 226 (229).

das – insbesondere ohne der Maßnahme Strafähnlichkeit zu verleihen – zu rechtfertigen sein soll, bleibt die Gesetzesbegründung schuldig. Dort wird lediglich die Bedeutung des Rechtsgedankens des § 817 S. 2 BGB für die strafrechtliche Vermögensabschöpfung mit den Worten hervorgehoben: „Was in Verbotenes investiert worden ist, muss unwiederbringlich verloren sein."[447] Damit führt die Gesetzesbegründung die selbstständige Einziehung jedenfalls für die Fälle der vermeintlichen Mischfinanzierung selbst ad absurdum. Denn dort wird (auch) legal erworbenes Vermögen in etwas Legales investiert und ist trotzdem unwiederbringlich verloren. Um das Beispiel des mischfinanzierten Pkws noch einmal zu bemühen:[448] Der Einziehungsbetroffene kauft ein Auto im Wert von 10.000 Euro, wobei 2.000 Euro aus nachweislich legalen Einkünften und 8.000 Euro aus mutmaßlich kriminellen Aktivitäten stammen. In diesem Fall würde das Auto im Wert von 10.000 Euro entschädigungslos eingezogen werden. Die Konsequenz ist die Abschöpfung legalen Vermögens. Der teilweise hiergegen vorgebrachte Einwand, die Einziehung könne abgewendet werden, indem der Betroffene die legale Herkunft der Vermögenswerte nachweist,[449] greift in den Fällen der Mischfinanzierung zu kurz. Würde der Einziehungsbetroffene im Beispiel nachweisen, dass 2.000 Euro aus rechtmäßigen Einnahmequellen stammen, hätte aber keinen Beleg für die anderen 8.000 Euro, wäre das Ergebnis dasselbe: Entschädigungslose Einziehung des Autos. Denn im Umkehrschluss ließe sich ja wieder begründen, dass 8.000 Euro aus rechtswidrigen Taten stammen.[450] Der Betroffene würde den Ermittlungsbehörden und dem entscheidenden Gericht mit dieser Auskunft sogar in die Hände spielen.[451] Somit werden auch

447 BR-Drs. 416/16, S. 58; BT-Drs. 18/9525, S. 55.

448 Vgl. b) Das Problem der Mischfinanzierung, S. 50 f.

449 So *Höft* HRRS 2018, 196 (203).

450 Vor Streichung des Vortatenkatalogs des § 261 StGB war die Vermischung von Geld aus nachgewiesenen rechtswidrigen Taten, die nicht dem Katalog angehörten mit legalen Einkünften straflos, weshalb letzterer Anteil nicht abgeschöpft werden konnte; bestand hingegen lediglich ein Geldwäscheverdacht war eine Totaleinziehung über § 76a Abs. 4 StGB möglich. Das führte zu der paradoxen Situation, dass es für den Betroffenen unter Einziehungsgesichtspunkten günstiger war, eine Straftat (die aber nicht dem Katalog des § 261 Abs. 1 S. 2 StGB a.F. angehören durfte) zu gestehen, statt eine selbstständige Einziehung hinzunehmen. Ausführlich dazu *Rönnau/Begemeier* JZ 2018, 443 (447 f.).

451 Bei einer solchen Auskunft scheitert eine Verurteilung wegen Geldwäsche nur daran, dass der Gesetzgeber bezüglich der Vortaten des § 261 StGB eine Anlehnung an zivilrechtliche Darlegungs- und Beweislastgrundsätze – anders als bei § 76a Abs. 4 StGB – nicht für zulässig erachtet, BT-Drs. 19/24180, S. 13, 29 f.; vgl. auch KG NZWiSt 2021,

in Konstellationen der Mischfinanzierung, in denen die Höhe des eingesetzten Legalvermögens ermittelt wurde und folglich bekannt ist, diese rechtmäßigen Vermögenswerte „sehenden Auges" mitabgeschöpft.[452] Lediglich in Fällen von vermeintlich vermischtem Bankguthaben ließe sich eine Totaleinziehung vermeiden. Überträgt man die obige Konstellation darauf, stammt bei einem Guthaben von 10.000 Euro ein Teil in Höhe von 2.000 Euro nachweislich aus legalen Quellen, beispielsweise aus erspartem Arbeitslohn. Die Herkunft der anderen 8.000 Euro kann nicht ermittelt werden. In der Folge könnte das Gericht die Einziehung im Rahmen seines Ermessens auf 8.000 Euro beschränken.[453] Andererseits würde dies der Intention des Gesetzgebers zuwiderlaufen, wonach auf die Rechtsprechung zur Mischfinanzierung zurückgegriffen werden soll.[454] Danach müsste konsequenterweise auch in diesen Fällen eine Einziehung der gesamten 10.000 Euro erfolgen. Somit droht in diesen Konstellationen ebenfalls die Einziehung rechtmäßig erworbenen Vermögens.[455] Das erzeugt einen hohen Rechtfertigungsdruck für den Gesetzgeber.

(bb) Schutz der Rechte Dritter

Für die Beurteilung der Angemessenheit ebenfalls in den Blick zu nehmen ist die Frage, wie gut die Rechte gutgläubiger Dritter, insbesondere deren Eigentum, im Falle einer selbstständigen Einziehung geschützt werden. Denn für eine Einziehung nach § 76a Abs. 4 StGB ist es nicht erforderlich, dass der einzuziehende Gegenstand im Eigentum des Betroffenen steht.[456] Für die Verhältnismäßigkeit von Einziehungen sorgen nach dem Gesetzgeber die Ausgestaltung des

---

74 (78); Zweifel an der Entwicklung anderer Maßstäbe in der Praxis haben *El-Ghazi/Laustetter* NZWiSt 2021, 209 (212).

452 *Gebauer* ZRP 2016, 101 (104); NK-WSS/*Lindemann/Bauerkamp* StGB § 76a Rn. 23; *Rönnau/Begemeier* JZ 2018, 443 (447 f.); davor warnt auch *Meyer* StV 2017, 343 (345); ergibt sich auch aus BT-Drs. 19/26602, S. 7; a.A.: KG NZWiSt 2021, 74 (77); LG Aachen 60 KLs 2/21, juris Rn. 26; *Köhler* NZWiSt 2018, 226 (229).

453 Zum Ermessen der Gerichte hinsichtlich des Abschöpfungsumfangs: KG NZWiSt 2021, 74 (81 f.); *Bittmann* wistra 2021, 257 (262).

454 BR-Drs. 418/16, S. 80; BT-Drs. 18/9525, S. 73.

455 *Gebauer* ZRP 2016, 101 (104); *Rönnau/Begemeier* JZ 2018, 443 (447 f.); in diese Richtung auch *Löffelmann* Rechtspolitik 2016, S. 60, 63 f.; davor warnt auch *Meyer* StV 2017, 343 (345); a.A.: KG NZWiSt 2021, 74 (77); LG Aachen 60 KLs 2/21, juris Rn. 26; *Köhler* NZWiSt 2018, 226 (229).

456 *Köhler/Burkhard* NStZ 2017, 665 (671 f.); MüKo-StGB/*Joecks/Meißner* § 76a Rn. 14; Schönke/Schröder/*Eser/Schuster* § 76a Rn. 10.

§ 76a Abs. 4 StGB als Soll-Vorschrift und die Kriterien des § 437 StPO.[457] Als Beispiel für einen Ausnahmefall von der Soll-Vorschrift, in dem keine Einziehung erfolgt, nennt die Gesetzesbegründung einen gutgläubigen Drittbegünstigten, „wenn dieser den betreffenden Gegenstand in Erfüllung einer nicht bemakelten entgeltlichen Forderung erlangt, deren Entstehung und Inhalt in keinem Zusammenhang mit der Tat“[458] steht. Dieses Beispiel zeigt bereits, dass es um seltene Ausnahmefälle geht.[459]

Ob das Zusammenspiel von Soll-Vorschrift und den Kriterien des § 437 StPO als Korrektiv ausreicht, erscheint fraglich. Angenommen, der Einziehungsbetroffene B wird bei einer Verkehrskontrolle mit einem Koffer angetroffen, der 100.000 Euro Bargeld enthält. Die Ermittlungen ergeben, dass das Einkommen des B nicht ausreicht, um einen solchen Betrag zu sparen. B gibt an, das Geld gehöre nicht ihm, sondern Eigentümer sei der E. Dieser habe ihn beauftragt, für ihn an einer Auktion teilzunehmen, bei der E seinen Namen heraushalten wolle, da es andererseits den Preis in die Höhe treiben könne. Die weiteren Ermittlungen ergeben, dass E ein reicher Großindustrieller ist, der die Angaben des B bestätigt und eine Quittung über die Übergabe des Geldes vorlegen kann. Anhaltspunkte dafür, dass das Geld aus illegalen Quellen stammt oder für eine Straftat verwendet werden soll, gibt es nicht. In diesem Fall wird keine Einziehung stattfinden, da bei der Entscheidung darüber die tatsächlichen Eigentumsverhältnisse berücksichtigt werden müssen.[460]

Problematisch wird es, wenn man den Fall dahingehend abwandelt, dass der B mit dem entsprechenden Geldkoffer am Flughafen angetroffen wird und der E aus Russland stammt. Bringt der B nun vor, E sei ein wohlhabender Geschäftsmann und er nehme aus den oben genannten Gründen für diesen an der Auktion teil, wie geht es dann weiter? Das Eigentumsgrundrecht aus Art. 14 Abs. 1 GG ist kein Deutschen-, sondern ein Jedermann-Grundrecht.[461] Demnach gilt sein Schutz auch für den E als Staatsangehöriger der Russischen Föderation. Um dem E, im Falle der Wahrheit der Aussage des B, diesen Schutz zuteilwerden lassen zu können, wäre es erforderlich, den E zu ermitteln und den Sachverhalt zu überprüfen. Im weiteren Verlauf gibt der B Name und Anschrift des E an. Dieser

---

457 BR-Drs. 418/16, S. 81; BT-Drs. 18/9525, S. 73 f.

458 BR-Drs. 418/16, S. 81; BT-Drs. 18/9525, S. 73.

459 BR-Drs. 418/16, S. 81; BT-Drs. 18/9525, S. 73 f.; *Köhler/Burkhard* NStZ 2017, 665 (671).

460 *Köhler/Burkhard* NStZ 2017, 665 (672 Fn. 68); *Meyer* NZWiSt 2018, 246 (248).

461 BeckOK-GG/*Axer* Art. 14 Rn. 37; Dürig/Herzog/Scholz/*Papier/Shirvani* GG Art. 14 Rn. 329; v. Mangoldt/Klein/Starck/ *Depenheuer/Froese* GG Art. 14 Rn. 189.

bestätigt die Aussage des B und kann nachweisen, dass das Geld ihm gehört und so die Eigentumsvermutung des § 1006 BGB erschüttern. Doch selbst dann müssten die Ermittler konsequenterweise auch untersuchen, ob durch die Weitergabe des Geldes an B und den Auftrag zur Teilnahme an einer Auktion nicht eine Straftat verwirklicht bzw. versucht wurde, zum Beispiel eine Geldwäsche. Denn nur weil das Geld aus dem Vermögen des E stammt, bedeutet das ja nicht, dass es legal erlangt wurde. Um zumindest den für § 76a Abs. 4 StGB erforderlichen Straftatverdacht begründen zu können, ist es notwendig, bestimmte Informationen über den E zu erheben, beispielsweise seine Vermögensverhältnisse, Vorstrafen, etc. Dafür bedarf es einer Amtshilfe der russischen Behörden. Dieses Beispiel zeigt das Scheitern des Gesetzgebers, durch die selbstständige Einziehung eine vereinfachte Abschöpfung in Fällen mit Auslandsberührung zu ermöglichen.[462] In solchen Konstellationen sind die Vermögensverhältnisse und Erwerbszusammenhänge nur schwer bis gar nicht nachzuprüfen.[463] Hinzu kommt, dass man auf die Mitarbeit ausländischer Behörden angewiesen ist. Doch soweit diese Maßnahmen ergriffen werden, dürfte die Regelung einen ausreichenden Schutz der Rechte Dritter gewährleisten und diesbezüglich verfassungsrechtlich nicht zu beanstanden sein.[464]

(c) Zeitpunkt des Katalogtatverdachts

Eine weitere Möglichkeit, die selbstständige Einziehung im Sinne der Verhältnismäßigkeit zu begrenzen, liegt in dem Zeitpunkt, zu dem der Katalogtatverdacht vorliegen muss. Das gilt umso mehr, als sich dieser Zeitpunkt durch die Gesetzesnovelle 2021 verändert hat. Bis dahin war es gemäß § 76a Abs. 4 S. 1 StGB a.F. erforderlich, dass ein aus einer rechtswidrigen Tat herrührender Gegenstand „in einem Verfahren wegen des Verdachts einer in Satz 3 genannten Straftat sichergestellt worden ist." Aus diesem Wortlaut ergab sich, dass der Katalogtatverdacht bereits im Zeitpunkt der Sicherstellung bestanden haben musste.[465] Diese Voraussetzung war erfüllt, wenn entweder das Verfahren bereits beim Auffinden des Gegenstands wegen eines Katalogtatverdachts betrieben wurde oder das Auffinden des Gegenstands selbst einen solchen Verdacht begründete.[466]

---

462 BR-Drs. 418/16, S. 49, 104; BT-Drs. 18/9525, S. 48, 93.

463 Darauf weist auch *Meyer* NZWiSt 2018, 246 (248) hin.

464 In diese Richtung auch *Höft* HRRS 2018, 196 (203).

465 BGHSt 64, 186 (191); LG Hamburg 610 Qs 21/19, juris Rn. 5; *Bittmann* NStZ 2020, 648 (658); *El-Ghazi/Laustetter* NZWiSt 2021, 209 (215); *Korte* wistra 2018, 1 (9).

466 BGHSt 64, 186 (193); *Bittmann* NStZ 2020, 152 (154); *Kraushaar* NJW 2020, 167; *Meyer* NZWiSt 2018, 246 (247); strenger: LG Hamburg 610 Qs 21/19, juris Rn. 5, das

Nach dem aktuellen Wortlaut kann ein „wegen des Verdachts einer in Satz 3 genannten Straftat sichergestellter Gegenstand“ selbstständig eingezogen werden. Diese Wortlautänderung geschah nach der Gesetzesbegründung mit folgender Intention:

> *„Weiterhin soll mit der Neufassung des § 76a Absatz 4 Satz 1 StGB klargestellt werden, dass die Regelung auch in den Fällen Anwendung findet, in denen der einzuziehende Gegenstand in einem Verfahren wegen einer sonstigen Straftat sichergestellt wurde und ein Verdacht einer Katalogstraftat erst nach der Sicherstellung in das Verfahren einbezogen wurde. Der Verdacht einer Katalogstraftat muss mithin nicht bereits zum Zeitpunkt der Sicherstellung bestehen; die ursprüngliche Sicherstellung muss nicht wegen eines solchen Verdachts erfolgen […]. Vielmehr genügt es, wenn der Gegenstand zu irgendeinem Zeitpunkt des Verfahrens sichergestellt wird. § 76a Absatz 4 findet daher auch dann Anwendung, wenn sich der Verdacht einer Katalogtat erst durch die einer Sicherstellung zeitlich nachfolgenden Umstände und Ermittlungen ergibt. In diesen Fällen reicht es aus, dass der Gegenstand nun auch wegen des Verdachts der entsprechenden Katalogstraftat sichergestellt wird, die Sicherstellung also auch unter dem Gesichtspunkt der Katalogtat fortdauern soll. Dabei ist es unschädlich, wenn die Sicherstellung auch wegen des bereits zu Anfang gefassten Verdachts einer sonstigen Straftat aufrechterhalten bleibt.“*[467]

Somit ist es nach derzeitiger Gesetzeslage möglich, einen Gegenstand zunächst wegen einer Nichtkatalogtat sicherzustellen, aber im Laufe des Verfahrens eine Sicherstellungsanordnung auch wegen des Verdachts einer Katalogtat vorzunehmen.[468] In der Folge bleibt dadurch die Möglichkeit einer selbstständigen erweiterten Einziehung erhalten.

Ob diese Entkoppelung von Sicherstellungszeitpunkt und Katalogtatverdacht rechtmäßig ist, erscheint fraglich. Zur Begründung wird angeführt, die Rechtsprechung des Bundesgerichtshofes führe zu ungerechtfertigten Abschöpfungslücken innerhalb der selbstständigen Einziehung.[469] Es sei nicht ersichtlich, weshalb

> *„die selbständige Einziehung bei einem auf einen an der unteren Schwelle liegenden Anfangsverdacht einer Katalogstraftat gestützte Sicherstellung möglich ist, dies aber nicht zulässig sein soll, wenn der Gegenstand zunächst wegen einer sonstigen Straftat*

---

einen durch das Auffinden des Gegenstandes begründeten Katalogtatverdacht nicht als ausreichend erachtete.

467 BT-Drs. 19/26602, S. 7 f.

468 *Böhme/Busch* wistra 2021, 169 (173); *El-Ghazi/Laustetter* NZWiSt 2021, 209 (215).

469 BT-Drs. 19/26602, S. 8.

sichergestellt wurde und nachfolgende Ermittlungen einen – gegebenenfalls sogar verdichteten – Anfangsverdacht einer Katalogstraftat ergeben.“[470]

Dieses Argument ist zwar nachvollziehbar, stellt allerdings nur auf die Sicht der Ermittlungsbehörden ab und dürfte unter Berücksichtigung der weiteren Konsequenzen für sich gesehen kaum geeignet sein, diese Entkoppelung zu rechtfertigen. Für den Betroffenen verkürzt das Nachschieben eines anderen bzw. zusätzlichen Sicherstellungsgrundes seine Verteidigungsmöglichkeiten gegen die Beschlagnahme. Müsste die Beschlagnahme wie nach alter Rechtslage auf dem Katalogtatverdacht beruhen, könnte der Betroffene durch den Ermittlungsrichter „überprüfen lassen, ob die Voraussetzungen des § 94 StPO für die Beschlagnahme im Zeitpunkt dieser strafprozessualen Zwangsmaßnahme zu Recht angenommen worden sind. Diese Rechtsschutzmöglichkeit [wurde] aber ausgehebelt, [indem] die Verknüpfung zwischen der Sicherstellung und dem Verdacht für eine Katalogstraftat erst nach der Sicherstellung von den Ermittlungsbehörden hergestellt werden“[471] muss. Gegen die Effektivität der ursprünglich bestehenden Konnexität als Begrenzung der selbstständigen erweiterten Einziehung ließe sich zwar anführen, dass die Ermittlungsbehörden sie unterlaufen konnten, indem sie jede Sicherstellung prophylaktisch auch auf eine Katalogtat des § 76a Abs. 4 S. 3 StGB stützten.[472] Doch dann hätte der Betroffene wieder die oben angesprochene Rechtsschutzmöglichkeit, das Vorliegen eines Katalogtatverdachts durch den Ermittlungsrichter prüfen zu lassen. Folglich ist die Effektivität dieser Begrenzung gegeben.

Ein weiteres Problem ist ein systematischer Bruch mit dem Konzept der Strafprozessordnung. Dazu führte der Bundesgerichtshof zutreffend aus, dass

„nach dem System der Strafprozessordnung die Ermittlungsbehörden die Frage, ob ein Verdacht besteht – gestaffelt nach dem jeweils erforderlichen Verdachtsgrad, wie z. B. dem Anfangsverdacht -, stets aufgrund des aktuellen Ermittlungsergebnisses im Hinblick auf zu ergreifende Maßnahmen, wie z. B. die Einleitung eines Ermittlungsverfahrens oder der Sicherstellung, zu beurteilen haben. Die Anknüpfung belastender Maßnahmen an eine

---

470 BT-Drs. 19/26602, S. 8; auf diesen Wertungswiderspruch weisen auch hin: *El-Ghazi/Zimmermann* wistra 2020, 64 (65); *Kraushaar* NJW 2020, 167 (168).

471 BGHSt 64, 186 (193).

472 Nach *Bittmann* NStZ 2020, 152 (154) existierte eine entsprechende Praxis in manchen Ermittlungsbehörden im Hinblick auf die Annahme eines Geldwäscheverdachts; auf diese Gefahr weist auch *Kraushaar* NJW 2020, 167 hin; das Problem einer selbstständigen Einziehung wegen eines zunächst bestehenden, sich dann aber erledigenden Katalogtatverdachts behandeln *El-Ghazi/Zimmermann* wistra 2020, 64 (65).

retrospektiv erfolgende Umdeutung der Verdachtslage wäre ein Fremdkörper und unter dem Gesichtspunkt der Bestimmtheit und Vorhersehbarkeit bedenklich."[473]

Die gesetzliche Änderung des Zeitpunktes, zu dem ein Katalogtatverdacht vorliegen muss, tangiert neben dem Grundsatz des fairen Verfahrens auch den Bestimmtheitsgrundsatz. Wie gezeigt spricht viel dafür, auch von einer Verletzung dieser beiden Grundsätze auszugehen. Letztlich spielt das für die Prüfung des Eigentumsgrundrechts nur eine untergeordnete Rolle. Denn eindeutig ist, dass durch die Entkoppelung von Sicherstellungszeitpunkt und Katalogtatverdacht eine weitere Möglichkeit aufgegeben wurde, die selbstständige erweiterte Einziehung zu begrenzen.

(d) Zwischenergebnis

Alle vom Gesetzgeber vermeintlich vorgenommenen Begrenzungen der selbstständigen erweiterten Einziehung verfehlen ihren Zweck. Der Anlasstatenkatalog erfasst nicht nur Straftaten der organisierten Kriminalität und des Terrorismus. Wegen der fehlenden Verknüpfung zwischen Anlasstatverdacht und Herkunftstat ist er ohnehin nicht geeignet, die Einziehung tatsächlich zu begrenzen. Das Verständnis des Merkmals „Herrühren" erhöht den Abschöpfungsumfang zusätzlich und ermöglicht die Einziehung von Legalvermögen. Die Entkoppelung von Sicherstellungszeitpunkt und Katalogtatverdacht gestattet eine Einziehung wegen eines Katalogtatverdachts, auch wenn ein solcher bei der Sicherstellung noch nicht bestanden hat. Somit ist keine angemessene Begrenzung der Einziehung vorhanden. Ob dies zu einer fehlenden Angemessenheit der gesamten Maßnahme führt, bleibt im Rahmen der Abwägung zu erörtern.

(2) Die Beweislast bei der selbstständigen Einziehung

Die Beweislastverteilung ist bereits thematisiert worden. Weshalb also muss in diesem Kapitel noch einmal darauf eingegangen werden? Bisher wurde sie unter der Prämisse der Strafähnlichkeit der selbstständigen erweiterten Einziehung und daher unter Geltung der Unschuldsvermutung beurteilt.[474] In diesem Abschnitt soll die Beweislastverteilung ausschließlich an den Maßstäben des Eigentumsgrundrechts geprüft werden. Denn obwohl dem erweiterten Verfall nach altem Recht keine Strafähnlichkeit zugesprochen wurde, hat der Bundesgerichtshof einer vom Gesetzgeber beabsichtigten Beweismaßreduktion im

---

473 BGHSt 64, 186 (192); zustimmend *Kraushaar* NJW 2020, 167.

474 Vgl. (2) Die Beweislastumkehr, S. 69 ff.

Lichte des Art. 14 GG eine Absage erteilt.[475] Diese Auffassung wurde durch das Bundesverfassungsgericht bestätigt.[476] Nach dieser Rechtsprechung ergeben sich auch für nicht-strafähnliche Maßnahmen Grenzen hinsichtlich der Beweislast aus Art. 14 GG.[477] Selbst wenn die Ansicht des Gesetzgebers von der fehlenden Strafähnlichkeit der selbstständigen erweiterten Einziehung zutreffend wäre, könnte er mit § 76a Abs. 4 StGB die aus der Eigentumsgarantie resultierenden Grenzen einer zulässigen Beweislastverteilung überschritten haben.

(a) Beweislastverteilung

Für eine Einziehung im Rahmen des § 76a Abs. 4 StGB bedarf es eines – auch nachträglich festgestellten – Katalogtatverdachts und des Herrührens des sichergestellten Gegenstands aus einer nicht festgestellten rechtswidrigen Tat. Da die Indizien des § 437 StPO nicht obligatorisch sind, bedarf es der vollen richterlichen Überzeugung von der rechtswidrigen Herkunft des Einziehungsobjekts.[478] Dies wurde wegen der fehlenden Vortatfeststellung zu Recht als „‚anspruchsvolle' Aufgabe für den Tatrichter"[479] bezeichnet. Andere hielten es nicht für möglich, dass die Überzeugung von einer rechtswidrigen Herkunft ohne Überzeugung von der Herkunftstat gelingen könne.[480] Aus diesem Grund ging der Deutsche Richterbund davon aus, § 76a Abs. 4 StGB werde in der Praxis keine Relevanz erfahren.[481] Die zahlreicher werdenden Einziehungsentscheidungen und deren Bestätigungen in der nächsten Instanz belehren eines Besseren.[482] Sie zeigen, dass es den Tatrichtern möglich zu sein scheint, sich von der rechtswidrigen Herkunft eines Gegenstandes zu überzeugen, ohne dass die Herkunfts- oder auch nur die

---

475 BGHSt 40, 371 (372 f.)

476 BVerfGE 110, 1 (25 ff.).

477 *Rönnau* FS-Ostendorf 707 (711 f.); *Saliger* ZStW 2017, 995 (1029 f.).

478 Dazu bereits Kapitel C) Die freie richterliche Beweiswürdigung, S. 81 ff.

479 *Köhler* NZWiSt 2018, 226 (229); ähnlich *Meyer* NZWiSt 2018, 246 (248).

480 *Schilling/Hübner* StV 2018, 49 (56); Stellungnahme des DRB Nr. 9/16, S. 4; Stellungnahme der StVV vom 31.05.2016, S. 18; ebenso zu § 73a: *Rönnau/Begemeier* NZWiSt 2016, 260 (262); so schon zu § 73d a.F.: NK-StGB/*Saliger* § 73d Rn. 3; *Weßlau* Aktuelles Verfassungsrecht und Strafverteidigung 141 (143).

481 Stellungnahme des DRB Nr. 9/16, S. 4; diese Möglichkeit ziehen ebenfalls in Betracht: *Madauß* NZWiSt 2018, 28 (34); *Meyer* StV 2017, 343 (346 Fn. 25); von einer Beschränkung der Anwendung auf evidente Fälle geht aus: *Kraushaar* NZWiSt 2019, 288 (291).

482 Exemplarisch: KG NZWiSt 2021, 74; LG Aachen 60 KLs 4/20, juris; LG Aachen 60 KLs 2/21, juris; siehe auch *Bittmann* NStZ 2020, 648 (658).

Anlasstat nachgewiesen werden muss. Der Grund dafür liegt in der Freiheit der richterlichen Beweiswürdigung. Letztlich ist es allein Sache des Tatrichters, worauf er seine Überzeugungen stützt.[483] Es ist ihm daher unbenommen, seine Überzeugung ausschließlich auf Indizien wie die des § 437 StPO zu stützen. Dies gilt umso mehr, als der Gesetzgeber mit Verweis auf die Rechtsprechung des Bundesgerichtshofs und des Bundesverfassungsgerichts zum erweiterten Verfall nach altem Recht davon ausgeht, dass an die Überzeugungsbildung „keine überspannten Anforderungen“[484] gestellt werden dürften.[485] Begrenzt wird die freie Beweiswürdigung nur durch die Denkgesetze, gesicherte wissenschaftliche Erkenntnisse und die Erfahrungssätze des täglichen Lebens, zu denen sich der Tatrichter nicht in Widerspruch setzen darf.[486] Außerdem muss die Beweiswürdigung in sich widerspruchsfrei, ohne Lücken und darf nicht unklar sein oder sich so weit von einer tragfähigen Tatsachengrundlage entfernen, dass sie nur noch einen Verdacht, aber nicht die für eine Verurteilung erforderliche Überzeugung begründen kann.[487] Soweit er diese Grenzen beachtet, ist das Ergebnis der Beweiswürdigung nicht einmal dann angreifbar, wenn „eine vom Tatrichter getroffene Feststellung ‚lebensfremd erscheinen‘ mag.“[488]

Da es für eine selbstständige erweiterte Einziehung keiner nachgewiesenen Straftat bedarf, führt dies dazu, dass die Staatsanwaltschaft – wie von der Gesetzesbegründung vorgesehen[489] – lediglich einen substantiierten Einziehungsantrag stellen muss, um eine Sicherstellung zu erwirken. Im Ergebnis genügt es deshalb, beim Gericht Zweifel am legalen Erwerb des Einziehungsgegenstandes zu schüren und Indizien für eine rechtswidrige Herkunft zu präsentieren, die der Betroffene beispielsweise wegen fehlender Dokumentation oder Zeitablaufs[490]

---

483 BGH NStZ-RR 2007, 86 (87); *Bittmann* NStZ 2020, 152 (153); *Schilling/Hübner* StV 2018, 49 (55).

484 BR-Drs. 418/16, S. 80; BT-Drs. 18/9525, S. 73; BGHSt 40, 371 (373), bestätigt durch BVerfGE 110, 1 (6, 13).

485 Auch wenn laut *Meyer* StV 2017, 343 (346) nicht klar ist, welche praktischen Erleichterungen daraus resultieren; ähnlich *Schilling/Hübner* StV 2018, 49 (56).

486 BeckOK-StPO/*Eschelbach* § 261 Rn. 37; KK-StPO/*Ott* § 261 Rn. 49 f.; MüKo-StPO/*Miebach* § 261 Rn. 94.

487 BeckOK-StPO/*Eschelbach* § 261 Rn. 37; KK-StPO/*Ott* § 261 Rn. 49 f.; MüKo-StPO/*Miebach* § 261 Rn. 94.

488 BGH NStZ-RR 2007, 86 (87); MüKo-StPO/*Miebach* § 261 Rn. 364.

489 BR-Drs. 418/16, S. 104; BT-Drs. 18/9525, S. 92.

490 So *Hinderer/Blechschmitt* NZWiSt 2018, 179 (183); *Hüls* ZWH 2017, 242 (251); dazu ausführlich und für weitere Gründe: (a) Kritik, S. 63 ff.

nicht erschüttern kann, um eine Einziehung zu erwirken.[491] Das bedeutet, die Staatsanwaltschaft muss nur entsprechende Indizien vorbringen.[492] Im Ausgleich dafür müsse der Betroffene keinen vollen Gegenbeweis erbringen, sondern „nur“ die Tatsachenbasis der Indizien erschüttern.[493]

In der Theorie mag damit Waffengleichheit hergestellt sein. In der Praxis greift dieser Einwand zu kurz. Die Tatgerichte sind zwar nicht verpflichtet, ihre Überzeugung auf die Kriterien des § 437 StPO zu stützen. Die bisherigen Entscheidungen zeigen aber, dass diese Aspekte Berücksichtigung finden.[494] Sieht man sich beispielhaft das Missverhältniskriterium des § 437 S. 1 StPO an, wird daran deutlich, weshalb in einem Einziehungsverfahren keine Waffengleichheit herrscht. Um ein Missverhältnis zwischen dem Wert des Gegenstandes und den rechtmäßigen Einkünften des Betroffen darlegen zu können, muss die Staatsanwaltschaft dessen Vermögenssituation ermitteln. Wie *Kraushaar* zutreffend darlegt, führt dies bei Menschen mit einem geregelten Einkommen dazu, dass eine „lückenlose[...] Aufarbeitung der Vermögenshistorie einer Person“[495] erforderlich wird. Hat die Staatsanwaltschaft das getan, wird der Betroffene den Verdacht regelmäßig nicht mit der Behauptung erschüttern können, er habe das Geld für das Einziehungsobjekt angespart[496] oder dergleichen. Da er seine Behauptung auch nachweisen muss,[497] würde das nur funktionieren, wenn die Staatsanwaltschaft bei ihren Ermittlungen etwas übersehen hätte. Eine Entkräftung der Vorwürfe wird ihm grundsätzlich nur gelingen, indem er positiv nachweist, den Gegenstand legal erworben zu haben und folglich nicht an einer Straftat beteiligt gewesen zu sein. Auch in allen anderen Fällen, in denen die Staatsanwaltschaft die Indizien für einen rechtswidrigen Erwerb beweist, ist es schwer vorstellbar, wie der Betroffene diese ermittelte Tatsachenbasis erschüttern können soll, ohne gleich einen legalen Erwerb nachzuweisen.[498]

---

491 BR-Drs. 418/16, S. 104; BT-Drs. 18/9525, S. 92; *Meyer* NZWiSt 2018, 246 (249).

492 BR-Drs. 418/16, S. 104; BT-Drs. 18/9525, S. 92; *Meyer* NZWiSt 2018, 246 (249).

493 *Meyer* NZWiSt 2018, 246 (249); *Meyer* StV 2017, 343 (347); *Saliger* ZStW 2017, 995 (1029).

494 Siehe nur: BGHSt 64, 186 (189); LG Aachen 60 KLs 2/21, juris Rn. 29 f.; LG Aachen 60 KLs 4/20, juris Rn. 44; LG Hamburg 614 Qs 21/18, juris Rn. 21.

495 *Kraushaar* NZWiSt 2019, 288 (291); darauf weist er auch hin in *Kraushaar* NJW 2020, 167; ebenso *Löffelmann* Rechtspolitik 2016, S. 63 f.

496 So die Behauptung der Einziehungsbetroffenen in BGHSt 64, 186 (189).

497 BR-Drs. 418/16, S. 104; BT-Drs. 18/9525, S. 92.

498 Davon geht auch die Gesetzesbegründung aus: BR-Drs. 418/16, S. 104; BT-Drs. 18/9525, S. 92.

Wie ist diese Situation beweisrechtlich einzuordnen? Zu der Frage, ob § 437 StPO eine Beweismaßreduktion[499], einen Anscheinsbeweis[500] oder eine (faktische) Beweislastumkehr[501] etabliert oder nichts von alledem zutrifft[502], ist viel publiziert worden, zu den beweisrechtlichen Konsequenzen des § 76a Abs. 4 StGB selbst hingegen nicht. Da die Vorgaben des § 76a Abs. 4 StGB für die Gerichte, anders als die Kriterien des § 437 StPO, bindend sind, kommt es an dieser Stelle aber auf die Konsequenzen an.

(aa) Abgrenzung zwischen Anscheinsbeweis, Beweislastumkehr und Beweismaßreduktion

Nach ständiger Rechtsprechung des Bundesgerichtshofs handelt es sich bei einem Anscheinsbeweis um den typischen Geschehensablauf eines festgestellten Sachverhaltes, der nach allgemeiner Lebenserfahrung die Schlussfolgerung zulässt, dass ein bestimmter Erfolg auf eine bestimmte Ursache oder einen bestimmten Ablauf zurückzuführen ist.[503] Ein klassisches Beispiel für einen Anscheinsbeweis ist ein Auffahrunfall. Dabei spricht der Beweis des ersten Anscheins für eine schuldhafte Verursachung durch den Auffahrenden.[504] Ob er zu dicht aufgefahren ist, unaufmerksam oder seine Geschwindigkeit nicht an die Straßen- und Sichtverhältnisse angepasst war, muss dabei nicht im Einzelnen festgestellt werden.[505] Da es sich bei dem Beweis des ersten Anscheins um eine mittelbare Beweisführung handelt,[506] kann er erschüttert werden, indem Tatsachen vorgetragen und gegebenenfalls bewiesen werden, die einen

---

499 *Meyer* StV 2017, 343 (347 f.); *Saliger* ZStW 2017, 995 (1028 f.).

500 *Hinderer/Blechschmitt* NZWiSt 2018, 179 (182); *Schilling/Corsten/Hübner* StraFo 2017, 305 (313); *Schilling/Hübner* StV 2018, 49 (51, 55 f.); Stellungnahme der BRAK Nr. 15/2016, S. 5; Stellungnahme der StVV vom 31.05.2016, S. 19.

501 *Hinderer/Blechschmitt* NZWiSt 2018, 179 (182); *Köllner/Mück* NZI 2017, 593 (598); MüKo-StPO/*Scheinfeld/Langlitz* § 437 Rn. 12, 14, 18; Stellungnahme der BRAK Nr. 15/2016, S. 6.; Stellungnahme der BRAK Nr. 39/2016, S. 4 f.; Stellungnahme der StVV vom 21.09.2016, S. 3; *Veljovic* NZWiSt 2021, 82 (83); in diese Richtung auch *Köhler/Burkhard* NStZ 2017, 665 (672).

502 BR-Drs. 418/16, S. 104; BT-Drs. 18/9525, S. 92; *Meyer* NZWiSt 2018, 246 (248).

503 BGHZ 100, 31 (33); 160, 308 (313); BGH NJW 1997, 2757; 2001, 1140 (1141); 2010, 1072 f.; 2019, 661 (664).

504 BGHZ 192, 84 (86); BGH NJW 2017, 1177.

505 BGHZ 192, 84 (90); BGH NJW 2017, 1177.

506 Allerdings um eine besondere Form davon, MüKo-ZPO/*Prütting* § 286 Rn. 50; BGH NJW 2019, 661 (664) spricht von einer typisierten Form des Indizienbeweises.

atypischen Geschehensablauf ernsthaft möglich erscheinen lassen.[507] Im Falle des Auffahrunfalls wäre das beispielsweise ein abrupter Spurwechsel des Vorherfahrenden.[508] Bei einem Anscheinsbeweis handelt es sich mithin um einen Erfahrungssatz, der auf der Prämisse eines typischerweise gleich ablaufenden Geschehens basiert.[509] Daraus resultiert keine veränderte Beweislastverteilung.[510] Auch statuiert er keine Beweislastumkehr.[511]

So etwas findet man insbesondere im Zivilrecht und Zivilprozessrecht. Die Grundregel dort lautet, jede Partei muss die für sie günstigen Tatsachen beweisen, also der Anspruchssteller die rechtsbegründenden und der Anspruchsgegner die rechtshindernden, -vernichtenden und -hemmenden Merkmale.[512] Wird diese Beweislastverteilung durchbrochen, liegt eine Beweislastumkehr vor.[513] Ein Beispiel hierfür ist der für den Verbrauchsgüterkauf geltende § 477 BGB:

> *„Zeigt sich innerhalb von sechs Monaten seit Gefahrübergang ein Sachmangel, so wird vermutet, dass die Sache bereits bei Gefahrübergang mangelhaft war, es sei denn, diese Vermutung ist mit der Art der Sache oder des Mangels unvereinbar."*

Aufgrund dieser Norm muss der Verbraucher, um Mängelgewährleistungsrechte gegen den Unternehmer geltend machen zu können, keinen Mangel bei Gefahrübergang nachweisen.[514] Stattdessen ist es ausreichend, einen Mangel innerhalb von sechs Monaten nach Lieferung zu beweisen.[515] Dies gilt, obwohl der Mangel bei Gefahrübergang ein anspruchsbegründendes Merkmal ist, dessen Beweis grundsätzlich dem Anspruchssteller, hier also dem Verbraucher, obliegt.[516] Ein anderes Beispiel für eine Beweislastumkehr ist der für Behandlungs- und Aufklärungsfehler geltende § 630h Abs. 5 S. 1 BGB:

> *„Liegt ein grober Behandlungsfehler vor und ist dieser grundsätzlich geeignet, eine Verletzung des Lebens, des Körpers oder der Gesundheit der tatsächlich eingetretenen*

---

507 BGHZ 160, 308 (313); 192, 84 (89 f.); BGH NJW 1991, 230 (231); 2017, 1177 (1178).
508 BGHZ 192, 84 (89 f.) BGH NJW 2017, 1177 f.
509 BGH NJW 2019, 661 (664); MüKo-ZPO/*Prütting* § 286 Rn. 50; *Saenger* ZPO § 286 Rn. 38.
510 MüKo-ZPO/*Prütting*, § 286 Rn. 53; *Saenger* ZPO § 286 Rn. 39.
511 BGHZ 100, 31 (34); 160, 308 (319).
512 MüKo-ZPO/*Prütting* § 286 Rn. 114; Musielak/Voit/*Foerste* ZPO § 286 Rn. 35.
513 Zu einer Beweislastumkehr durch richterliche Rechtsfortbildung: MüKo-ZPO/*Prütting* § 286 Rn. 126 ff.; *Saenger* ZPO § 286 Rn. 65 ff.
514 Jauernig/*Berger* BGB § 477 Rn. 1; MüKo-BGB/*Lorenz* § 477 Rn. 3 f.
515 Jauernig/*Berger* BGB § 477 Rn. 7; MüKo-BGB/*Lorenz* § 477 Rn. 6.
516 Jauernig/*Berger* BGB § 477 Rn. 1; MüKo-BGB/*Lorenz* § 477 Rn. 3 f.

Art herbeizuführen, wird vermutet, dass der Behandlungsfehler für diese Verletzung ursächlich war.“

Die Funktionsweise hierbei ist ähnlich wie bei § 477 BGB: Der Patient als Anspruchssteller muss den groben Behandlungsfehler nachweisen.[517] Gelingt ihm dies, wird die haftungsbegründende Kausalität für den eingetretenen Schaden vermutet, soweit der Fehler generell geeignet ist, Schäden der streitgegenständlichen Art herbeizuführen.[518] Ohne diese Ausnahmevorschrift wäre der Patient nach der genannten Grundregel für die Kausalität zwischen der Pflichtverletzung und dem erlittenen Schaden beweisbelastet.[519]

Der Unterschied zwischen einem Anscheinsbeweis und einer Beweislastumkehr besteht darin, dass die Beweislastverteilung beim Anscheinsbeweis gleich bleibt.[520] Dem Beweisbelasteten wird nur die Beweisführung erleichtert, indem es ausreicht, statt eines oder mehrerer bestimmter anspruchsbegründender Tatbestandsmerkmale, die Voraussetzungen für einen typischen, nach allgemeiner Lebenserfahrung gleich verlaufenden Geschehensablauf nachzuweisen.[521] Bei einer Beweislastumkehr hingegen wird die eigentlich einer Partei auferlegte Beweislast der anderen Partei überbürdet.

Ferner gibt es die Beweismaßreduktion, die man ebenfalls insbesondere im Zivilrecht findet. Gemeint ist damit eine Absenkung unter das Regelbeweismaß der vollen richterlichen Überzeugung.[522] Ein Beispiel hierfür ist die Norm des § 287 Abs. 1 S. 1 ZPO:

„Ist unter den Parteien streitig, ob ein Schaden entstanden sei und wie hoch sich der Schaden oder ein zu ersetzendes Interesse belaufe, so entscheidet hierüber das Gericht unter Würdigung aller Umstände nach freier Überzeugung.“

Für eine Überzeugung nach dieser Norm genügt bereits eine überwiegende Wahrscheinlichkeit.[523] Wie beim Anscheinsbeweis bleibt die grundsätzliche

517 Jauernig/*Mansel* BGB § 630h Rn. 20; MüKo-BGB/*Wagner* § 630h Rn. 104.
518 Jauernig/*Mansel* BGB § 630h Rn. 20; MüKo-BGB/*Wagner* § 630h Rn. 96.
519 Jauernig/*Mansel* BGB § 630h Rn. 8 ff., 20; MüKo-BGB/*Wagner* § 630h Rn. 77 ff.
520 MüKo-ZPO/*Prütting* § 286 Rn. 53; *Saenger* ZPO § 286 Rn. 39.
521 MüKo-ZPO/*Prütting* § 286 Rn. 50; Musielak/Voit/*Foerste* ZPO § 286 Rn. 23; *Saenger* ZPO § 286 Rn. 40.
522 MüKo-ZPO/*Prütting* § 286 Rn. 42 f.; Musielak/Voit/*Foerste* ZPO § 286 Rn. 21; *Saenger* ZPO § 286 Rn. 13 f.
523 BGH NJW-RR 2014, 1147 (1148); NJW 2014, 688; 2012, 2024 (2026); MüKo-ZPO/*Prütting* § 287 Rn. 17; Musielak/Voit/*Foerste* ZPO § 286 Rn. 21, § 287 Rn. 1.

Beweislastverteilung bestehen, nur die „Höhe" der richterlichen Überzeugung wird abgesenkt.

(bb) Die Zuordnung des § 76a Abs. 4 StGB

Um eine Zuordnung der selbstständigen Einziehung vornehmen zu können, müssen diese drei Institute auf das Strafrecht übertragen werden. Der „Anspruchssteller" im Strafrecht ist der Staat in Form der anklageerhebenden Staatsanwaltschaft.[524] Aufgrund des Schuldprinzips und der Unschuldsvermutung ist sie grundsätzlich beweisbelastet und muss dem Beschuldigten und Einziehungsbetroffenen als „Anspruchsgegner" dessen Straftaten nachweisen.[525]

Bei der selbstständigen Einziehung kommt der Staatsanwaltschaft dabei keine Beweismaßreduktion zugute. Eine von der Beweisaufnahme bestätigte überwiegende Wahrscheinlichkeit für die rechtswidrige Herkunft des sichergestellten Gegenstandes ist für eine Einziehung nach § 76a Abs. 4 StGB nicht ausreichend. Erforderlich ist die volle richterliche Überzeugung von der rechtswidrigen Herkunft.[526]

Schaut man sich an, wie ein Anscheinsbeweis funktioniert, passt er ebenfalls nicht auf die selbstständige erweiterte Einziehung, unabhängig davon, ob man die Kriterien des § 437 StPO berücksichtigt oder nicht. Denn dafür bedürfte es eines festgestellten Sachverhaltes, aus dem sich nach allgemeiner Lebenserfahrung ein typischer Geschehensablauf ergibt. Bei § 76a Abs. 4 StGB fehlt es aber bereits an einem feststehenden Sachverhalt. Es bedarf lediglich eines Anlasstatverfahrens, im Rahmen dessen der Einziehungsgegenstand sichergestellt worden ist. Statt eines nachgewiesenen Sachverhaltes müssen lediglich die

---

524 So auch *Schilling/Hübner* StV 2018, 49 (56); ähnlich *Kraushaar* NZWiSt 2019, 288 (293); diese Rollenverteilung für § 76a Abs. 4 StGB ergibt sich auch bereits aus BR-Drs. 418/16, S. 104; BT-Drs. 18/9525, S. 92, wonach ein Antrag der Staatsanwaltschaft und ein Bestreiten des Betroffenen erforderlich sind; siehe auch: *Weigend* FS-Rogall 739 (740).

525 So auch *Schilling/Hübner* StV 2018, 49 (56); ähnlich *Kraushaar* NZWiSt 2019, 288 (293); auch diese Rollenverteilung für § 76a Abs. 4 StGB ergibt sich bereits aus BR-Drs. 418/16, S. 104; BT-Drs. 18/9525, S. 92, wonach ein Antrag der Staatsanwaltschaft und ein Bestreiten des Betroffenen erforderlich sind; vgl. ebenfalls: *Weigend* FS-Rogall 739 (740).

526 BGHSt 64, 186 (189); KG NZWiSt 2021, 74 (78); LG Aachen 60 KLs 4/20, juris Rn. 44; LG Hamburg 614 Qs 21/18, juris Rn. 21; Lackner/Kühl/*Heger* § 76a Rn. 9; Meyer-Goßner/Schmitt/*Köhler* § 437 Rn. 3 f.; Stellungnahme des DAV Nr. 59/2016, S. 4 f.; Stellungnahme des DRB Nr. 9/16, S. 4.

Indizien nachgewiesen sein, die auf eine strafrechtliche Herkunft hindeuten. In Ermangelung eines festgestellten Sachverhaltes fehlt es bereits an der für einen Anscheinsbeweis erforderlichen Basis.

Wollte man dennoch die festgestellten Indizien als Ausgangspunkt für einen Beweis des ersten Anscheins ausreichen lassen, ist zu prüfen, ob man daraus einen typisierten Geschehensablauf ableiten kann. Das ist nicht der Fall.[527] Eine kodifizierte Form des Anscheinsbeweises ist § 371a Abs. 2 ZPO:

> *„Hat sich eine natürliche Person bei einem ihr allein zugeordneten De-Mail-Konto sicher angemeldet (§ 4 Absatz 1 Satz 2 des De-Mail-Gesetzes), so kann für eine von diesem De-Mail-Konto versandte elektronische Nachricht der Anschein der Echtheit, der sich aus der Überprüfung der Absenderbestätigung gemäß § 5 Absatz 5 des De-Mail-Gesetzes ergibt, nur durch Tatsachen erschüttert werden, die ernstliche Zweifel daran begründen, dass die Nachricht von dieser Person mit diesem Inhalt versandt wurde."*

Aus dieser Norm lässt sich die Typizität ableiten: „Eine E-Mail, die von dem DE-Mail-Konto einer natürlichen Person abgeschickt wurde, wurde von dieser natürlichen Person und mit diesem Inhalt versandt." Welche Regel sollte sich aus den Indizien der selbstständigen Einziehung herleiten lassen? Schaut man sich das für die Gerichte zwar nicht obligatorische, aber häufig berücksichtigte Missverhältniskriterium an, müsste die Schlussfolgerung lauten: „Liegt ein Missverhältnis zwischen den rechtmäßigen Einkünften des Betroffenen und dem Wert des sichergestellten Gegenstandes vor, stammt er aus einer rechtswidrigen Tat." Diese Schlussfolgerung weist nicht die für einen Anscheinsbeweis notwendige und zwingende Typizität auf.[528] Hier spielen die in anderem Kontext[529] bereits

527 *Meyer* StV 2017, 343 (347); MüKo-StPO/*Scheinfeld/Langlitz* § 437 Rn. 7; *Schilling/Hübner* StV 2018, 49 (56); Stellungnahme der BRAK Nr. 15/2016, S. 7; *Korte* wistra 2018, 1 (9) weist darauf hin, dass „es keine generelle Vermutung gibt, dass Vermögen unklarer Herkunft aus rechtswidrigen Taten stammt"; ähnlich: *Löffelmann* Rechtspolitik 2016, S. 63 f.; explizit zum Merkmal des groben Missverhältnisses: *Meyer* NZWiSt 2018, 246 (249).

528 *Höft* HRRS 2018, 196 (203); *Schilling/Hübner* StV 2018, 49 (56); Stellungnahme der BRAK Nr. 15/2016, S. 7; *Meyer* NZWiSt 2018, 246 (248) lehnt ebenfalls das Vorliegen eines Anscheinsbeweises ab; in *Meyer* StV 2017, 343 (347) weist er darauf hin, dass es sich nicht um einen „Anscheinsbeweis im technischen Sinn" handele; *Korte* wistra 2018, 1 (9) hebt hervor, es gebe keine generelle Vermutung für ein rechtswidriges Herrühren bei Vermögen unklarer Herkunft.

529 Vgl. (a) Kritik, S. 63 ff.

erwähnten alternativen Erwerbsmöglichkeiten eine Rolle, wie Schwarzarbeit[530], freiwillige Prostitution[531], das Betreiben eines nicht angemeldeten Gewerbes und die Teilnahme an nicht-öffentlichen Glücksspielen[532]. Insbesondere bei der Schwarzarbeit handelt es sich nicht um ein vereinzelt auftretendes Phänomen, wie das deswegen geschaffene und fortlaufend aktualisierte „Gesetz zur Bekämpfung der Schwarzarbeit und illegalen Beschäftigung" belegt. Schon allein diese naheliegenden, alternativen und nicht per se rechtswidrigen Erwerbsmöglichkeiten stehen der erforderlichen zwingenden Typizität entgegen. Würde man – da die Kriterien des § 437 StPO für die Gerichte nicht bindend sind – ausschließlich auf § 76a Abs. 4 StGB abstellen, müsste die Schlussfolgerung lauten: „Ein wegen eines Anlasstatverdachts sichergestellter Gegenstand unbekannter Herkunft stammt aus einer rechtswidrigen Tat." In diesem Fall rückt ein typischer Geschehensablauf in noch weitere Ferne. Denn wie *Korte* zutreffend festgestellt hat, gibt es „keine generelle Vermutung […], dass Vermögen unklarer Herkunft aus rechtswidrigen Taten"[533] stammt. Die allgemeine Lebenserfahrung, Vermögen unklarer Herkunft stamme aus rechtswidrigen Taten, existiert nicht. Durch die selbstständige Einziehung wird somit kein Anscheinsbeweis etabliert.[534]

Im Rahmen von nicht strafähnlichen Maßnahmen wurde durch das Bundesverfassungsgericht eine anders gelagerte mittelbare Beweisführung für mit Art. 14 GG vereinbar erachtet.[535] Es billigte die Auslegung des Bundesgerichtshofs zum § 73d StGB a.F., wonach es dem Tatrichter erlaubt war, von einer

530 *Hüls* ZWH 2017, 242 (249); *Pelz* NZWiSt 2018, 251 (252); Schönke/Schröder/*Eser/Schuster* § 73a Rn. 11, § 76a Rn. 14; *Weßlau* Aktuelles Verfassungsrecht und Strafverteidigung 141 (153).

531 Schönke/Schröder/*Eser/Schuster* § 73a Rn. 11; *Weßlau* Aktuelles Verfassungsrecht und Strafverteidigung 141 (153).

532 *Weßlau* Aktuelles Verfassungsrecht und Strafverteidigung 141 (153).

533 *Korte* wistra 2018, 1 (9); BGHSt 40, 371 (372) ließ für den erweiterten Verfall a.F. nicht einmal die Kombination aus dem Fehlen rechtmäßiger Erwerbsquellen, einem entsprechenden Vorleben des Täters und einer erwiesenen Anlasstat als Nachweis einer rechtswidrigen Vermögensherkunft des Verfallsgegenstandes ausreichen; *Schilling/Hübner* StV 2018, 49 (56); Stellungnahme des DRB Nr. 9/16, S. 4; ebenfalls in diese Richtung: *Löffelmann* Rechtspolitik 2016, S. 63 f.; MüKo-StPO/*Scheinfeld/Langlitz* § 437 Rn. 7; kritisch auch *Meyer* NZWiSt 2018, 246 (249); a.A. *Köhler/Burkhard* NStZ 2017, 665 (672).

534 *Meyer* NZWiSt 2018, 246 (248); *Meyer* StV 2017, 343 (347); in diese Richtung auch *Korte* wistra 2018, 1 (9), wenn er darauf hinweist, dass es für Vermögen unklarer Herkunft gerade keinen Anschein einer rechtswidrigen Herkunft gebe.

535 BVerfGE 110, 1 (27).

nachgewiesenen Anlasstat auf die rechtswidrige Herkunft von Gegenständen des Täters zu schließen, die selbst nicht aus der Anlasstat stammten.[536] Doch auch die Voraussetzungen dieser mittelbaren Beweisführung erfüllt die selbstständige Einziehung nicht, da es keiner nachgewiesenen Anlasstat, sondern lediglich eines Anlasstatverdachts bedarf.[537]

Zu guter Letzt kommt noch eine Beweislastumkehr in Betracht. Nach dem eingangs Gesagten wäre eine solche gegeben, wenn der Einziehungsbetroffene als „Anspruchsgegner“ hinsichtlich des Nachweises des rechtmäßigen Erwerbs des Einziehungsgegenstandes beweisbelastet ist.

Auf den ersten Blick spricht gegen eine Beweislastumkehr, dass die Staatsanwaltschaft einen substantiierten, beweisbaren Einziehungsantrag stellen muss.[538] Dieses Argument greift jedoch zu kurz. Eine Beweislastumkehr bedeutet nicht, dass der „Anspruchssteller“, hier also die Staatsanwaltschaft, gar nichts beweisen muss. Ein gutes Beispiel dafür ist der oben zitierte § 477 BGB: Der Anspruchssteller, der seine Mängelgewährleistungsrechte geltend machen will, muss den Mangel und dessen Auftreten innerhalb von sechs Monaten seit Gefahrübergang nachweisen. Das Äquivalent bei der selbstständigen Einziehung hierzu sind die Indizien für eine deliktische Herkunft.

Wie bereits angesprochen wird ferner angeführt, dem Einziehungsbetroffenen sei kein voller Gegenbeweis abzuverlangen, sondern lediglich eine Erschütterung.[539] Unabhängig von den schon vorgebrachten Einwänden, stellt dies die Annahme einer Beweislastumkehr ebenfalls nicht in Frage. Schaut man sich § 630h Abs. 5 S. 1 BGB an, ist die Situation vergleichbar. Gelingt es dem Anspruchsgegner nachzuweisen, dass der grobe Behandlungsfehler nicht geeignet ist, die streitgegenständliche Verletzung herbeizuführen, scheidet ein entsprechender Schadensersatzanspruch aus.[540] Er muss hingegen nicht beweisen, dass es keinen Behandlungsfehler gegeben hat, um den Anspruch abzuwehren. Übertragen auf die selbstständige Einziehung könnte der Einziehungsbetroffene beispielsweise eine zweite legale Einnahmequelle nachweisen, um die Tatsachenbasis für das Missverhältniskriterium zu erschüttern.

---

536 BVerfGE 110, 1 (26 f.); BGHSt 40, 371 (373).

537 BeckOK-StPO/*Temming* § 437 Rn. 2; *Gebauer* ZRP 2016, 101 (104); *Hinderer/Blechschmitt* NZWiSt 2018, 179 (182 f.); *Löffelmann* Rechtspolitik 2016, S. 63; *Madauß* NZWiSt 2018, 28 (34); MüKo-StPO/*Scheinfeld/Langlitz* § 437 Rn. 7, 16.

538 BR-Drs. 418/16, S. 104; BT-Drs. 18/9525, S. 92; *Saliger* ZStW 2017, 995 (1029).

539 *Meyer* StV 2017, 343 (347); *Saliger* ZStW 2017, 995 (1029).

540 Jauernig/*Mansel* BGB § 630h Rn. 20; MüKo-BGB/*Wagner* § 630h Rn. 96, 115.

In diesem Kontext ist auch der Einwand zu sehen, der Zweifelssatz gelte im Rahmen der selbstständigen Einziehung.[541] Diese Aussage erscheint kühn, schaut man sich die Gesetzesbegründung an, in der es heißt, durch die Konzeption des Gesetzes werde einer „Einziehung bei bewiesener Unschuld des Betroffenen vorgebeugt."[542] Bei tatsächlicher Geltung des Zweifelssatzes wären Zweifel an der Schuld des Betroffenen ausreichend, um eine Einziehung abzuwenden. Unterstellt man aber, die Aussage sei zutreffend, darf eine selbstständige Einziehung nur erfolgen, wenn die tatsächlichen Voraussetzungen gegeben sind. In beweisrechtlicher Hinsicht sind dies die Tatsachen, die auf eine deliktische Herkunft hinweisen. Ist diese Verdachtsgrundlage zweifelhaft, ist es selbstverständlich unzulässig, eine selbstständige Einziehung anzuordnen. Kann kein grober Behandlungsfehler nachgewiesen werden bzw. ist dieser zweifelhaft, wird dem Anspruchssteller trotz der Beweislastumkehr des § 630h Abs. 5 S. 1 BGB kein Schadensersatz zugesprochen. Ebenso wird die Beweislastumkehr des § 477 BGB nicht zu einem Schadensersatzanspruch führen, wenn der Sachmangel in Zweifel steht. Anders formuliert: Kann bei § 76a Abs. 4 StGB nicht einmal die wahrlich geringe Hürde der Verdachtsgrundlage genommen werden, darf eine Einziehung nicht erfolgen. Doch dadurch wird eine Beweislastumkehr nicht in Frage gestellt.

Sind die Indizien für eine rechtswidrige Herkunft des Gegenstandes nachgewiesen und schweigt der Einziehungsbetroffene, erfolgt eine Einziehung.[543] Unter dem Gesichtspunkt der Beweislastverteilung wird dem Einziehungsbetroffenen als „Anspruchsgegner" von der Staatsanwaltschaft als „Anspruchsstellerin" die Begehung einer unbewiesenen Straftat unterstellt und seine Täterschaft angenommen für den Fall, dass er diese Anschuldigungen nicht entkräften kann. Dies spricht für eine Beweislastumkehr. Dagegen wird vorgebracht, auch ein schweigender Angeklagter werde verurteilt, wenn die Feststellungen in der Hauptverhandlung ihn ausschließlich belasten.[544] Das ist für sich genommen zwar zutreffend, doch der Vergleich hinkt. Im Falle der Verurteilung ist dem schweigenden Angeklagten die Straftat nachgewiesen. Bei der selbstständigen Einziehung sind dem Einziehungsbetroffenen lediglich Indizien nachgewiesen,

541 *Bittmann* NStZ 2020, 152 (153); a.A.: *Hinderer/Blechschmitt* NZWiSt 2018, 179 (183).

542 BR-Drs. 418/16, S. 104; BT-Drs. 18/9525, S. 92.

543 BR-Drs. 418/16, S. 104; BT-Drs. 18/9525, S. 92.

544 So das Argument von *Bittmann* NStZ 2020, 152 (153); auf die Möglichkeit sich gegen eine erweiterte Einziehung schweigend zu verteidigen, weist *Pelz* NZWiSt 2018, 251 (252) hin.

die auf eine Straftat hindeuten könnten. Es ist vom Beweiswert her aber ein Unterschied, ob bei dem Verdächtigen die Beute eines Raubes gefunden wird oder nur ein Gegenstand, den er sich mit seinem regulären Einkommen nicht hätte leisten können. Im Ergebnis genügt für eine selbstständige Einziehung ein nachgewiesener Verdacht.[545] Dieser reicht aber nicht für eine Verurteilung, da ansonsten kein Rückgriff auf § 76a Abs. 4 StGB notwendig (und wegen seiner Subsidiarität zudem nicht zulässig) wäre.[546] Auch der Vergleich mit dem schweigenden Angeklagten steht der Annahme einer Beweislastumkehr nicht entgegen, da die Situationen nicht vergleichbar sind.

Schaut man sich die Funktionsweise des § 76a Abs. 4 StGB an, ist von einer Beweislastumkehr auszugehen.[547] Die Umkehr einer Beweislast muss nicht unbedingt absolut sein, wie die Beispiele der §§ 477 und 630h Abs. 5 S. 1 BGB zeigen. Eine Beweislastumkehr liegt auch dann vor, wenn die Beweislast dem Anspruchsgegner nur für eines oder mehrere Tatbestandsmerkmale aufgebürdet wird. Nun lässt sich die selbstständige Einziehung mit § 477 BGB vergleichen: Das von der Staatsanwaltschaft zu beweisende grobe Missverhältnis[548] entspricht dem vom Anspruchssteller darzulegenden Sachmangel innerhalb von sechs Monaten seit Gefahrübergang. Ist dies geschehen, greift die Vermutung der rechtswidrigen Herkunft bzw. des Vorliegens des Mangels bereits bei Gefahrübergang. Allerdings würde es sich auch bei diesem Vergleich wieder um einen hinkenden handeln. Für einen Schadensersatzanspruch im Gewährleistungsrecht ist der Mangel eine Anspruchsvoraussetzung. Dessen Nachweis obliegt trotz der Beweislastumkehr des § 477 BGB dem Anspruchssteller. Voraussetzung für eine Einziehung gemäß § 76a Abs. 4 StGB ist das Herrühren des Einziehungsgegenstandes aus einer rechtswidrigen Tat. Aber die Staatsanwaltschaft

545 So auch: BeckOK-StPO/*Temming* § 437 Rn. 3; *Gebauer* ZRP 2016, 101 (104); *Köhler* NStZ 2017, 497 (499); *Trüg* NJW 2017, 1913 (1916).

546 Auf die widersprüchliche Situation, dass die Verdachtslage zwar die tatgerichtliche Überzeugung von einer rechtswidrigen Herkunft tragen können soll, aber nicht die Überzeugung für eine Verurteilung trägt, weist bereits die Stellungnahme der StVV vom 31.05.2016, S. 18 hin.

547 *Fischer* § 76a Rn. 9; *Hinderer/Blechschmitt* NZWiSt 2018, 179 (182); *Hüls* ZWH 2017, 242 (251); *Köllner/Mück* NZI 2017, 593 (598); Stellungnahme der BRAK Nr. 15/2016, S. 6.; Stellungnahme der StVV vom 21.09.2016, S. 3; *Veljovic* NZWiSt 2021, 82 (83); in diese Richtung auch *Köhler/Burkhard* NStZ 2017, 665 (672).

548 Das Missverhältniskriterium ist wiederum nur aus Plastizitätsgründen gewählt; es lässt sich auch auf die anderen Indizien des § 437 StPO oder auf sonstige Hinweise für eine rechtswidrige Herkunft übertragen.

muss kein einziges Tatbestandsmerkmal einer solchen Tat nachweisen, sondern nur Indizien für eine solche. Somit ist die Beweislastumkehr der selbstständigen erweiterten Einziehung deutlich umfassender als im Rahmen der §§ 477 und 630h Abs. 5 S. 1 BGB.

Man mag nun vielleicht anführen, diese Parabeln mit zivilrechtlichen Vorschriften seien nur Augenwischerei, denen sich inhaltlich nichts entnehmen ließe. Es sei jedoch daran erinnert, dass der Gesetzgeber für die selbstständige erweiterte Einziehung ein Verfahren wollte, das „sich an den zivilrechtlichen Darlegungs- und Beweislastregeln orientiert."[549] Bei den genannten Vorschriften handelt es sich um eben solche zivilrechtlichen Beweislastregeln, an denen sich der Gesetzgeber jetzt konsequenterweise messen lassen muss. Natürlich erscheint es auf den ersten Blick „schief", die Staatsanwaltschaft als „Anspruchsstellerin" zu deklarieren und den Einziehungsbetroffenen als „Anspruchsgegner".[550] Das ist aber lediglich eine Konsequenz daraus, zivilrechtliche – und somit für ganz andere Konstellationen ausgelegte – Beweislastregeln in das Strafverfahrensrecht zu übertragen. Somit ist das das Resultat, das man erhält, wenn man die Intention des Gesetzgebers konsequent zu Ende denkt.

(cc) „Beweislastumkehr 2.0"

Die festgestellte Beweislastumkehr hat aufgrund der Funktionsweise der selbstständigen erweiterten Einziehung einen besonderen Effekt. Die vorgestellten zivilrechtlichen Änderungen der Beweislast gelten nur für einzelne Merkmale eines bestimmten Tatbestandes. Hielte man auch eine Beweislastumkehr hinsichtlich eines gesamten Tatbestandes für denkbar, sähe die Situation im Strafrecht so aus, dass der Beschuldigte beweisen müsste, die ihm vorgeworfene Tat nicht begangen zu haben. Gelingt es ihm beispielsweise ein Alibi für die Tatzeit nachzuweisen, müssten die erhobenen Vorwürfe fallen gelassen werden. Im Rahmen der selbstständigen Einziehung ist das aber nicht ausreichend bzw. nicht möglich, weil keine konkrete Herkunftstat nachgewiesen werden muss.[551] Dies erscheint auf den ersten Blick konsequent, da es nicht um eine Verurteilung

549 BR-Drs. 418/16, S. 104; BT-Drs. 18/9525, S. 92.

550 Darauf haben bereits *Schilling/Hübner* StV 2018, 49 (56) hingewiesen, die von einem „verzerrte[n] Bild" sprechen; gegen eine Übertragung von Rechtsgedanken aus dem Bereicherungsrecht auf die strafrechtliche Vermögensabschöpfung sind deshalb auch: *Gebauer* ZRP 2016, 101 (102); *Saliger* ZStW 2017, 995 (1007); siehe auch die Kritik bei: *Dannecker* NStZ 2006, 683 (684); Stellungnahme des DRB Nr. 9/16, S. 4.

551 BR-Drs. 418/16, S. 80; BT-Drs. 18/9525, S. 73.

wegen einer Straftat geht. Dennoch ist für die selbstständige Einziehung die Überzeugung von einer rechtswidrigen Tat erforderlich. Und gegen diesen Vorwurf einer vermeintlich begangenen rechtswidrigen Tat kann sich der Betroffene nicht verteidigen. Seine einzige Chance besteht im Nachweis eines rechtmäßigen Erwerbs. Die Problematik wird am folgenden Beispiel deutlich:

> B arbeitet als Pfleger in einem Altenheim. Seine Tante T hat über Jahre hinweg regelmäßig Bargeld von der Bank geholt und zu Hause deponiert. Davon hat sie lediglich einen geringen Teil für ihre monatlichen Ausgaben aufgewendet. Den Überschuss hat sie zu Hause versteckt. Dieser beläuft sich mittlerweile auf 25.000 Euro. Als sie erfährt, dass ihr Lieblingsneffe B sich ein neues Auto kaufen muss, da sein alter Pkw einen Motorschaden hat, entschließt sie sich, ihm 15.000 Euro ihres Barvermögens dazuzugeben. Nach anfänglichem Zögern nimmt B das Geld an und zahlt es auf seinem Bankkonto ein. Zwei Tage später stirbt die T. Die Bank des B hat aufgrund der hohen Bareinzahlung einen Geldwäscheverdacht geschöpft und ist ihrer Meldepflicht an die Zentralstelle für Finanztransaktionsuntersuchungen gemäß §§ 43 Abs. 1 Nr. 1, 2 Abs. 1 Nr. 1 GwG in Verbindung mit § 1 Abs. 1 KWG nachgekommen. Infolgedessen werden Ermittlungen eingeleitet. Da die T wohlweislich niemandem von ihrem Barvermögen und ihrer Großzügigkeit gegenüber B erzählt hat, ist B nicht in der Lage nachzuweisen, dass der Betrag von seiner Tante stammt. Wie hoch die monatlichen Barausgaben der T waren, lässt sich ebenfalls nicht feststellen, sodass die verbliebenen 10.000 Euro für den gesamten Sparbetrag gehalten werden. Eine Geldwäschevortat kann dem B nicht nachgewiesen werden. In der Folge werden die 15.000 Euro gemäß § 76a Abs. 4 StGB eingezogen.

Misslingt der Nachweis eines rechtmäßigen Erwerbs, ist eine selbstständige Einziehung nicht mehr abzuwenden. Insofern verwundert die Auffassung des Gesetzgebers, wonach durch das Ermittlungsergebnis zum Anlasstatverfahren (§ 437 S. 2 Nr. 1 StPO) einer Einziehung bei bewiesener Unschuld des Betroffenen vorgebeugt werde.[552] Denn es heißt in der Gesetzesbegründung weiter, eine selbstständige Einziehung werde insbesondere in Betracht kommen, wenn der „Betroffene zwar in kriminelle Aktivitäten verstrickt ist, ihm jedoch die Beteiligung an einer konkreten Straftat nicht nachzuweisen ist."[553] Das wirft die Frage auf, wie es sich bei einem Betroffenen aus dem kriminellen Milieu verhält, dessen Unschuld hinsichtlich des Anlasstatverfahrens bewiesen ist. Was überwiegt in diesem Fall? Die nachgewiesene Unschuld hinsichtlich der Anlasstat oder die

552 BR-Drs. 418/16, S. 104; BT-Drs. 18/9525, S. 92.

553 BR-Drs. 418/16, S. 104; BT-Drs. 18/9525, S. 92 f.

Verstrickung in kriminelle Aktivitäten? Eine Antwort bleibt die Gesetzesbegründung schuldig.[554]

Der gewichtigere Punkt ist aber, dass das Unterlassen einer Einziehung wegen einer festgestellten Unschuld bezüglich des Anlasstatverfahrens nicht zur Konzeption der selbstständigen erweiterten Einziehung passt. Es ist nach seinem Wortlaut ja gerade Voraussetzung dieses Abschöpfungsinstruments, dass der Betroffene wegen der Anlasstat nicht verfolgt oder verurteilt werden kann. Angenommen, Ermittlungen würden den B als Verdächtigen eines unerlaubten Handels mit Betäubungsmitteln in nicht geringer Menge gemäß § 29a Abs. 1 Nr. 2 BtMG ergeben. Bei einer Durchsuchung werden 10.000 Euro in einer für das kriminelle Milieu typischen Stückelung gefunden. Woher das Geld stammt, kann B nicht plausibel erklären. Das Handeltreiben mit Betäubungsmitteln ist eine Anlasstat der selbstständigen Einziehung gemäß § 76a Abs. 4 S. 3 Nr. 6 lit. b), 1. Var. StGB. Im weiteren Ermittlungsverfahren stellt sich heraus, dass der B den ihm vorgeworfenen Handel nicht betrieben hat und auch noch nie etwas mit Drogen zu tun hatte. Werden dem B die 10.000 Euro in typischer Stückelung, dessen Herkunft er nicht erklären kann, nun zurückgegeben? Nach der Gesetzesbegründung sollte das geschehen. Nach der Konzeption der Norm und der Intention des Gesetzgebers, mit diesem Instrument Abschöpfungslücken im Bereich der organisierten Kriminalität und des Terrorismus zu schließen,[555] wäre das kontraindiziert und widersprüchlich. Es ist auch kein Grund ersichtlich, weshalb eine Staatsanwaltschaft trotz Vorliegens der Voraussetzungen keine selbstständige Einziehung beantragen sollte. Im Ergebnis bleibt es deshalb dabei, dass eine solche Abschöpfung nur durch den Nachweis des rechtmäßigen Erwerbs verhindert werden kann und die Situation für den Betroffenen besser wäre, wenn ihm eine konkrete Straftat vorgeworfen würde, gegen die er sich dann auch konkret verteidigen kann.

(dd) Zwischenergebnis

Über § 76a Abs. 4 StGB wird eine Beweislastumkehr etabliert, gegen die sich der Betroffene verteidigen muss. Dies ist ihm nur möglich, indem er den rechtmäßigen Erwerb des Einziehungsgegenstandes beweist. Alibis oder andere zur Abwendung eines strafrechtlichen Vorwurfs ausreichende Verteidigungsmöglichkeiten

---

554 Falls die Verstrickung in kriminelle Aktivitäten der gewichtigere Punkt wäre und somit eine Einziehung erfolgte, muss dann zudem der Gleichheitsgrundsatz gemäß Art. 3 Abs. 1 GG in den Blick genommen werden.

555 BR-Drs. 418/16, S. 62; BT-Drs. 18/9525, S. 58.

sind nicht zielführend, da er sich nicht gegen eine bestimmte, sondern gegen jede erdenkliche Straftat verteidigen muss, die den Einziehungsgegenstand hätte hervorbringen können.

(b) Die Eigentumsvermutung des § 1006 BGB

Aufgrund dieser veränderten Beweislastverteilung ist die Eigentumsvermutung für Besitzer gemäß § 1006 Abs. 1 BGB in den Blick zu nehmen:

> *„[1]Zugunsten des Besitzers einer beweglichen Sache wird vermutet, dass er Eigentümer der Sache sei. [2]Dies gilt jedoch nicht einem früheren Besitzer gegenüber, dem die Sache gestohlen worden, verloren gegangen oder sonst abhanden gekommen ist, es sei denn, dass es sich um Geld oder Inhaberpapiere handelt."*

Zum Teil wird vertreten, diese Vermutung werde durch die selbstständige erweiterte Einziehung ausgehebelt.[556] Dieser Ansicht ist nicht zuzustimmen. Es ist zwar zutreffend, dass sich die Beweislast auf den Einziehungsbetroffenen verschiebt. Dessen Eigentümerstellung ist für die Einziehung jedoch unerheblich.[557] Denn zur Abwehr einer solchen muss er nicht beweisen, dass er der Eigentümer des Einziehungsgegenstandes ist, sondern dass er diesen rechtmäßig erlangt hat.[558] Auch wenn der Betroffene den Gegenstand nach Überzeugung des Gerichts zwar deliktisch, aber zivilrechtlich wirksam erworben hat, wird dieser abgeschöpft. Wäre das Eigentum ein für die Einziehung zu berücksichtigender Punkt, könnte der Gesetzgeber damit die von ihm identifizierten Abschöpfungslücken nicht schließen. Diese hat er insbesondere beim Auffinden großer Bargeldbeträge durch Zoll- und Polizeibehörden ausgemacht, deren Herkünfte wegen regelmäßig vorhanden Auslandsbezuges nicht aufgeklärt werden können.[559] In so einem Fall streitet § 1006 Abs. 1 S. 1 BGB für den Besitzer des Bargeldes, der folglich auch als dessen Eigentümer anzusehen ist. Nichtsdestotrotz findet eine Einziehung nach § 76a Abs. 4 StGB statt, wenn Indizien für eine rechtswidrige Herkunft des Geldes sprechen.[560] Da durch die selbstständige

---

556 *Saliger* ZStW 2017, 995 (1030); a.A. wohl *Köhler/Burkhard* NStZ 2017, 665 (672 Fn. 68), die darauf hinweisen, dass die Vermutung des § 1006 BGB sich für den Betroffenen nachteilig auswirken könne, wenn er das Missverhältniskriterium entkräften will, indem er behauptet, der bewegliche Gegenstand gehöre einem Dritten mit erheblichen legalen Einkünften.

557 *Köhler/Burkhard* NStZ 2017, 665 (671 f.); MüKo-StGB/*Joecks/Meißner* § 76a Rn. 14; Schönke/Schröder/*Eser/Schuster* § 76a Rn. 10.

558 BR-Drs. 418/16, S. 104; BT-Drs. 18/9525, S. 92.

559 BR-Drs. 418/16, S. 49; BT-Drs. 18/9525, S. 48.

560 BR-Drs. 418/16, S. 62; BT-Drs. 18/9525, S. 58.

erweiterte Einziehung nicht die Eigentümerstellung des Betroffenen, sondern der rechtmäßige Erwerb des Einziehungsgegenstandes in Frage gestellt wird, ist die Vermutung des § 1006 Abs. 1 S. 1 BGB nicht tangiert.

(3) Abwägung

Um beantworten zu können, ob es sich bei der selbstständigen erweiterten Einziehung um eine angemessene Maßnahme handelt, ist eine Abwägung zwischen den gesetzgeberischen Zielen und den Belastungen des Eigentümers erforderlich.[561] Für die Angemessenheit der Maßnahme streitet, dass der Gesetzgeber damit das Vertrauen der Bevölkerung in die Rechtsordnung schützen und strafrechtswidrige Vermögenslagen beseitigen will.[562] Insbesondere mit der Einziehung gemäß § 76a Abs. 4 StGB beabsichtigt er, die Finanzierung der organisierten Kriminalität und des Terrorismus zu unterbinden.[563] Dass es sich dabei um wichtige Ziele handelt, die einen Eingriff in Art. 14 Abs. 1 GG rechtfertigen können, hat das Bundesverfassungsgericht bereits in seinem Urteil zum erweiterten Verfall nach altem Recht festgestellt.[564] Berücksichtigt werden muss aber auch, dass die vom Gesetzgeber vorgesehenen Begrenzungen der selbstständigen erweiterten Einziehung nicht bzw. nicht mehr greifen[565] und welche Auswirkungen das auf die Angemessenheit der Maßnahme zeitigt.

(a) Hinsichtlich des Vortatenkatalogs wurde festgestellt, dass er nicht ausschließlich Delikte enthält, die typischerweise der organisierten Kriminalität oder dem Terrorismus zuzuordnen sind. Dennoch wird teilweise vertreten, dieser Katalog stelle eine ausreichende Einschränkung der selbstständigen erweiterten Einziehung dar, die eine Unverhältnismäßigkeit der Maßnahme verhindere.[566] Für die Frage, ob er diese Funktion erfüllen kann, wenn er nicht auf Terrorismus- und Delikte der organisierten Kriminalität limitiert ist, ist das Urteil des Bundesverfassungsgerichts zum erweiterten Verfall nach altem Recht aufschlussreich. Dort heißt es, die Beschränkung der „erleichterte[n] Abschöpfung von Deliktsgewinnen auf bestimmte, dem ‚organisierten Verbrechen' zugerechnete Tätergruppen"

561 *Jarass*/Pieroth GG Art. 14 Rn. 39; Sachs/*Wendt* GG Art. 14 Rn. 87; v. Münch/Kunig/*Bryde*/ *Wallrabenstein* GG Art. Rn. 108.

562 BR-Drs. 418/16, S. 46, 62; BT-Drs. 18/9525, S. 45, 58.

563 BR-Drs. 418/16, S. 3, 62, 80; BT-Drs. 18/9525, S. 3, 58, 73.

564 BVerfGE 110, 1 (28 f.; 32 f.); *Meyer* NZWiSt 2018, 246 (249); *Meyer* StV 2017, 343 (351).

565 Vgl. (1) Die Begrenzung der selbstständigen Einziehung, S. 97 ff.

566 *Meyer* StV 2017, 343 (352); *Saliger* ZStW 2017, 995 (1026 f.).

sei „durch besondere Beweisschwierigkeiten und durch die vom Gesetzgeber [...] verfolgten Gewinnabschöpfungsziele sachlich hinreichend gerechtfertigt."[567] Weiter wird dem Gesetzgeber bescheinigt, seine Einschätzung, eine

> *„effektive Gewinnabschöpfung sei bei ‚organisiert' vorgehenden Straftätern wegen deren erfahrungsgemäß konspirativen Verhaltens nur unter den erleichterten Voraussetzungen des § 73d StGB möglich, ist nicht offensichtlich fehlsam und genügt daher den verfassungsrechtlichen Anforderungen. Auch die Typisierung der ‚organisierten Kriminalität' durch das Merkmal der banden- oder gewerbsmäßigen Tatbegehung wahrt die Grenzen des dem Gesetzgeber vom Grundgesetz zugebilligten Beurteilungsspielraums [...]."*[568]

Aus diesem Passus werden mehrere Dinge deutlich: Das Bundesverfassungsgericht hält die erweiterte Einziehungsmöglichkeit bei Tätergruppen, die der organisierten Kriminalität angehören, wegen deren konspirativen Vorgehens und den daraus resultierenden Beweisschwierigkeiten für zulässig. Die Charakterisierung der organisierten Kriminalität durch ein banden- oder gewerbsmäßiges Vorgehen ist rechtmäßig. Das Gericht hat den erweiterten Verfall somit nicht für alle, sondern nur für bestimmte Arten von Kriminalität gebilligt. Deshalb stellt sich die selbstständige erweiterte Einziehung als unverhältnismäßig dar, soweit ihr Vortatenkatalog Delikte erfasst, die nicht der organisierten Kriminalität oder dem Terrorismus zuzuordnen sind.[569] Der Unterschied zwischen dem Vortatenkatalog des § 73d StGB a.F.[570] und § 76a Abs. 4 S. 3 StGB zeigt sich unter anderem an der bereits erörterten Geldwäsche. Während die selbstständige erweiterte Einziehung die Geldwäsche undifferenziert als Vortat benennt, hieß es in der bis zum 01.07.2017 geltenden Fassung des § 261 Abs. 7 S. 3 StGB:

> *„§ 73d ist anzuwenden, wenn der Täter gewerbsmäßig oder als Mitglied einer Bande handelt, die sich zur fortgesetzten Begehung einer Geldwäsche verbunden hat."*

---

567 BVerfGE 110, 1 (32).

568 BVerfGE 110, 1 (32 f.).

569 So auch *Höft* HRRS 2018, 196 (204); *Schilling/Corsten/Hübner* StraFo 2017, 305 (310); zu diesem Ergebnis kommen wegen der uneingeschränkten Aufnahme der Geldwäsche in den Vortatenkatalog: *El-Ghazi/Marstaller/Zimmermann* NZWiSt 2021, 297 (303); auch *Korte* wistra 2018, 1 (6) stellt fest, dass „die erweiterte Gewinnabschöpfung nur bei den Tätergruppen dieser Taten" vom Bundesverfassungsgericht als gerechtfertigt angesehen worden ist, hält aber dennoch eine Änderung des Systems nicht zwingend für verfassungswidrig.

570 Allerdings hatte dieser keinen wirklichen Katalog, sondern die Delikte, in denen ein erweiterter Verfall möglich sein sollte, mussten auf diesen verweisen, vgl. § 73d Abs. 1 S. 1 StGB a.F.

Hier hat der Gesetzgeber sich an die vom Bundesverfassungsgericht gebilligte Definition der organisierten Kriminalität als banden- oder gewerbsmäßige Begehung gehalten. Dass eine (einfache) Geldwäsche – insbesondere nach ihrer Neufassung – aber nicht nur von Mitgliedern der organisierten Kriminalität oder terroristischer Vereinigungen, sondern auch von Einzeltätern begangen wird, dürfte unwidersprochen bleiben. Ebenso verhält es sich mit den anderen, bereits benannten Delikten, die nicht typischerweise diesen Formen der Kriminalität zuzuordnen sind. Verstärkt wird diese unzureichende Limitierung durch die fehlende Verbindung von Anknüpfungs- und Herkunftstat.[571] Aufgrund des unangemessen weiten Anlasstatenkatalogs liegt ein Verstoß gegen Art. 14 Abs. 1 GG vor.[572]

(b) Diese Weite wird durch die Entkoppelung von Katalogtatverdacht und Sicherstellungszeitpunkt noch verschärft. Wie dargelegt, führt die Möglichkeit eine Sicherstellung nachträglich (auch) auf einen Katalogtatverdacht zu stützen dazu, dass die ohnehin geringe Begrenzungswirkung des Straftatenkatalogs praktisch vollständig aufgegeben wird.[573] Zudem werden dadurch die Rechtsschutzmöglichkeiten des Betroffenen verkürzt.[574] Die Entkoppelung vertieft damit den festgestellten Verstoß gegen das Eigentumsgrundrecht.[575]

(c) Ebenfalls problematisch ist die große Reichweite der selbstständigen erweiterten Einziehung durch die Übertragung der Geldwäsche-Rechtsprechung auf das Merkmal des „Herrührens." Wie gezeigt, ist es den Ermittlungsbehörden auf diese Weise in Vermischungskonstellationen möglich, nachweislich legales Vermögen zusammen mit dem mutmaßlich aus rechtswidrigen Taten stammenden

---

571 *Hinderer/Blechschmitt* NZWiSt 2018, 179 (181); *Kraushaar* NZWiSt 2019, 288 (290); in diese Richtung auch *Meyer* NZWiSt 2018, 246 (247 Fn. 12, 248).

572 *El-Ghazi/Marstaller/Zimmermann* NZWiSt 2021, 297 (303); *Höft* HRRS 2018, 196 (204); *Schilling/Corsten/Hübner* StraFo 2017, 305 (310); in diese Richtung auch: *Hinderer/Blechschmitt* NZWiSt 2018, 179 (181, 185); *Kraushaar* NZWiSt 2019, 288 (289 f., 293); Stellungnahme des DAV Nr. 30/2016, S. 18; a.A. *Meyer* StV 2017, 343 (352); *Saliger* ZStW 2017, 995 (1026 f.).

573 Die Verquickung von Sicherstellungszeitpunkt und Katalogtatverdacht als wichtige Einhegungsmöglichkeit der selbstständigen Einziehung sehen auch: BGHSt 64, 186 (192); *Bittmann* NStZ 2020, 152 (155); *Kraushaar* NJW 2020, 167 (168).

574 BGHSt 64, 186 (193).

575 Bereits BGHSt 64, 186 (191) sieht in der Verknüpfung von Katalogtatverdacht und Sicherstellungszeitpunkt eine mögliche Verhältnismäßigkeitserwägung des Gesetzgebers; ebenso *Meyer* StV 2017, 343 (345).

Beträgen abzuschöpfen. In Fällen der nachgewiesenen Geldwäsche ist dies unproblematisch möglich. Stammten in dem obigen Autokauf-Beispiel die 2.000 Euro aus erspartem Arbeitslohn und die 8.000 Euro aus einem nachgewiesenen Raub, könnten die 2.000 Euro als Tatmittel einer Geldwäsche nach § 74 Abs. 1 StGB abgeschöpft werden.[576] Der Eingriff in Art. 14 GG ist in dieser Konstellation aufgrund der nachweislich begangenen Straftaten ohne Weiteres begründbar.[577] Eine Rechtfertigung für die Einziehung nachgewiesenermaßen legalen Vermögens wegen der Vermischung mit mutmaßlich aus rechtswidrigen Taten stammendem Kapital ist hingegen nicht ersichtlich.[578] Letztlich handelt es sich dabei um den Entzug von Legalvermögen wegen eines bloßen Verdachts.[579] Hinzu kommt, dass auch ansonsten kein ausreichender Schutz rechtmäßig erlangter Vermögenswerte gewährleistet ist.[580] Da eine Straftat nicht nachgewiesen werden muss, droht eine Einziehung schon dann, wenn der Betroffene den gesetzeskonformen Erwerb nicht oder nicht mehr nachweisen kann.[581] Im Gegensatz dazu hat das Bundesverfassungsgericht die Auslegung des erweiterten Verfalls nach altem Recht durch den Bundesgerichtshof nur deshalb gebilligt, weil die Gefahr der Abschöpfung legal erworbener Vermögenspositionen des Betroffenen nicht bestanden habe.[582] Der Bundesgerichtshof forderte die Überzeugung

576 NK-StGB/*Altenhain* § 261 Rn. 146; *Rönnau/Begemeier* JZ 2018, 443 (448); SSW-StGB/*Heine* § 76a Rn. 15.

577 Lackner/Kühl/*Heger* § 74 Rn. 1; *Rönnau/Begemeier* JZ 2018, 443 (448).

578 So auch *Rönnau/Begemeier* JZ 2018, 443 (448); *Rönnau/Begemeier* NStZ 2021, 705 (708); bereits *Meyer* StV 2017, 343 (345) warnt davor, dass der Boden des Legitimationskonzepts verlassen würde, wenn der Abschöpfungsumfang über das rechtswidrig Erlangte hinausgehe.

579 Deshalb bezeichnet *Gebauer* ZRP 2016, 101 (104 Rn. 38) die selbstständige erweiterte Einziehung als „Verdachtsmaßnahme“ bzw. „Verdachtsstrafe“; *Pelz* NZWiSt 2018, 251 (252) und *Trüg* NJW 2017, 1913 (1916) sprechen von einer „Verdachtssanktion“ und SSW-StGB/*Heine* § 76a Rn. 15 geht von einem „Geldwäschetatbestand ohne Schuldfeststellung“ aus; ähnlich *Köhler/Burkhard* NStZ 2017, 665 (672).

580 Dies gilt umso mehr als die selbstständige Einziehung seit 2021 auch (vermeintliche) Nutzungen erfasst, weshalb *El-Ghazi/Marstaller/Zimmermann* NZWiSt 2021, 297 (302) Zweifel an der Verhältnismäßigkeit dieses Abschöpfungsinstruments äußern.

581 Beispielsweise wegen Zeitablaufs, vgl. *Hinderer/Blechschmitt* NZWiSt 2018, 179 (183); *Hüls* ZWH 2017, 242 (251).

582 BVerfGE 110, 1 (29 f.); in diese Richtung auch der Hinweis von *Meyer* NZWiSt 2018, 246 (249), wonach „eine Vorschrift und das flankierende Beweisverfahren nur dann [verfassungs- und menschenrechtskonform sei], wenn sie auch noch für den gedachten Fall eines Fehlurteils verhältnismäßig bleiben.“

des Tatrichters von der deliktischen Herkunft des Verfallsgegenstandes.[583] Eine solche wird zwar auch bei der selbstständigen Einziehung im Hinblick auf das Herrühren des Einziehungsgegenstandes aus einer rechtswidrigen Tat verlangt.[584] Allerdings war der Tatrichter bei § 73d StGB a.F. „gehalten, die nachgewiesenen Anlasstaten in seine Überzeugungsbildung einzubeziehen, selbst wenn aus ihnen kein Gewinn erzielt worden“[585] war. Da für die selbstständige erweiterte Einziehung gerade keine Straftat nachgewiesen sein darf, ist die Tatsachenbasis, anhand derer der Tatrichter sich seine Überzeugung bildet, ungleich schwächer und fehleranfälliger.[586] Insofern greift auch der Einwand nicht durch, der Beeinträchtigung legal erworbener Vermögenspositionen könne durch die Ausgestaltung als Soll-Vorschrift und dem daraus resultierenden Ermessen entgegengewirkt werden.[587] Denn wenn das Gericht infolge einer unzureichenden oder fehlerhaften Tatsachenbasis nicht erkennt bzw. erkennen kann, dass legales Vermögen eingezogen wird, kann es das auch bei seiner Ermessensausübung nicht berücksichtigen. Aufgrund dessen ist ein ausreichender Schutz legalen Vermögens nicht gewährleistet. Ein Zirkelschluss wäre in diesem Zusammenhang, auf die Subsidiarität des § 76a Abs. 4 StGB gegenüber anderen Einziehungsnormen hinzuweisen.[588] Denn diese sind nur bei einer nachgewiesenen Straftat anwendbar. In dem Fall bestünde aber auch das Problem der fehleranfälligeren Tatsachengrundlage nicht mehr. Im Ergebnis führt die Weite der selbstständigen Einziehung ebenfalls zu einem Verstoß gegen Art. 14 Abs. 1 GG.[589]

---

583 BVerfGE 110, 1 (25 f.); BGHSt 40, 371 (373).

584 Siehe dazu Kapitel C) Die freie richterliche Beweiswürdigung, S. 81 ff.

585 BVerfGE 110, 1 (26); vgl. auch BGHSt 40, 371 (373).

586 In diese Richtung auch *Gebauer* ZRP 2016, 101 (104); *Hinderer/Blechschmitt* NZWiSt 2018, 179 (184); *Löffelmann* Rechtspolitik 2016, S. 63; MüKo-StPO/*Scheinfeld/Langlitz* § 437 Rn. 7, 16; *Rönnau/Begemeier* NZWiSt 2016, 260 (264); *Pelz* NZWiSt 2018, 251 (252 f.) meint, die Herkunft des Einziehungsgegenstandes bleibe „weitgehend spekulativ“; *Fischer* § 73a Rn. 8 geht bereits hinsichtlich der erweiterten Einziehung davon aus, dass die dafür erforderliche richterliche Überzeugung von der rechtswidrigen Herkunft des Gegenstands nicht inhaltsgleich mit der für einen Schuldspruch erforderlichen Überzeugung sei.

587 So aber KG NZWiSt 2021, 74 (77); LG Aachen 60 KLs 2/21, juris Rn. 26; *El-Ghazi/Marstaller/Zimmermann* NZWiSt 2021, 297 (301).

588 So jedoch *Köhler* NZWiSt 2018, 226 (229).

589 Ebenso sehen es: *Rönnau/Begemeier* JZ 2018, 443 (447 f.); ebenfalls zweifelnd an der Vereinbarkeit mit Art. 14 Abs. 1 GG: *Gebauer* ZRP 2016, 101 (104); *Hinderer/Blechschmitt* NZWiSt 2018, 179 (184, 185); *Schilling/Corsten/Hübner* StraFo 2017, 305 (310); a.A. KG NZWiSt 2021, 74 (77); LG Aachen 60 KLs 2/21, juris Rn. 26.

(d) Zuletzt ist in die Abwägung noch die durch § 76a Abs. 4 StGB etablierte Beweislastumkehr einzubeziehen. Im Rahmen eines Verfahrens zur Feststellung der Strafbarkeit ist eine solche verfassungswidrig.[590] Wegen der festgestellten Strafähnlichkeit der Maßnahme ergibt sich eine Verfassungswidrigkeit der Beweislastumkehr nach hier vertretener Auffassung auch für die selbstständige erweiterte Einziehung.[591]

Darauf kommt es im Ergebnis aber gar nicht an. Der Gesetzgeber lehnt eine Strafähnlichkeit der Maßnahme ab und hält eine Orientierung an zivilrechtlichen Darlegungs- und Beweislastregeln für möglich.[592] Sie sei ausschließlich an Art. 14 GG zu messen.[593] Diese Ausgangssituation bestand auch bei der Beurteilung des erweiterten Verfalls nach altem Recht. Dennoch hat der Bundesgerichtshof auch für diese nicht-strafähnliche Maßnahme, die sich nur an Art. 14 GG messen lassen musste, festgestellt, dass für eine Verurteilung

> *„selbst ein sehr hohes Maß an Wahrscheinlichkeit die notwendige tatrichterliche Überzeugung nicht ersetzen kann […]. Nichts anderes kann für die Feststellungen gelten, die die Anordnung des erweiterten Verfalls tragen.“*[594]

Mit anderen Worten ist bereits eine bloße Beweismaßreduktion – auch im Rahmen von nicht-strafähnlichen Maßnahmen – unzulässig.[595] Diese einengende Auslegung des Bundesgerichtshofs wurde durch das Bundesverfassungsgericht bestätigt.[596] Wenn aber schon eine Beweismaßreduktion unzulässig ist und ebenso ein Beweis des ersten Anscheins[597], gilt dies in der Konsequenz erst recht für eine Beweislastumkehr, die für den Betroffenen noch deutlich nachteiliger ist.[598]

---

590 Siehe exemplarisch: BVerfGE 9, 167 (170); 84, 82 (87); Stellungnahme der BRAK Nr. 15/2016, S. 7; *Korte* wistra 2018, 1 (8); *Saliger* ZStW 2017, 995 (1029); dasselbe gilt für einen Beweis des ersten Anscheins: BVerfGE 84, 82 (87); BGH NStZ-RR 2007, 86 (87); BGH NStZ 2004, 35 (36).

591 Bereits *Köhler* NZWiSt 2018, 226 (229) stellt fest, dass dies die logische Schlussfolgerung bei angenommener Strafähnlichkeit der Maßnahme ist.

592 BR-Drs. 418/16, S. 104; BT-Drs. 18/9525, S. 92.

593 BR-Drs. 418/16, S. 104; BT-Drs. 18/9525, S. 92.

594 BGHSt 40, 371 (373).

595 *Rönnau* FS-Ostendorf 707 (710 ff.); *Schilling/Hübner* StV 2018, 49 (55).

596 BVerfGE 110, 1.

597 BVerfGE 84, 82 (87); BGH NStZ-RR 2007, 86 (87); BGH NStZ 2004, 35 (36).

598 In diese Richtung auch *Saliger* ZStW 2017, 995 (1029 f.), wenn er darlegt, dass in anderen Ländern dem Eigentümer die Beweislast für den rechtmäßigen Erwerb seines Eigentums auferlegt werden kann, der Rechtsprechung des Bundesverfassungsgerichts zu Art. 14 GG aber engere Grenzen entnommen werden können.

Eine andere Beurteilung ergibt sich auch nicht dadurch, dass die Ermittlungsbehörden in den Fällen, für die § 76a Abs. 4 StGB konzipiert wurde, in ständiger Beweisnot handeln. Es ist zwar richtig, dass Beweisschwierigkeiten im Zusammenspiel mit wichtigen gesellschaftlichen Zielen „den Rückgriff auf von der Verurteilung einzelner Täter losgelöste Einziehungsmechanismen"[599] rechtfertigen können. Doch diesem kriminalpolitischen Bedürfnis[600] hat das Bundesverfassungsgericht bereits Rechnung getragen, indem es die mittelbare Beweisführung des Bundesgerichtshofes gebilligt hat.[601] Da es dem Bundesgerichtshof außerdem attestierte, die vom Gesetzgeber für ausreichend erachtete hohe Wahrscheinlichkeit aus sachbezogenen Erwägungen und nicht willkürlich verworfen zu haben,[602] stellte es klar, dass die mittelbare Beweisführung die äußerste Grenze der zulässigen Beweiserleichterungen für Ermittlungsbehörden und Gerichte darstellt.[603] Eine Beweislastumkehr ist verfassungswidrig.[604]

(e) Das Bundesverfassungsgericht hat die Auslegung des erweiterten Verfalls nach altem Recht gebilligt, weil eine „Beeinträchtigung legal erworbener Vermögenspositionen des Betroffenen [...] nach der vom Bundesgerichtshof im Ausgangsverfahren vorgenommen Auslegung des § 73d Abs. 1 Satz 1 StGB nicht zu besorgen"[605] gewesen sei. Wie die festgestellten Verstöße gegen Art. 14 GG belegen, ist diese Besorgnis bei der selbstständigen erweiterten Einziehung aber gegeben. Es ist bei dieser Maßnahme nicht sichergestellt, dass keine Einziehung legalen Vermögens erfolgt. Handelt es sich bei den Einziehungsgegenständen tatsächlich um rechtswidrig erlange Vermögenswerte, bestehen an der Rechtmäßigkeit der Maßnahme keine Zweifel. Mangels einer nachgewiesenen Straftat kann es darüber aber nie Gewissheit geben. Zutreffend weist *Meyer* darauf hin, dass bei der Frage nach der Verhältnismäßigkeit einer Maßnahme auch das Risiko einer Fehlentscheidung und deren Folgen berücksichtigt werden müssen.[606] Da die vermeintlichen Begrenzungen wie der Anlasstatenkatalog und das

599 *Meyer* NZWiSt 2018, 246 (249); so sehen es für die selbstständige Einziehung: *Meyer* StV 2017, 343 (352); *Saliger* ZStW 2017, 995 (1025).

600 So BR-Drs. 418/16, S. 80; BT-Drs. 18/9525, S. 73.

601 BVerfGE 110, 1 (27); BGHSt 40, 371 (373).

602 BVerfGE 110, 1 (27 f.).

603 A.A.: *Korte* wistra 2018, 1 (6); *Meyer* StV 2017, 343 (348).

604 *Korte* wistra 2018, 1 (8); *Saliger* ZStW 2017, 995 (1029 f.); Stellungnahme der BRAK Nr. 15/2016, S. 7.

605 BVerfGE 110, 1 (30 f.).

606 *Meyer* NZWiSt 2018, 246 (249).

Merkmal des „Herrührens" nicht funktionieren und zusätzlich eine Beweislastumkehr etabliert wird, ist die Gefahr einer Fehlentscheidung bei der selbstständigen Einziehung überproportional hoch. In der Konsequenz würde eine solche zum endgültigen Verlust legal erworbenen Eigentums führen, vgl. § 76a Abs. 4 S. 2 StGB. Somit spricht auch dieses Kriterium gegen eine Verhältnismäßigkeit der Maßnahme.

Im Ergebnis bleibt damit festzuhalten, dass die selbstständige erweiterte Einziehung aus mehreren Gründen gegen die Eigentumsgarantie aus Art. 14 Abs. 1 GG verstößt.[607]

dd) Bestimmtheitsgrundsatz

Neben dem Eigentumsgrundrecht ist der verfassungsrechtliche Bestimmtheitsgrundsatz in den Blick zu nehmen. Zwar greift unter Zugrundelegung der gesetzgeberischen Auffassung, bei der selbstständigen erweiterten Einziehung handele es sich nicht um eine strafähnliche Maßnahme, nicht das strafrechtliche Bestimmtheitsgebot gemäß Art. 103 Abs. 2 GG, § 1 StGB.[608] Der allgemeine rechtsstaatliche Bestimmtheitsgrundsatz gilt jedoch für alle Rechtsnormen.[609] Danach müssen sowohl die Rechtsnormen als auch die darauf basierenden Einzelfallentscheidungen nach „Inhalt, Zweck und Ausmaß hinreichend bestimmt und begrenzt"[610] sein. Das staatliche Handeln muss für den Betroffenen „messbar und in gewissem Ausmaß [...] voraussehbar und berechenbar"[611] sein. Diese

---

607 *El-Ghazi/Marstaller/Zimmermann* NZWiSt 2021, 297 (303); *Höft* HRRS 2018, 196 (204); *Rönnau/Begemeier* JZ 2018, 443 (447 f.); *Saliger* ZStW 2017, 995 (1032); in diese Richtung auch *Löffelmann* Rechtspolitik 2016, S. 60, 63; Zweifel an der Vereinbarkeit mit Art. 14 GG haben auch: *Gebauer* ZRP 2016, 101 (104); MüKo-StGB/*Joecks/Meißner* § 76a Rn. 14; MüKo-StPO/*Scheinfeld/Langlitz* § 437 Rn. 16; NK-WSS/*Lindemann/Bauerkamp* StGB § 76a Rn. 23; *Schilling/Corsten/Hübner* StraFo 2017, 305 (310); Schönke/Schröder/*Eser/Schuster* § 76a Rn. 10; a.A. KG NZWiSt 2021, 74 (77); LG Aachen 60 KLs 2/21, juris Rn. 26; *Meyer* StV 2017, 343 (354); *Pohar* Die Rechtsnatur der verurteilungsunabhängigen Vermögensabschöpfung, S. 215 f.

608 Siehe dazu BVerfGE 86, 288 (311); nach hier vertretener Auffassung ist Art. 103 Abs. 2 GG einschlägig, da von einer Strafähnlichkeit der Maßnahme ausgegangen wird.

609 *Sachs* GG Art. 20 Rn. 126 ff.; v. Münch/Kunig/*Kotzur* GG Art. 20 Rn. 148.

610 BVerfGE 56, 1 (12); 110, 33 (54); vgl. auch: *Jarass*/Pieroth GG Art. 20 Rn. 86; v. Mangoldt/Klein/Starck/*Sommermann* GG Art. 20 Rn. 289.

611 BVerfGE 56, 1 (12); 103, 332 (385); 108, 52 (75); 128, 282 (317 f.); 134, 141 (184); vgl. auch Dürig/Herzog/Scholz/*Grzeszick* GG Art. 20 Rn. 58; *Jarass*/Pieroth GG Art. 20 Rn. 86; v. Mangoldt/Klein/Starck/*Sommermann* GG Art. 20 Rn. 289.

Anforderungen erhöhen sich, je intensiver durch oder aufgrund einer Norm in ein Grundrecht eingegriffen wird.[612] Die selbstständige erweiterte Einziehung führt gemäß § 76a Abs. 4 S. 2 StGB zu einem Eigentumsübergang des sichergestellten Gegenstandes auf den Staat. In einer solchen vollständigen Entziehung liegt – abgesehen von Zerstörung und Enteignung – der intensivste Eingriff in das Eigentumsgrundrecht des Art. 14 GG. Dementsprechend hoch sind die Anforderungen an die Bestimmtheit der Norm.

Im Hinblick darauf gibt es zwei problematische Punkte. Das ist zum einen die Entkoppelung von Katalogtatverdacht und Sicherstellungszeitpunkt. Zum anderen geht es um die Voraussetzungen der selbstständigen Einziehung.

(1) Entkoppelung von Katalogtatverdacht und Sicherstellungszeitpunkt

Der Bundesgerichtshof hat zur alten Fassung der selbstständigen erweiterten Einziehung festgestellt, dass die „Anknüpfung belastender Maßnahmen an eine retrospektiv erfolgende Umdeutung der Verdachtslage […] ein Fremdkörper und unter dem Gesichtspunkt der Bestimmtheit und Vorhersehbarkeit bedenklich“[613] sei. Deshalb urteilte er, ein sich erst nach der Sicherstellung ergebender Katalogtatverdacht sei nicht ausreichend für eine selbstständige erweiterte Einziehung nach altem Recht.[614] Diesen Bedenken des höchsten Gerichts der ordentlichen Gerichtsbarkeit im Hinblick auf die Bestimmtheit der Maßnahme trug der Gesetzgeber mit der Neufassung des § 76a Abs. 4 StGB „Rechnung“, indem er die bedenkliche Anwendungsmöglichkeit in Gesetzesform goss. In der Gesetzesbegründung heißt es, mit der Neufassung solle eine Einziehung auch bei nach Sicherstellung aufkommendem Katalogtatverdacht ermöglicht werden.[615] Das Urteil des Bundesgerichtshofs findet nur als Beleg dafür Erwähnung, dass eine Einziehung nach altem Recht in diesen Konstellationen nicht möglich war.[616]

Dabei sind die Bedenken des Bundesgerichtshofs berechtigt. Die Möglichkeit der Ermittlungsbehörden, die Beschlagnahme nachträglich auf einen Katalogtatverdacht des § 76a Abs. 4 S. 3 StGB zu stützen, macht die Maßnahme für

612 BVerfGE 83, 130 (145); 86, 288 (311); 110, 33 (55); 117, 71 (111); 128, 282 (314).

613 BGHSt 64, 186 (192).

614 BGHSt 64, 186 (193); ähnlich LG Hamburg 610 Qs 21/19, juris Rn. 5; zustimmend *Bittmann* NStZ 2020, 648 (658); *Greier* jurisPR-StrafR 2/2020 Anm. 2; *Korte* wistra 2018, 1 (9); *Kraushaar* NJW 2020, 167.

615 BT-Drs. 19(26602, S. 7.

616 BT-Drs. 19/26602, S. 7.

den Betroffenen unvorhersehbar und unberechenbar. Einerseits ist für ihn nicht mehr ersichtlich, auf welchen Straftatverdacht die Beschlagnahme gestützt bzw. zusätzlich gestützt wird. Andererseits ist für ihn dann nicht mehr vorhersehbar, welche Rechtsfolgen ihn treffen können. Solange die Sicherstellung nicht auf eine Anlasstat der selbstständigen erweiterten Einziehung gestützt wird, ist eine Eigentumsentziehung bei dem Betroffenen nur möglich, wenn er einer konkreten, zumindest rechtswidrig begangenen Straftat überführt wird.[617] Für § 76a Abs. 4 StGB ist ein solch konkreter Nachweis nicht erforderlich. Kann dem Betroffenen keine Straftat nachgewiesen werden, hängt die Möglichkeit einer Eigentumsentziehung von dem Tatvorwurf ab. Somit macht es für den Adressaten einen gewichtigen Unterschied, worauf die Maßnahme gestützt wird. Im Widerspruch zur Rechtsprechung des Bundesverfassungsgerichts sind die Folgen der Sicherstellung für den Betroffenen damit – insbesondere hinsichtlich der Rechtsfolgen – nicht mehr voraussehbar und berechenbar.

Etwas anderes könnte nur gelten, wenn eine erneute Beschlagnahme auf der aktualisierten Verdachtsgrundlage – wegen eines Katalogtatverdachts – erfolgen würde.[618] Dann müsste eine erneute Beschlagnahmeanordnung ergehen, sodass der Betroffene Kenntnis über die ihm nunmehr vorgeworfene Straftat erlangen kann. Denn die Anordnung einer Beschlagnahme muss dem Betroffenen gemäß §§ 33 Abs. 2, 35 Abs. 2 StPO bekanntgegeben werden.[619] Somit müsste bei einer erneuten Beschlagnahme auch eine erneute Bekanntmachung erfolgen. Ob dies vom Gesetzgeber gewollt war, darf jedoch bezweifelt werden. Für ihn war es in den Fällen des nachträglichen Katalogtatverdachts ausreichend, wenn der

> *„Gegenstand nun auch wegen des Verdachts der entsprechenden Katalogstraftat sichergestellt wird, die Sicherstellung also auch unter dem Gesichtspunkt der Katalogtat fortdauern soll. Dabei ist es unschädlich, wenn die Sicherstellung auch wegen des bereits zu Anfang gefassten Verdachts einer sonstigen Straftat aufrechterhalten bleibt."*[620]

Demnach wollte er keine erneute Sicherstellung erreichen, sondern die bereits erfolgte Sicherstellung sollte auf einen zusätzlichen Grund gestützt werden. Dafür sprechen die Formulierungen, dass die Sicherstellung „fortdauern soll"

---

617 Abgesehen von § 76a Abs. 4 StGB ist für alle Arten der Einziehung gemäß den §§ 73 ff. StGB eine nachgewiesene Straftat erforderlich, auch wenn diese nicht zwingend schuldhaft begangen worden sein muss; eine Ausnahme besteht nur für die Sicherungseinziehung bei gefährlichen Gegenständen gemäß § 74b StGB.

618 Dafür plädierten *El-Ghazi/Zimmermann* wistra 2020, 64 (65) zu § 76a Abs. 4 StGB a.F.

619 KK-StPO/*Greven* § 98 Rn. 21; MüKo-StPO/*Hauschild* § 98 Rn. 21.

620 BT-Drs. 19/26602, S. 8.

und sie auch auf Basis des ursprünglichen Nicht-Katalogtatverdachts „aufrechterhalten" bleiben kann. In diesem Fall ist keine normativ abgesicherte Pflicht ersichtlich, den Betroffenen darüber zu informieren, dass die Beschlagnahme nunmehr zusätzlich auf den Verdacht einer anderen Straftat gestützt wird.

Somit bleibt es bei dem Ergebnis, dass die nachträgliche Feststellung eines Katalogtatverdachts die Bestimmtheit und Vorhersehbarkeit der Maßnahme für den Betroffenen unterminiert.[621]

Daraus resultiert ein weiteres Problem, das der Bundesgerichtshof ebenfalls vorhergesehen hat. Wird die Beschlagnahme auf einen Katalogtatverdacht des § 76a Abs. 4 S. 3 StGB gestützt, kann der Betroffene das Vorliegen der Voraussetzungen des § 94 StPO gerichtlich überprüfen lassen.[622] Wird die Beschlagnahme aber zu Anfang auf eine Nicht-Katalogtat gestützt und erst nachträglich um einen Katalogtatverdacht angereichert, wird diese Rechtsschutzmöglichkeit „ausgehebelt"[623]. Denn überprüft werden (können) dann nur die Beschlagnahme-Voraussetzungen, insbesondere der Anfangsverdacht hinsichtlich der Nicht-Katalogtat. Dem Betroffenen ist es zwar jederzeit möglich, eine richterliche Entscheidung bezüglich der Beschlagnahme zu beantragen (vgl. § 98 Abs. 2 S. 2 StPO). Dies gilt auch dann, wenn eine solche bereits ergangen ist und er anschließend weitere entgegenstehende Gründe für gegeben hält.[624] Allerdings hilft ihm das nicht, solange er nicht weiß, dass die Beschlagnahme zusätzlich auf den Verdacht einer Katalogtat gestützt wird. Somit erschwert ihm die fehlende Bestimmtheit die Wahrnehmung seiner Verteidigungsmöglichkeiten.

In der Entkoppelung von Katalogtatverdacht und Sicherstellungszeitpunkt liegt ein Verstoß gegen den Bestimmtheitsgrundsatz.[625]

(2) Voraussetzungen der selbstständigen erweiterten Einziehung

Die selbstständige erweiterte Einziehung hat nur eine „Tatbestandsvoraussetzung", die darin besteht, dass das Gericht von dem Herrühren des sichergestellten Gegenstands aus einer rechtswidrigen Tat überzeugt sein muss.[626] Der

---

621 Zu dieser Gefahr bei der alten Fassung des § 76a Abs. 4 StGB bereits BGHSt 64, 186 (192).

622 BGHSt 64, 186 (193).

623 BGHSt 64, 186 (193); *Bittmann* NStZ 2020, 152 (154); *Greier* jurisPR-StrafR 2/2020 Anm. 2.

624 So ausdrücklich KK-StPO/*Greven* § 98 Rn. 18; dies ergibt sich aber bereits aus der Befugnis des Betroffenen, „jederzeit" eine Entscheidung beantragen zu können.

625 In diese Richtung bereits BGHSt 64, 186 (192); zustimmend *Kraushaar* NJW 2020, 167.

626 *Gebauer* ZRP 2016, 101 (104); MüKo-StPO/*Scheinfeld/Langlitz* § 437 Rn. 19; Stellungnahme des DRB Nr. 9/16, S. 4; Stellungnahme der StVV vom 31.05.2016, S. 19,

Anlasstatenkatalog wirkt hierbei weniger wie eine Tatbestands- und mehr wie eine Anwendungsvoraussetzung für diese Maßnahme. Erfolgt die Sicherstellung wegen eines Katalogtatverdachts, ist das Instrument der selbstständigen Einziehung anwendbar. Erforderlich ist dann nur noch die richterliche Überzeugung von der rechtswidrigen Herkunft. Dies führt gleich zu mehreren Problemen mit der Rechtsprechung des Bundesverfassungsgerichts. Danach soll das

> *„Bestimmtheitsgebot […] sicherstellen, dass der demokratisch legitimierte Parlamentsgesetzgeber die wesentlichen Entscheidungen über Grundrechtseingriffe und deren Reichweite selbst trifft, dass Regierung und Verwaltung im Gesetz steuernde und begrenzende Handlungsmaßstäbe vorfinden und dass die Gerichte eine wirksame Rechtskontrolle durchführen können. Ferner erlauben die Bestimmtheit und Klarheit der Norm, dass der betroffene Bürger sich auf mögliche belastende Maßnahmen einstellen kann (vgl. BVerfGE 110, 33 [52 ff.]; 113, 348 [375 ff.]). Der Gesetzgeber hat Anlass, Zweck und Grenzen des Eingriffs hinreichend bereichsspezifisch, präzise und normenklar festzulegen (vgl. BVerfGE 100, 313 [359 f., 372]; 110, 33 [53]; 113, 348 [375]; 118, 168 [186 f.]).“*[627]

Diese Maßgabe lässt sich zu drei Punkten zusammenfassen. Zur Einhaltung des Bestimmtheitsgrundsatzes sind steuernde Vorgaben des Parlamentsgesetzgebers erforderlich. Diese müssen die Gerichte in die Lage versetzen, eine wirksame Rechtskontrolle vornehmen zu können, und sie müssen zu einer Vorhersehbarkeit der Maßnahme für den betroffenen Bürger führen.

(a) Vorgaben des Parlamentsgesetzgebers

Abgesehen von der Anwendungsvoraussetzung eines Katalogtatverdachts hat der Gesetzgeber nur vorgegeben, dass eine richterliche Überzeugung von der rechtswidrigen Herkunft des Einziehungsobjekts erforderlich ist. Darin ist kein „steuernder und begrenzender Handlungsmaßstab“ zu sehen. Ein solcher müsste „hinreichend klare Maßstäbe für Abwägungsentscheidungen“[628] bereitstellen. Doch der Richter ist in seiner Entscheidungsfindung und der Beweiswürdigung frei, vgl. Art. 97 Abs. 1 GG, § 261 StPO. Zwar hat der Gesetzgeber in § 437 StPO Kriterien genannt, die für die Entscheidungsfindung von Bedeutung sein können. Zwingend sind sie jedoch nicht und dürfen es auch nicht sein, da ansonsten ein Eingriff in die freie richterliche Beweiswürdigung vorläge.[629]

---

allerdings wird dort noch davon ausgegangen, der sichergestellte Gegenstand müsse zur Überzeugung des Gerichts aus einer Straftat des Katalogs des § 76a Abs. 4 S. 3 StGB stammen; ebenfalls kritisch: *Kraushaar* NZWiSt 2019, 288 (293).

627 BVerfGE 120, 378 (407 f.).

628 BVerfGE 110, 33 (54).

629 Dazu bereits in Kapitel C) Die freie richterliche Beweiswürdigung, S. 81 ff.

Hier wird der Zirkelschluss deutlich, dem der Gesetzgeber unterliegt: Wegen des Bestimmtheitsgrundsatzes ist er gehalten, normative Vorgaben für die Anwendung einer Maßnahme festzulegen. Dies kann er aber für die selbstständige erweiterte Einziehung nicht tun, weil die einzige Voraussetzung die richterliche Überzeugungsbildung ist, in die er nicht eingreifen kann, ohne gegen die Verfassung zu verstoßen. Somit ist unerheblich, was er tut: Solange dies die einzige Voraussetzung ist, verstößt er gegen die Verfassung. Das ist nur konsequent. Der Gesetzgeber ist das Parlament und nicht der Richter. Ist aber seine Überzeugung die einzige Tatbestandsvoraussetzung, wird die Handhabung dieses Instruments allein dem Richter bzw. dem Richterrecht überlassen.[630] Damit wird die freie richterliche Beweiswürdigung zum Selbstzweck. Um das zu verhindern, sind normative Tatbestandsmerkmale erforderlich. Da es an solchen fehlt, ist der Gesetzgeber seiner Aufgabe, die wesentlichen Entscheidungen über Grundrechtseingriffe selbst zu treffen, nicht nachgekommen.[631]

(b) Wirksame Rechtskontrolle

Ebenfalls in Frage zu stellen ist die vom Bundesverfassungsgericht geforderte wirksame Rechtskontrolle.[632] Wie das Gericht ausführt, ist damit grundsätzlich gemeint, dass das Handeln von Regierung und Verwaltung wirksam gerichtlich überprüft werden kann.[633] In bestimmten Konstellationen muss es jedoch auch die Möglichkeit geben, das Handeln von Gerichten wirksam überprüfen zu lassen. Das ist immer dann der Fall, wenn die Gerichte nicht in ihrer originären Funktion als rechtsprechende Gewalt tätig werden, sondern ihre Entscheidungen der vollziehenden Gewalt zuzuordnen sind.[634] Davon ist insbesondere auszugehen, wenn die Gerichte auf Antrag einen Eingriff vornehmen, der aus rechtsstaatlichen Schutzerwägungen nicht bzw. nicht allein der Exekutive überlassen wird.[635] Zu solch gravierenden Eingriffen zählen beispielsweise die Beschlagnahme und die Durchsuchung.[636] Auch die selbstständige erweiterte Einziehung fällt in diese Kategorie.[637] Sie ermöglicht einen endgültigen Eingriff in Art. 14

630 Zutreffend: Stellungnahme der StVV vom 31.05.2016, S. 19.
631 In diese Richtung auch: Stellungnahme der StVV vom 31.05.2016, S. 19.
632 BVerfGE 120, 378 (407); 113, 348 (375 ff.); 110, 33 (53 ff.).
633 BVerfGE 120, 378 (407); 113, 348 (375); 110, 33 (53).
634 BVerfGE 116, 1 (9 f.); 107, 395 (406); BVerfG NJW 2015, 3432; *Sachs* GG Art. 19 Rn. 120a; v. Münch/Kunig/*Ernst* GG Art. 19 Rn. 137.
635 BVerfGE 107, 395 (406); 103, 142 (151); 9, 89 (97).
636 Weitere Beispiele bei: BVerfGE 9, 89 (96 f.); v. Münch/Kunig/*Ernst* GG Art. 19 Rn. 137.
637 Bereits den erweiterten Verfall nach altem Recht ordnete das Bundesverfassungsgericht dieser Kategorie zu und stellte fest, dass er diese Voraussetzungen erfülle und

GG auf Antrag unter anderem der Staatsanwaltschaft (vgl. § 435 Abs. 1 StPO). Damit stellt sie sich als Maßnahme der Exekutive dar, gegen die eine wirksame Rechtskontrolle möglich sein muss.

An der Wirksamkeit bestehen jedenfalls hinsichtlich der Revisionsinstanz Zweifel.[638] Eine Überprüfung der Einziehungsentscheidung in der nächsten Instanz dürfte kaum einmal erfolgversprechend sein. Soweit nicht ein gravierender Fehler vorliegt, wie die Anordnung der Einziehung, obwohl (durchgehend) kein Katalogtatverdacht gegeben war, erfolgt lediglich eine Überprüfung der freien richterlichen Beweiswürdigung. Denn das ist die einzige Tatbestandsvoraussetzung und somit das Einzige, was von der nächsten Instanz geprüft werden könnte. Bekanntermaßen ist der Prüfungsmaßstab in diesem Fall eingeschränkt. Die Entscheidung des Tatrichters kann nur darauf untersucht werden, ob er bei der Beweiswürdigung gesicherte wissenschaftliche Erkenntnisse außer Acht gelassen, gegen Denkgesetze oder Erfahrungssätze des täglichen Lebens verstoßen hat.[639] Ferner muss seine Beweiswürdigung ohne Lücken, in sich widerspruchsfrei und darf nicht unklar sein und muss die für eine Verurteilung erforderliche Überzeugung tragen können.[640] Hält er diese Grenzen ein, kann gegen das Ergebnis der Beweiswürdigung auch dann nicht erfolgreich vorgegangen werden, wenn es lebensfremd anmutet.[641]

Die freie richterliche Beweiswürdigung als einziges Tatbestandsmerkmal in Verbindung mit diesem begrenzten Prüfungsmaßstab schränkt bei der

---

eine „Anordnung des erweiterten Verfalls für den Täter klar vorhersehbar" sei, vgl. BVerfGE 110, 1 (32).

638 Da eine selbstständige Einziehung sowohl im Urteil als auch selbstständig angeordnet werden kann (vgl. § 436 Abs. 2 i.V.m. § 434 Abs. 2, 3 StPO), gibt es dagegen bei amtsgerichtlichen Urteilen die Möglichkeit der Berufung oder der Revision (§ 436 Abs. 2 i.V.m. § 434 Abs. 3 S. 2 StPO), gegen Urteile der Strafkammern bleibt nur die Revision. Gegen die Anordnung der Einziehung durch Beschluss ist die sofortige Beschwerde zulässig (§ 436 Abs. 2 i.V.m. § 434 Abs. 2 StPO). Sowohl bei der Berufung als auch bei der sofortigen Beschwerde handelt es sich um eine erneute Tatsacheninstanz, weshalb das nachfolgend skizzierte Problem dort nicht auftreten kann.

639 BeckOK-StPO/*Eschelbach* § 261 Rn. 37; KK-StPO/*Ott* § 261 Rn. 49 f.; MüKo-StPO/*Miebach* § 261 Rn. 94.

640 BeckOK-StPO/*Eschelbach* § 261 Rn. 37; KK-StPO/*Ott* § 261 Rn. 49 f.; MüKo-StPO/*Miebach* § 261 Rn. 94.

641 BGH NStZ-RR 2007, 86 (87); MüKo-StPO/*Miebach* § 261 Rn. 364; zutreffend weist *Pelz* NZWiSt 2018, 251 (253) darauf hin, dass in der Praxis letztlich entscheidend sein dürfte, inwiefern das Gericht „in der Lage ist, seine Entscheidung in den Urteilsgründen in die richtigen Worte zu kleiden."

selbstständigen erweiterten Einziehung die Wirksamkeit der Rechtskontrolle ein. Bei anderen Normen kann geprüft werden, ob der vom Tatrichter zugrunde gelegte Sachverhalt auf einer fehlerfreien Beweiswürdigung beruht und die Subsumtion unter ein Strafgesetz erlaubt.[642] Dies trifft nicht nur auf Straftaten, sondern auch auf die anderen Einziehungstatbestände zu, da es sich bei ihnen um die Rechtsfolgen einer nachgewiesenen Tat handelt.[643] Bei § 76a Abs. 4 StGB ergibt die fehlerfreie Beweiswürdigung aber einen Sachverhalt, der sich gerade nicht unter ein Strafgesetz subsumieren lässt. Dieser Sachverhalt enthält jedoch Hinweise, die dafür sprechen könnten (nicht zwingend müssen), dass der Betroffene eine Straftat begangen hat. Nimmt der Tatrichter aufgrund dieser Indizien die Einziehung vor, was kann dann in der nächsten Instanz noch geprüft werden? Im Ergebnis nur, ob die berücksichtigten Hinweise so fernliegend für eine auf Bereicherung zielende Straftat sind, dass ihre Annahme schlicht abwegig wäre. Eine so eingeschränkte bzw. reduzierte Prüfungsdichte dürfte dem Erfordernis einer wirksamen Rechtskontrolle nicht mehr gerecht werden. Da sie aus fehlenden normativen Tatbestandsvoraussetzungen resultiert, liegt ein Verstoß gegen die verfassungsgerichtlichen Vorgaben an den Bestimmtheitsgrundsatz vor.

(c) Vorhersehbarkeit der Maßnahme

Ebenfalls zu bezweifeln ist die Vorhersehbarkeit der Maßnahme für den Betroffenen. Diese ist dann gewährleistet, wenn es dem Betroffenen möglich ist, sich auf eine etwaige belastende Maßnahme einzustellen.[644] In seinem Urteil zu Überwachungsmaßnahmen aufgrund des Niedersächsischen Gesetzes über die öffentliche Sicherheit und Ordnung konkretisierte das Bundesverfassungsgericht diese Anforderung. Danach verlangt das

> *„Bestimmtheitsgebot zwar nicht, dass die konkrete Maßnahme vorhersehbar ist, wohl aber, dass die betroffene Person grundsätzlich erkennen kann, bei welchen Anlässen und unter welchen Voraussetzungen ein Verhalten mit dem Risiko der Überwachung verbunden ist. Hinreichend bestimmte Voraussetzungen des staatlichen Eingriffs – und damit der ihn begrenzenden Maßstäbe – kommen auch Personen zugute, denen die konkreten Handlungsvoraussetzungen nicht bekannt sein können, weil sie den Anlass nicht geschaffen haben und eher zufällig betroffen sind.“*[645]

642 KK-StPO/*Gericke* § 337 Rn. 3 f., 27 ff.; MüKo-StPO/*Knauer/Kudlich* § 337 Rn. 2 f.

643 Auch die erweiterte Einziehung gemäß § 73a StGB darf nur im Falle einer nachgewiesenen Straftat angeordnet werden.

644 BVerfGE 120, 378 (407); 113, 348 (375); 110, 33 (53).

645 BVerfGE 113, 348 (376).

Übertragen auf die Einziehungstatbestände bedeutet dies: Wird die betroffene Person einer Straftat überführt, besteht die Möglichkeit einer Einziehung. Bei der Einziehung nach § 76a Abs. 4 StGB ist aber erforderlich, dass der Betroffene keiner Straftat überführt und je nach Verfahrensstadium sogar freigesprochen wird. Der unbewiesene Straftatverdacht bzw. der Freispruch muss aber wegen einer bestimmten Tat erfolgen. Schon das erscheint für sich gesehen nicht sonderlich vorhersehbar. Das Verfassungsgericht verlangt, dass der Betroffene erkennen kann, welche Anlässe das Risiko der Maßnahme begründen können. Bei der selbstständigen Einziehung müsste das ein Verhalten sein, das den Verdacht einer Katalogstraftat begründet. Da der Straftatenkatalog ganz unterschiedliche Delikte von der Vorbereitung einer schweren staatsgefährdenden Gewalttat bis zur Geldwäsche enthält, kann dieses Verhalten schon nicht immer dasselbe sein. Folglich lässt sich das Verhalten nicht spezifizieren. Und zusätzlich stellt sich die Frage, wann genau ein Verhalten bei den Ermittlungsbehörden den Verdacht für diese oder jene Straftat begründet.

Selbst wenn man hier noch von einer Vorhersehbarkeit ausgehen wollte, kann der Betroffene wegen eines Verhaltens, das zu dem Verdacht einer bestimmten Straftat geführt hat, strafrechtlich nicht verfolgt werden. Obwohl er also gegebenenfalls sogar freigesprochen wurde, muss es ihm jetzt möglich sein zu erkennen, unter welchen Voraussetzungen sein Verhalten dennoch zu einer selbstständigen Einziehung führen kann. An diesem Punkt kommt wieder das Problem zum Tragen, dass einziges Tatbestandsmerkmal die freie richterliche Überzeugungsbildung ist. Demnach ist es allein Sache des Tatrichters, auf welche Indizien er seine Überzeugung stützt und wie er sie gewichtet.[646] Diese Erwägungen variieren naturgemäß von Richter zu Richter.[647] Aufgrund dessen ist die Maßnahme für den Betroffenen nicht vorhersehbar. Da keine objektiven „Leitplanken" für die Anordnung der selbstständigen Einziehung existieren, können dieselben Indizien für den einen Richter ausreichend sein und für den anderen nicht. Dabei handelt es sich nicht nur um ein hypothetisches Problem, wie die Prognose des Deutschen Richterbundes vor dem Inkrafttreten der ersten Fassung der Norm zeigt, wonach

> *„§ 76 Abs. 4 StPO-RE keine Praxisrelevanz erfahren [werde], da regelmäßig bei der Auffindung erheblicher Bargeldbeträge, selbst wenn sie versteckt mit sich geführt werden, eine*

646 BGH NStZ-RR 2007, 86 (87); *Bittmann* NStZ 2020, 152 (153); *Schilling/Hübner* StV 2018, 49 (55).

647 Darauf weist auch hin: BeckOK-StPO/*Eschelbach* § 261 Rn. 71.

Überzeugungsbildung dahingehend, der Geldbetrag entstammt deliktischer Herkunft, nicht gelingt und auch künftig nicht gelingen wird.“[648]

Diese Aussage wurde durch die mittlerweile ergangenen Entscheidungen dazu bereits widerlegt.[649] Wenn aber schon der Deutsche Richterbund das Entscheidungsverhalten seiner Mitglieder und Kollegen nicht vorhersagen kann, wie sollte dann ein einziehungsbetroffener Laie dazu in der Lage sein? Diese Gefahr besteht zwar bei jeder richterlichen Beweiswürdigung. Doch sonst muss sich das Gericht von bestimmten, vorher festgelegten Tatbestandsmerkmalen überzeugen und nicht von der diffusen Möglichkeit, ein Gegenstand könne aus irgendeiner rechtswidrigen Tat stammen, die irgendjemand irgendwann begangen hat. Eine richterliche Überzeugungsbildung mag möglich sein, doch vorhersehbar ist sie nicht.[650]

(d) Zwischenergebnis

Es bleibt festzuhalten, dass die selbstständige erweiterte Einziehung mit der freien richterlichen Überzeugungsbildung als einzigem Tatbestandsmerkmal den Anforderungen des Bundesverfassungsgerichts an die Bestimmtheit einer Norm nicht gerecht wird.[651]

2.) Ergebnis

In ihrer derzeitigen Fassung verstößt § 76a Abs. 4 StGB gegen das Eigentumsgrundrecht des Art. 14 GG und das verfassungsrechtliche Bestimmtheitsgebot. Selbst wenn die gesetzgeberische Auffassung zuträfe, dieser Maßnahme wohne keine Strafähnlichkeit inne, so bleibt die Norm dennoch verfassungswidrig. Sie hält auch einer ausschließlichen Prüfung an Art. 14 GG und dem Bestimmtheitsgebot nicht stand.

---

648 Stellungnahme des DRB Nr. 9/16, S. 4; ebenfalls zweifelnd: *Madauß* NZWiSt 2018, 28 (34); *Meyer* StV 2017, 343 (346 Fn. 25); von einer Beschränkung der Anwendung auf evidente Fälle geht aus: *Kraushaar* NZWiSt 2019, 288 (291).

649 Exemplarisch: KG NZWiSt 2021, 74; LG Aachen 60 KLs 4/20, juris; LG Aachen 60 KLs 2/21, juris; siehe auch *Bittmann* NStZ 2020, 648 (658).

650 Stellungnahme der StVV vom 31.05.2016, S. 19; in diese Richtung auch *Gebauer* ZRP 2016, 101 (104).

651 MüKo-StPO/*Scheinfeld/Langlitz* § 437 Rn. 19; Stellungnahme der StVV vom 31.05.2016, S. 18 f.; Stellungnahme der StVV vom 21.09.2016, S. 3; von einem Verstoß gegen den Bestimmtheitsgrundsatz geht ebenfalls aus: *Pohar* Die Rechtsnatur der verurteilungsunabhängigen Vermögensabschöpfung, S. 158.

E) Art. 316h EGStGB und das Rückwirkungsverbot

Aufgrund der Übergangsvorschrift des Art. 316h EGStGB ist zu guter Letzt zu prüfen, ob die selbstständige erweiterte Einziehung mit dem Rückwirkungsverbot vereinbar ist. Denn Art. 316h EGStGB besagt:

> *„[1] Wird über die Anordnung der Einziehung des Tatertrages oder des Wertes des Tatertrages wegen einer Tat, die vor dem 1. Juli 2017 begangen worden ist, nach diesem Zeitpunkt entschieden, sind abweichend von § 2 Absatz 5 des Strafgesetzbuches die §§ 73 bis 73c, 75 Absatz 1 und 3 sowie die §§ 73d, 73e, 76, 76a, 76b und 78 Absatz 1 Satz 2 des Strafgesetzbuches in der Fassung des Gesetzes zur Reform der strafrechtlichen Vermögensabschöpfung vom 13. April 2017 (BGBl. I S. 872) anzuwenden. [2] Die Vorschriften des Gesetzes zur Reform der strafrechtlichen Vermögensabschöpfung vom 13. April 2017 (BGBl. I S. 872) sind nicht in Verfahren anzuwenden, in denen bis zum 1. Juli 2017 bereits eine Entscheidung über die Anordnung des Verfalls oder des Verfalls von Wertersatz ergangen ist."*

Die Norm ordnet somit explizit an, die selbstständige Einziehung auch auf Sachverhalte anzuwenden, die sich vor dem Inkrafttreten der Norm ereignet haben. Der zitierte § 2 Abs. 5 StGB nimmt Bezug auf die vorhergehenden vier Absätze und lautet:

> *„Für Einziehung und Unbrauchbarmachung gelten die Absätze 1 bis 4 entsprechend."*

Indem Art. 316h S. 1 EGStGB den § 2 Abs. 5 StGB für die selbstständige erweiterte Einziehung für unanwendbar erklärt, gelten die Ausgestaltungen des Rückwirkungsverbots der Absätze eins bis vier dafür nicht. Da das Rückwirkungsverbot verfassungsrechtlich verbürgt ist, stellt sich die Frage, ob mit dieser Regelung dagegen verstoßen wird.

I.) Einschlägiges Rückwirkungsverbot

Es existieren zwei Rückwirkungsverbote. Zum einen gibt es das aus dem Rechtsstaatsprinzip gemäß Art. 20 Abs. 3 GG und den Grundrechten hergeleitete allgemeine Rückwirkungsverbot[652] und zum anderen das spezielle strafrechtliche Rückwirkungsverbot des Art. 103 Abs. 2 GG. Dieses erfasst eine rückwirkende Strafbegründung ebenso wie eine rückwirkende Strafschärfung.[653] In den

---

652 BVerfGE 156, 354 (402); 135, 1 (21); 132, 302 (317).

653 Dürig/Herzog/Scholz/*Remmert* GG Art. 103 Rn. 122; Jarass/Pieroth/*Kment* GG Art. 103 Rn. 76; v. Mangoldt/Klein/Starck/*Nolte/Aust* GG Art. 103 Rn. 119.

übrigen Fällen gilt das allgemeine Rückwirkungsverbot. Da der neuen selbstständigen erweiterten Einziehung nach hier vertretener Auffassung Strafähnlichkeit zukommt,[654] muss sich Art. 316h EGStGB – zumindest soweit er § 76a Abs. 4 StGB betrifft – an Art. 103 Abs. 2 GG messen lassen.[655] Dieses Rückwirkungsverbot gilt absolut[656] und ist einer Abwägung nicht zugänglich.[657] Mit seinem Anwendungsbefehl auf vor dem 01.07.2017 begangene Straftaten – vorbehaltlich der Fälle des Satzes zwei – verstößt Art. 316h EGStGB dagegen und ist somit verfassungswidrig.[658]

II.) Das allgemeine Rückwirkungsverbot

Doch selbst wenn man wie der Gesetzgeber nicht von einer Strafähnlichkeit ausgeht, ist fraglich, ob die rückwirkende Anwendung des § 76a Abs. 4 StGB mit dem allgemeinen Rückwirkungsverbot vereinbar ist. Dieses ergibt sich aus dem Rechtsstaatsprinzip im Zusammenspiel mit den betroffenen Grundrechten,[659] bei der selbstständigen Einziehung also Art. 14 Abs. 1 GG.[660]

Hinsichtlich der Frage, ob eine Rückwirkung mit dem allgemeinen Rückwirkungsverbot vereinbar ist, wird vom Bundesverfassungsgericht traditionell – je

---

654 Vgl. 2.) Strafcharakter der selbstständigen erweiterten Einziehung?, S. 42 ff.

655 Von Art. 103 Abs. 2 GG als Maßstab für Art. 316h EGStGB gehen auch aus: BeckOK-StGB/*Heuchemer* Art. 316h EGStGB Rn. 1; *Reichling* wistra 2018, 139 (140); *Rebell-Houben* NZWiSt 2018, 153 (155); in diese Richtung auch: MüKo-StPO/*Scheinfeld/Langlitz* § 437 Rn. 20; *Schilling/Corsten/Hübner* wistra 2021, 174 (179); LG Kaiserslautern wistra 2018, 94 f. sieht in allen Instrumenten der §§ 73 ff. StGB in der Fassung vom 13.04.2017 Strafen, misst Art. 316h EGStGB allerdings nicht an Art. 103 Abs. 2 GG, sondern an Art. 7 Abs. 1 EMRK und bejaht einen Verstoß.

656 BVerfGE 109, 133 (171); 95, 96 (131); Dürig/Herzog/Scholz/*Remmert* GG Art. 103 Rn. 122; Jarass/Pieroth/*Kment* GG Art. 103 Rn. 76; Sachs/*Degenhart* GG Art. 103 Rn. 71; v. Münch/*Kunig/Saliger* GG Art. 103 Rn. 55.

657 BVerfGE 109, 133 (171 f.); Dürig/Herzog/Scholz/*Remmert* GG Art. 103 Rn. 122; Jarass/Pieroth/*Kment* GG Art. 103 Rn. 76; Sachs/*Degenhart* GG Art. 103 Rn. 71; v. Münch/*Kunig/Saliger* GG Art. 103 Rn. 55.

658 So auch: BeckOK-StGB/*Heuchemer* Art. 316h EGStGB Rn. 1; *Reichling* wistra 2018, 139 (140); *Rebell-Houben* NZWiSt 2018, 153 (155); ebenfalls kritisch: MüKo-StPO/*Scheinfeld/Langlitz* § 437 Rn. 20; *Schilling/Corsten/Hübner* wistra 2021, 174 (179); *Trüg* NJW 2019, 1895 (1896).

659 Ständige Rechtsprechung, siehe nur: BVerfGE 156, 354 (402); 135, 1 (21); 132, 302 (317) jeweils m.w.N.; *Jarass*/Pieroth GG Art. 20 Rn. 94.

660 So zur selbstständigen Einziehung gemäß § 76a Abs. 2 S. 1 i.V.m. § 78 Abs. 1 S. 2 sowie § 76b Abs. 1 StGB explizit: BVerfGE 156, 354 (405).

nach Senat – zwischen einer „echten" Rückwirkung bzw. einer „Rückbewirkung von Rechtsfolgen" und einer „unechten" Rückwirkung bzw. einer „tatbestandlichen Rückanknüpfung" unterschieden.[661] Dabei ist eine echte Rückwirkung grundsätzlich unzulässig, wohingegen eine unechte in der Regel zulässig ist.[662] Nach ständiger Rechtsprechung liegt eine Rückbewirkung von Rechtsfolgen vor, wenn die belastende Wirkung der Rechtsnorm auf bereits vor ihrer Verkündung abgeschlossene Tatbestände Anwendung finden soll.[663] Demgegenüber ist eine tatbestandliche Rückanknüpfung gegeben, wenn die Rechtsfolge erst nach Verkündung der Norm eintritt, der tatbestandliche Sachverhalt, an den diese Rechtsfolge anknüpft, aber bereits vor Verkündung der Norm seinen Anfang genommen hat.[664]

1.) Abgrenzung zwischen echter und unechter Rückwirkung

Die bisherigen gerichtlichen Entscheidungen haben für eine Zuordnung der Einziehungstatbestände auf die Verjährung der Straftat abgestellt: War die Straftat verjährt, sei eine Rückbewirkung von Rechtsfolgen gegeben, war sie noch nicht verjährt, liege eine tatbestandliche Rückanknüpfung vor.[665] Diese Entscheidungen ergingen allerdings nicht zu § 76a Abs. 4 StGB. Anders verhält es sich nur mit der Entscheidung des Kammergerichts, das zur selbstständigen erweiterten Einziehung entschied und dieselben Zuordnungskriterien angelegt hat.[666]

2.) Übertragbarkeit auf § 76a Abs. 4 StGB?

Ob diese Kriterien auf § 76a Abs. 4 StGB übertragbar sind, erscheint fraglich. Für die anderen Einziehungstatbestände ergibt sich diese Unterscheidung daraus, dass sie in vergleichbarer Form bereits vor dem 01.07.2017 existierten und ihre Verjährung gemäß § 78 Abs. 1 S. 1 StGB a.F. an die Verfolgungsverjährung gekoppelt war. Demnach war der Sachverhalt nach altem Recht erst mit der Verjährung der Straftat, an die der Verfall bzw. die Einziehung geknüpft war,

---

661 BVerfGE 156, 354 (401 f.); BeckOK-GG/*Huster/Rux* Art. 20 Rn. 185 ff.; *Jarass*/Pieroth GG Art. 20 Rn. 96 ff.; v. Mangoldt/Klein/Starck/*Sommermann* GG Art. 20 Rn. 294.

662 BVerfGE 156, 354 (403); 148, 217 (255); 135, 1 (13); 132, 302 (318).

663 BVerfGE 156, 354 (403); 148, 217 (255); 135, 1 (13); 132, 302 (318); BeckOK-GG/*Huster/Rux* Art. 20 Rn. 186; Dürig/Herzog/Scholz/*Grzeszick* GG Art. 20 Rn. 80.

664 BVerfGE 156, 354 (403); 148, 217 (255); 132, 302 (318); 127, 1 (17); BeckOK-GG/*Huster/Rux* Art. 20 Rn. 187; Dürig/Herzog/Scholz/*Grzeszick* GG Art. 20 Rn. 76.

665 BVerfGE 156, 354 (403 f.); BGH NJW 2019, 1891 (1892).

666 KG NZWiSt 2021, 74 (77 f.).

abgeschlossen. So formuliert der Bundesgerichtshof in seinem Vorlagebeschluss an das Bundesverfassungsgericht, eine „unechte Rückwirkung [liege] vor, wenn es nur um die Verlängerung noch laufender Verjährungsfristen in die Zukunft hinein ginge“[667]. Ob das neue gegenüber dem alten Abschöpfungsrecht stärker[668] oder im Wesentlichen gleich intensiv[669] in die Rechte der Betroffenen eingreift, kann hier dahinstehen. Jedenfalls handelt es sich dem Grunde nach um die Anwendung der bereits vor der Reform existierenden Abschöpfungsinstrumente in modifizierter Form.[670] Deshalb liegt es nahe, zur Abgrenzung von echter und unechter Rückwirkung auf die Verjährung der Straftat zum Zeitpunkt des Inkrafttretens des neuen Rechts abzustellen. Dies gilt umso mehr, als der neue § 78 Abs. 1 S. 1 StGB die Kopplung dieser Maßnahmen an die Verfolgungsverjährung grundsätzlich aufrecht erhält und Ausnahmen davon nur gemäß § 78 Abs. 1 S. 2 i.V.m. § 76a Abs. 2 StGB und § 76b StGB statuiert werden. Dabei ermöglicht § 76a Abs. 2 StGB explizit die Abschöpfung von Taterträgen im Falle der Verfolgungsverjährung und gibt damit einen weiteren Grund für eine Unterscheidung nach der Verjährung.

Dieser Gedanke lässt sich für die selbstständige erweiterte Einziehung jedoch nicht fruchtbar machen. So gilt § 76a Abs. 2 StGB schon nicht für Absatz 4. Bei § 76a Abs. 4 StGB handelt es sich um ein völlig neues Abschöpfungsinstrument, das es in dieser Form im deutschen Strafrecht vor dem 01.07.2017 noch nicht gegeben hat.[671] Dementsprechend kann es für dieses Institut auch keine Fristen geben, die vor dem 01.07.2017 zu laufen begonnen haben. Es gibt auch keinen Grund, die Unterscheidung zwischen echter und unechter Rückwirkung für die selbstständige erweiterte Einziehung an die Verjährung vormals begangener Straftaten zu knüpfen. Anders als die übrigen Abschöpfungsinstrumente war § 76a Abs. 4 StGB nie an die Verfolgungsverjährung gebunden, sondern

667 BGH NJW 2019, 1891 (1892).

668 *Hennecke* NZWiSt 2018, 121 (122); *Schilling/Corsten/Hübner* wistra 2021, 174 (175).

669 OLG München 5 OLG 15 Ss 539/17, juris Rn. 73; zur Wertersatzeinziehung: BGH NStZ-RR 2018, 241 (242).

670 So auch das OLG München 5 OLG 15 Ss 539/17, juris Rn. 73, wenn es ausführt, die „Änderungen dienen im Wesentlichen nur der Mangelbehebung im bestehenden System und eröffnen der Einziehung keine grundsätzlich neuen Anwendungsbereiche“; ähnlich BGH NStZ-RR 2018, 241 (242), der eine „für die von der Wertersatzeinziehung Betr. nachteilige Ausgestaltung des neuen Rechts“ verneint.

671 BR-Drs. 418/16, S. 80; BT-Drs. 18/9525, S. 73; *El-Ghazi/Zimmermann* wistra 2020, 64; *Hinderer/Blechschmitt* NZWiSt 2018, 179 (180); *Schilling/Corsten/Hübner* StraFo 2017, 305 (310); *Trüg* NJW 2017, 1913 (1915).

unterliegt seit seinem Inkrafttreten der eigenständigen dreißigjährigen Verjährungsfrist[672] des § 76b Abs. 1 S. 1 StGB bzw. verjährt in den Fällen des § 76b Abs. 2 StGB nie. Zudem würde sich das praktische Problem stellen, dass in Ermangelung einer nachgewiesenen Straftat häufig nie festgestellt werden könnte, ob die vermeintliche Tat bereits verjährt ist oder nicht. Zum einen wird man in vielen Fällen schon nicht feststellen können, wann die Straftat begangen worden ist, weshalb der Beginn der Verjährung gemäß § 78a StGB nicht bestimmt werden kann. Zum anderen ist mangels festgestellter Herkunftstat auch gar nicht klar, welche Frist des § 78 Abs. 3 StGB gilt oder ob sogar § 78 Abs. 2 StGB einschlägig ist. Somit ist die Verjährung für eine Abgrenzung ungeeignet.

Die Richtigkeit dieser Schlussfolgerung wird mittels einer Kontrollüberlegung deutlich: Wären 2017 ausschließlich § 76a Abs. 4 StGB und § 76b StGB als dessen Verjährungsfrist eingeführt worden, hätte wohl niemand eine Unterscheidung zwischen echter und unechter Rückwirkung anhand der Verfolgungsverjährung von vor dem 01.07.2017 begangenen Straftaten vorgenommen. Denn es gäbe keine systematischen oder sonstigen Anhaltspunkte, die dies nahelegten.

Da die Verjährung der Straftat kein taugliches Kriterium für eine Abgrenzung ist, muss eine solche nach anderen Gesichtspunkten erfolgen. Hierfür bietet sich eine Unterscheidung danach an, ob vor dem 01.07.2017 eine Sicherstellung des Einziehungsgegenstandes wegen einer Katalogtat des § 76a Abs. 4 S. 3 StGB vorgenommen worden ist oder nicht.[673] Bei Durchführung einer Sicherstellung liegt eine unechte Rückwirkung vor und bei Nichtvornahme eine echte. Bei der vor dem Stichtag vermeintlich begangenen Straftat handelt es sich um einen abgeschlossenen Sachverhalt, in den durch eine rückwirkende Anwendung der selbstständigen erweiterten Einziehung eingegriffen wird. Erfolgte eine Sicherstellung vor dem 01.07.2017 stellt diese zusammen mit der Möglichkeit eines späteren Verfallsverfahrens nach altem Recht einen neuen Sachverhalt – explizit den Einziehungsgegenstand betreffend – dar. Da das Abschöpfungsverfahren während des Inkrafttretens des § 76a Abs. 4 StGB noch im Gange war, gilt der für unechte Rückwirkungen bestehende Grundsatz, wonach die „bloß allgemeine

672 Weil die Frist unabhängig von der zugrundeliegenden Straftat dreißig Jahre beträgt, ist sie ebenfalls Gegenstand von Kritik: *Bülte* NZWiSt 2021, 203 (205); *Hennecke* NZWiSt 2018, 121 (125 f.); *Saliger* ZStW 2017, 995 (1026 f.).

673 In diese Richtung auch *Korte* wistra 2018, 1 (9), der eine rückwirkende Abschöpfung nur für „Gegenstände, die wegen des Verdachts einer in § 76a Abs. 4 S. 3 StGB genannten Straftat sichergestellt wurden“ für möglich hält; ähnlich *Köhler/Burkhard* NStZ 2017, 665 (682), wonach das neue materielle Recht entgegen § 2 Abs. 5 StGB „auch für Verfahren, die zum Zeitpunkt des Inkrafttretens bereits liefen“ gelte.

Erwartung, das geltende Recht werde zukünftig unverändert fortbestehen, keinen besonderen verfassungsrechtlichen Schutz“[674] genießt, soweit nicht besondere Umstände hinzutreten.[675] Für eine Abgrenzung nach dem Zeitpunkt der Sicherstellung spricht auch Art. 316h S. 2 EGStGB, der dem alten Recht nur den Vorrang einräumt, wenn eine Verfallsentscheidung bereits vor dem Stichtag ergangen ist. Erfolgt eine Entscheidung aber nach dem 01.07.2017 ist das neue Recht anzuwenden, auch wenn die Sicherstellung vor diesem Datum erfolgte. Eine weitere gesetzliche Stütze für den Sicherstellungszeitpunkt als Unterscheidungskriterium findet sich in Art. 316k EGStGB. Diese Übergangsvorschrift wurde durch das Gesetz zur Verbesserung der strafrechtlichen Bekämpfung der Geldwäsche im Jahre 2021 eingeführt und regelt, ob § 76a Abs. 4 StGB in der Fassung von 2017 oder von 2021 anzuwenden ist. Zur Unterscheidung wird dort ebenfalls auf den Zeitpunkt der Sicherstellung abgestellt. Erfolgte diese nach dem 17.03.2021 findet § 76a Abs. 4 StGB in seiner geltenden Fassung Anwendung und ansonsten in der von 2017.[676]

Im Ergebnis bleibt festzuhalten, dass den Unterscheidungskriterien des Kammergerichts nicht zuzustimmen ist. Eine Abgrenzung hat danach zu erfolgen, ob eine Sicherstellung des späteren Einziehungsgegenstandes bereits vor dem Stichtag erfolgt ist oder nicht.

3.) Zulässigkeit der echten Rückwirkung

Es stellt sich deshalb die Frage, ob auf vermeintliche, vor dem 01.07.2017 begangene Straftaten, derentwegen noch keine Sicherstellung erfolgt ist, die selbstständige erweiterte Einziehung angewendet werden darf oder ob eine solche Anwendung gegen das Rückwirkungsverbot verstößt. Schon der Gesetzgeber war sich diesbezüglich nicht sicher. So hieß es im Regierungsentwurf zur Reform von 2017 noch:

> *„Das Rückwirkungsverbot erfordert, dass die selbständige Einziehung nach § 76a Absatz 4 StGB-E nur angeordnet werden darf, wenn die Erwerbstat nach Inkrafttreten der vorgeschlagenen Neufassung begangen wird […].“*[677]

---

674 BVerfGE 132, 302 (320); 127, 1 (17); ähnlich: BVerfGE 125, 104 (135); 109, 133 (180 f.); 105, 17 (40).

675 BVerfGE 132, 302 (319 f.); 127, 1 (17).

676 Freilich ist diese Übergangsvorschrift nicht geeignet, die Rückwirkungsproblematik aufzulösen. Wird ein Gegenstand aus einer vermeintlich vor 2017 begangenen Straftat sichergestellt, bestimmt Art. 316k EGStGB lediglich, ob eine Einziehung nach § 76a Abs. 4 StGB in der aktuellen oder der Fassung von 2017 erfolgt.

677 BR-Drs. 418/16, S. 81; BT-Drs. 18/9525, S. 74.

Erst durch die Beschlussempfehlung des Ausschusses für Recht und Verbraucherschutz wurde diese vermeintliche Gewissheit beseitigt und eine rückwirkende Anwendung der neuen Vorschriften für verfassungskonform erklärt.[678]

Ob dem tatsächlich so ist, erscheint fraglich. Das Bundesverfassungsgericht hat eine echte Rückwirkung nur in eng umgrenzten – allerdings nicht abschließenden[679] – Fallgruppen für verfassungskonform erachtet. So soll sie zulässig sein, wenn

- sich der Betroffene bereits in dem Zeitpunkt, auf den sich die Rückwirkung bezieht, mit einer Änderung der gesetzlichen Regelung rechnen musste
- die Rechtslage so unklar oder verworren war, dass eine rückwirkende Rechtsänderung notwendig wurde, um Rechtssicherheit herzustellen
- die rückwirkende Rechtsänderung keinen oder nur einen ganz unerheblichen Schaden zur Folge hat (Bagatellvorbehalt)
- sich eine neue Rechtsnorm im Nachhinein als ungültig erweist und der Betroffene sich nicht auf den dadurch erzeugten Rechtsschein verlassen durfte
- zwingende Gründe des Gemeinwohls dem Prinzip der Rechtssicherheit vorgehen.[680]

Um die Rückwirkung der selbstständigen erweiterten Einziehung zu rechtfertigen, kommen einzig überragende Belange des Gemeinwohls in Betracht.[681] Zwar galten die alten Regelungen zu Verfall und Einziehung als komplex, unübersichtlich und mit Zweifelsfragen belastet – was einer der Gründe für die Reform von 2017 war[682] – doch führte dies nicht zu einer so unklaren oder verworrenen Rechtslage, dass eine Rechtsänderung zwingend nötig gewesen wäre.[683] Auch wurde eine rückwirkende Anwendung der Norm erstmals in der

---

678 BT-Drs. 18/11640, S. 84.

679 BVerfGE 72, 200 (258); *Jarass*/Pieroth GG Art. 20 Rn. 100; v. Münch/Kunig/*Kotzur* GG Art. 20 Rn. 160.

680 BVerfGE 156, 354 (406 f.); 135, 1 (22 f.); *Jarass*/Pieroth GG Art. 20 Rn. 100 ff.; v. Mangoldt/Klein/Starck/*Sommermann* GG Art. 20 Rn. 295; v. Münch/Kunig/*Kotzur* GG Art. 20 Rn. 160.

681 So das BVerfGE 156, 354 (407) zur selbstständigen Einziehung gemäß § 76a Abs. 2 S. 1 i.V.m. § 78 Abs. 1 S. 2 sowie § 76b Abs. 1 StGB; a.A. BGH NJW 2019, 1891 (1893), der keine der anerkannten Fallgruppen für einschlägig hielt; mit zustimmender Anmerkung Trüg; ebenso *Saliger* ZIS 2020, 210 (211); Stellungnahme der BRAK Nr. 13/2020, S. 6.

682 BR-Drs. 418/16, S. 1; BT-Drs. 18/9525, S. 1.

683 So das BVerfGE 156, 354 (409) zur selbstständigen Einziehung gemäß § 76a Abs. 2 S. 1 i.V.m. § 78 Abs. 1 S. 2 sowie § 76b Abs. 1 StGB; BGH NJW 2019, 1891 (1893);

Anhörung des Ausschusses für Recht und Verbraucherschutz vom 23.11.2016 thematisiert.[684] Folglich mussten Betroffene jedenfalls vor diesem Zeitpunkt nicht mit einer rückwirkenden Abschöpfung rechnen.[685] Vor der Überarbeitung des Vermögensabschöpfungsrechts gab es keine dem § 76a Abs. 4 StGB vergleichbare Norm, weshalb auch kein Vorgänger existierte, der sich im Nachhinein als ungültig hätte erweisen können. Etwas anderes ergäbe sich selbst dann nicht, wenn man den häufig kritisierten erweiterten Verfall gemäß § 73d StGB a.F. als Vorläufer ansehen würde. Denn dieser ist vom Bundesverfassungsgericht als verfassungskonform eingestuft worden.[686] Somit gab es keine im Nachhinein ungültige Norm, die einen irgendwie gearteten Rechtsschein hätte erzeugen können, auf den sich die Betroffenen nicht verlassen durften. Angesichts des möglichen erheblichen Abschöpfungsumfangs[687] kann sich der Gesetzgeber für die Zulässigkeit der Rückwirkung ebenfalls nicht auf den Bagatellvorbehalt stützen.[688]

Saliger ZIS 2020, 210 (211); Stellungnahme der BRAK Nr. 13/2020, S. 7; im Übrigen gab es vorher ja auch keine mit § 76a Abs. 4 StGB vergleichbare Norm.

684 BVerfGE 156, 354 (408); der Bundesgerichtshof stellte auf die Beschlussempfehlung des AVR vom 22.03.2017 (BT-Drs. 18/11640) ab (BGH NJW 2019, 1891 (1893)).

685 BVerfGE 156, 354 (408); nach der Rechtsprechung des Bundesverfassungsgerichts beseitigt grundsätzlich erst der Gesetzesbeschluss des Bundestages das schutzwürdige Vertrauen (BVerfGE 72, 200 (261); 95, 64 (87); 132, 302 (324); *Jarass*/Pieroth GG Art. 20 Rn. 101); etwas anderes gilt nur, um Ankündigungs- und Mitnahmeeffekte zu vermeiden, in dem Fall ist die ernsthafte Ankündigung ausreichend (BVerfGE 97, 67 (81 f.); *Jarass*/Pieroth GG Art. 20 Rn. 103); dementsprechend dürfte ein schutzwürdiges Vertrauen wohl frühestens mit der Beschlussempfehlung des AVR vom 22.03.2017 (BT-Drs. 18/11640) entfallen sein. Das zeigt aber, dass – selbst wenn man dem Gesetzgeber hinsichtlich des Zeitpunktes des Wegfalls des Vertrauens entgegenkommt und auf die Stellungnahme des AVR abstellt – es für das Ergebnis keinen Unterschied macht. Diese Fallgruppe ist nicht einschlägig.

686 BVerfGE 110, 1.

687 Dieser ist noch weitreichender, wenn das seit 2021 geltende Recht zur Anwendung kommt, da § 76a Abs. 4 StGB seit der Gesetzesnovelle auch Nutzungen umfasst, vgl. *Böhme/Busch* wistra 2021, 169 (173); *El-Ghazi/Marstaller/Zimmermann* NZWiSt 2021, 297 (302).

688 So das BVerfGE 156, 354 (409) zur selbstständigen Einziehung gemäß § 76a Abs. 2 S. 1 i.V.m. § 78 Abs. 1 S. 2 sowie § 76b Abs. 1 StGB; BGH NJW 2019, 1891 (1893).

a) Einschlägige Fallgruppe

Um die Rückwirkung zu rechtfertigen, bedarf es also eines überragend wichtigen Gemeinwohlbelangs. Diesen hat das Bundesverfassungsgericht in seiner Entscheidung zur rückwirkenden Anwendung der selbstständigen Einziehung gemäß § 76a Abs. 2 S. 1 i.V.m. § 78 Abs. 1 S. 2 sowie § 76b Abs. 1 StGB in dem Ziel des Gesetzgebers gesehen,

> *„auch für verjährte Taten vermögensordnend zugunsten des Geschädigten einer Straftat einzugreifen und dem Täter den Ertrag seiner Taten – auch im Falle fehlender Strafverfolgung – nicht dauerhaft zu belassen."*[689]

Dies diene der Gerechtigkeit, solle die Unverbrüchlichkeit der Rechtsordnung erweisen und die Rechtstreue der Bevölkerung stärken.[690] Zudem vermeide der Gesetzgeber mit der rückwirkenden Anwendung ein jahrelanges Nebeneinander von altem und neuem Recht und entlaste damit die Rechtsprechung von der Prüfung, welches das für den Betroffenen jeweils günstigere Recht ist.[691] Die Entscheidung erging zwar nicht zur rückwirkenden Anwendung des § 76a Abs. 4 StGB. Wie dargelegt, kommt zu deren Rechtfertigung aber auch keine andere der vom Bundesverfassungsgericht entwickelten Fallgruppen in Betracht. Ebenfalls ist kein anderes überragendes Gemeinwohlbelang als das in der Entscheidung genannte ersichtlich. Deshalb ist zu prüfen, ob die aufgeführten Gründe auch die Rückwirkung der selbstständigen erweiterten Einziehung tragen.

aa) Überragende Belange des Gemeinwohls

Das Bundesverfassungsgericht führt, wie gezeigt, gleich mehrere Gemeinwohlbelange ins Feld.

(1) Entlastung der Rechtsprechung

Bei der Funktionsfähigkeit der Rechtsprechung bzw. der Strafrechtspflege handelt es sich ohne Frage um ein wichtiges Ziel.[692] Es wird jedoch zurecht angemerkt, dass ein Nebeneinander von altem und neuem Recht erst durch Art. 316h

---

689 BVerfGE 156, 354 (410); in diese Richtung auch OLG München 5 OLG 15 Ss 539/17, juris Rn. 78.

690 BVerfGE 156, 354 (410 f.).

691 BVerfGE 156, 354 (410); BT-Drs. 18/11640, S. 84.

692 *Schilling/Corsten/Hübner* wistra 2021, 174 (179) kritisieren, mit der Benennung unter anderem dieses Schlagworts, sei das Ergebnis der Abwägung bereits vorentschieden.

EGStGB geschaffen wird.[693] Ohne diese Norm wäre eine Vermögensabschöpfung in Sachverhalten aus der Zeit vor dem 01.07.2017 nur bei einer nachgewiesenen Straftat möglich und erst nach dem Stichtag würde die gerichtliche Überzeugung einer vermeintlichen Tatbegehung für eine Einziehung ausreichen. Da es bis dahin keine dem § 76a Abs. 4 StGB vergleichbare Vorschrift gab, hätten die davon erfassten Konstellationen nie zu einer Abschöpfung geführt. In der Folge wäre auch nie eine gerichtliche Entscheidung über das mildere Gesetz erforderlich gewesen. Durch die rückwirkende Anwendung ist eine solche zwar ebenfalls nicht erforderlich, da das aber auch ohne die Rückwirkung der Fall gewesen wäre, kann diese Begründung eine Rückbewirkung von Rechtsfolgen nicht tragen. Die Ermöglichung einer rückwirkenden Abschöpfung wirkt eher, als diene sie fiskalischen Interessen.[694]

Selbst wenn man unterstellte, die echte Rückwirkung wäre notwendig, um die Gerichte von der schwierigen Prüfung des im Einzelfall anzuwenden Rechts zu befreien, so führt sie insgesamt trotzdem nicht zu einer Entlastung.[695] Für die Stellung eines Einziehungsantrags durch die Staatsanwaltschaft gemäß § 435 StPO gilt das Opportunitätsprinzip.[696] Doch nach Nr. 180 Abs. 2 RiStBV beantragt der Staatsanwalt die selbstständige Einziehung, soweit die „Möglichkeit besteht, auf durch die Straftat erlangte Vermögensvorteile zuzugreifen".[697] In erster Linie werden dadurch zwar die Staatsanwaltschaften belastet, die ihre Altfälle prüfen und gegebenenfalls zusätzliche Ermittlungen (vgl. § 435 Abs. 4 StPO) anstellen müssten.[698] Halten sie einen Antrag aber für erfolgversprechend, werden sie ihn

693 So *Schilling/Corsten/Hübner* wistra 2021, 174 (180) zur rückwirkenden Anwendung der Einziehung nach § 76a Abs. 2 StGB auf bereits verjährte Straftaten, da eine Einziehung aufgrund dieser Alttaten wegen der Verjährung nie eine Entscheidung zwischen altem und neuem Recht erfordert hätte.

694 BeckOK-StGB/*Heuchemer* Art. 316h EGStGB Rn. 1; *Löffelmann* Rechtspolitik 2016, S. 68; in diese Richtung auch *Lenk* NJW 2021, 1231 (1232); *Reichling/Lange/Borgel* NStZ 2021, 417 (418).

695 BT-Drs. 18/11640, S. 82 selbst geht ebenfalls von einer zusätzlichen Belastung der Strafverfolgungsbehörden aus, die jedoch nicht „übermäßig[…]" sei.

696 BT-Drs. 18/11640, S. 82; KK-StPO/*Schmidt* § 435 Rn. 10; *Korte* wistra 2018, 1 (7 f.); *Schilling/Corsten/Hübner* wistra 2021, 174 (180).

697 Zwar werden trotz einer Änderung der RiStBV vom 08.11.2021 (vgl. Banz AT 24.11.2021 B1) in Nr. 180 RiStBV nach wie vor die alten Begrifflichkeiten Einziehung und Verfall benutzt. Dennoch gibt es keine Anhaltspunkte, dass der Gesetzgeber eine Anwendung auf die neuen Vorschriften nicht gewollt haben könnte. Auf Nr. 180 RiStBV weisen auch hin: *Schilling/Corsten/Hübner* wistra 2021, 174 (180).

698 So auch: *Schilling/Corsten/Hübner* wistra 2021, 174 (180); *Weinbrenner* NStZ 2022, 65 (71).

stellen, womit das Verfahren dann doch wieder zu den Gerichten gelangt. Es ist der Staatsanwaltschaft zwar möglich, von einem Antrag abzusehen, wenn das Verfahren einen unangemessenen Aufwand erfordern würde, § 435 Abs. 1 S. 2 StPO. Doch auch wenn er nicht unangemessen ist, führt jedes zusätzliche Verfahren zu einem zusätzlichen Aufwand bei den Gerichten. Dagegen wird teilweise angeführt, diese Gefahr bestünde nicht, da mit der großflächigen Einleitung von Abschöpfungsverfahren jedenfalls für verjährte Straftaten nicht zu rechnen sei.[699] Denn die rückwirkende Anwendung erlaube keine Einleitung eines nachträglichen Strafverfahrens aufgrund des Verdachts einer verjährten Straftat zur Sicherstellung von Gegenständen.[700] Das kann nicht überzeugen. Zum einen ist eine solche Einschränkung aus Art. 316h S. 1 EGStGB nicht ersichtlich, da er umfassend von Taten, die vor dem 01.07.2017 begangen worden sind, spricht. Die Norm enthält keine Beschränkung auf nicht verjährte Straftaten. Zum anderen gilt für § 76a Abs. 4 StGB von jeher die eigenständige, von der Verfolgungsverjährung entkoppelte dreißigjährige Verjährungsfrist des § 76b StGB. Wenn also schon ein rückwirkender Anwendungsbefehl erfolgt, ist nicht ersichtlich, weshalb daraus eine Verknüpfung mit der Verjährung der Straftat resultieren sollte. Die einzige einzuhaltende Voraussetzung ist die Einleitung des ursprünglichen Ermittlungsverfahrens wegen einer Katalogtat gemäß § 76a Abs. 4 S. 3 StGB. Als weiteres Problem kommt hinzu, dass mangels nachgewiesener Herkunftstat – wie bereits erörtert – häufig unklar sein wird, ob die Straftat verjährt ist oder nicht, da weder der genaue Verjährungsbeginn noch ihre Dauer zweifelsfrei zu klären sind.

Für die Auffassung, es drohe keine große Welle von Abschöpfungsverfahren wegen verjährter Straftaten, fallen da schon eher die fehlenden personellen Ressourcen der deutschen Justiz[701] und die geringe Wahrscheinlichkeit, dass Staatsanwaltschaften große Energie in bereits verjährte Kriminalität investieren,[702] ins Gewicht. Doch selbst wenn man die verjährten Taten unberücksichtigt lässt, stellen auch alle übrigen nach dem 01.07.2017 eingeleiteten Verfahren wegen

---

699 *Bülte* NZWiSt 2021, 203 (208); *Korte* wistra 2018, 1 (9); *Meyer* StV 2017, 343 (354); *Weinbrenner* NStZ 2022, 65 (71).

700 So die Auffassung von *Korte* wistra 2018, 1 (9); a.A. *Hennecke* NZWiSt 2018, 121 (122), wonach alle Straftaten innerhalb der Frist des § 76b StGB neu aufgerollt werden können; ebenso *Schilling/Corsten/Hübner* wistra 2021, 174 (180), die von einer Überprüfung aller Altfälle durch die Staatsanwaltschaften dahingehend ausgehen, ob ein öffentliches Interesse zur Stellung eines Einziehungsantrags gegeben ist.

701 So *Bülte* NZWiSt 2021, 203 (208); *Weinbrenner* NStZ 2022, 65 (71).

702 *Meyer* StV 2017, 343 (354); *Weinbrenner* NStZ 2022, 65 (71).

vermeintlich vor dem Stichtag begangener Straftaten eine zusätzliche Belastung für die Gerichte dar. Und diese zusätzliche Belastung würde es ohne den rückwirkenden Anwendungsbefehl des Art. 316h EGStGB nicht geben. Dass es sich hierbei nicht bloß um eine theoretische Möglichkeit handelt, wird an der Immobilieneinziehung des Landgerichts Berlin gegenüber einem arabischen Großfamilienclan deutlich. Der Immobilienerwerb erfolgte in den Jahren 2012 und 2013, die Beschlagnahme durch das Amtsgericht Tiergarten im Jahre 2018 und die Einziehung durch das Landgericht Berlin im Jahre 2020.[703] Das Verfahren liegt mittlerweile unter dem Aktenzeichen 2 BvR 533/21 beim Bundesverfassungsgericht. Dieses Verfahren wegen einer vor dem 01.07.2017 vermeintlich begangenen Straftat beschäftigte unter Einbeziehung des Bundesverfassungsgerichts mit dem Amtsgericht Tiergarten, dem Landgericht Berlin und dem Kammergericht bisher schon vier Gerichte. Daran wird deutlich, dass die Rückwirkung – jedenfalls hinsichtlich § 76a Abs. 4 StGB – gerade nicht zu einer Entlastung der Gerichte führt bzw. geführt hat. Somit ist der Gemeinwohlbelang der Entlastung der Gerichte als Argument zur Rechtfertigung einer echten Rückwirkung hinfällig.

(2) Unverbrüchlichkeit der Rechtsordnung und Rechtstreue der Bevölkerung

Die rückwirkende Abschöpfung strafrechtswidrig geschaffener Vermögenslagen soll zudem in „normbekräftigender Weise sowohl dem Straftäter als auch der Rechtsgemeinschaft vor Augen [führen], dass eine strafrechtswidrige Vermögensmehrung von der Rechtsordnung nicht anerkannt wird und deshalb keinen Bestand haben kann. Die Entziehung solcher strafrechtswidrig erlangter Werte soll die Gerechtigkeit und Unverbrüchlichkeit der Rechtsordnung erweisen und so die Rechtstreue der Bevölkerung stärken“[704]. Nach Auffassung des Gerichts ist dies insbesondere im Bereich der organisierten Kriminalität und bei Deliktsfeldern ohne unmittelbar Geschädigte erforderlich, da dort der Eindruck eines erheblichen Vollzugsdefizits entstehen könne.[705]

Mit der Unverbrüchlichkeit der Rechtsordnung und der Stärkung der Rechtstreue der Bevölkerung lässt sich zwar erklären, weshalb eine Abschöpfung bei Straftätern notwendig ist, es ist aber nicht ersichtlich, weshalb eine solche rückwirkend erfolgen muss. Denn es gab bereits vor dem 01.07.2017 ein

---

703 KG NZWiSt 2021, 74 (75).

704 BVerfGE 156, 354 (410 f.); zustimmend *Weinbrenner* NStZ 2022, 65 (69 f.).

705 BVerfGE 156, 354 (411); zustimmend *Weinbrenner* NStZ 2022, 65 (69 f.).

Abschöpfungsrecht, das in diesen Fällen Anwendung gefunden hätte.[706] Insofern ist fraglich, ob die Unverbrüchlichkeit der Rechtsordnung und die Rechtstreue der Bevölkerung ohne die Rückwirkung überhaupt gefährdet gewesen wären. Im Vergleich zum alten Recht dürften sich Unterschiede lediglich im Falle der Verfolgungsverjährung und wegen § 73 Abs. 1 S. 2 StGB a.F. bei Ansprüchen der Verletzten ergeben.[707] Diese Ansprüche könnten die Verletzten aber meistens selbst zivilrechtlich durchsetzen, weshalb der Tatertrag auch dann nicht bei dem Täter verbleiben würde.[708] Und bei eingetretener Verfolgungsverjährung wird die Straftat häufig nicht mehr zu ermitteln sein.[709] Mit der Anordnung der Rückwirkung wird also nur eine sehr geringe Abschöpfungslücke geschlossen.[710] Dementsprechend wäre bei ihrem Fehlen der Gemeinwohlbelang der Unverbrüchlichkeit der Rechtsordnung und die Rechtstreue der Bevölkerung auch nur in einem sehr geringen Maße tangiert. Es wird nicht dargelegt und kann auch nicht dargelegt werden, dass das alte Abschöpfungsrecht so unzureichend war, dass eine rückwirkende Anwendung des neuen erforderlich gewesen wäre. Von daher darf die Notwendigkeit der Rückwirkung schon generell bezweifelt werden.[711]

Für die rückwirkende Anwendung des § 76a Abs. 4 StGB im Speziellen gibt es noch weitere Aspekte zu beachten. Ein mit dieser Norm vergleichbares Abschöpfungsinstrument gab es vor dem 01.07.2017 nicht. Deshalb könnte dem Anliegen des Gesetzgebers, diese Regelung auf Sachverhalte vor dem Stichtag anzuwenden, größeres Gewicht zukommen. Dagegen spricht allerdings, dass es auch hier

---

706 Darauf weisen auch hin: *Bülte* NZWiSt 2021, 203 (206); *Reichling/Lange/Borgel* NStZ 2021, 417 (418); *Saliger* ZIS 2020, 210 (211); Stellungnahme der BRAK Nr. 13/2020, S. 8 f.; *Trüg* NJW 2019, 1895 (1896).

707 *Reichling/Lange/Borgel* NStZ 2021, 417 (418); auch *Bülte* NZWiSt 2021, 203 (208) hält die aus der Verjährung resultierende Abschöpfungslücke nicht für unerträglich und deshalb auch nicht schließungsbedürftig; ebenso: *Saliger* ZStW 2017, 995 (1026).

708 *Reichling/Lange/Borgel* NStZ 2021, 417 (418); auf die Möglichkeit einer zivilrechtlichen Inanspruchnahme nach altem Recht weist auch das BMJV in seiner Stellungnahme zum Verfahren vor dem Bundesverfassungsgericht hin (BVerfGE 156, 354 (377)).

709 *Reichling/Lange/Borgel* NStZ 2021, 417 (418); in diese Richtung auch BeckOK-StGB/*Heuchemer* Art. 316h EGStGB Rn. 1.

710 *Bülte* NZWiSt 2021, 203 (208); *Reichling/Lange/Borgel* NStZ 2021, 417 (418); *Saliger* ZStW 2017, 995 (1026).

711 Ebenso *Bülte* NZWiSt 2021, 203 (206, 208); *Reichling/Lange/Borgel* NStZ 2021, 417 (418); *Saliger* ZStW 2017, 995 (1026); *Trüg* NJW 2019, 1895 (1896).

keine großen Abschöpfungslücken gibt. Nach der Gesetzesbegründung wurde die selbstständige erweiterte Einziehung insbesondere deshalb eingeführt, weil bei Flughafen- und Verkehrskontrollen teilweise große Bargeldbeträge sichergestellt wurden, die nach altem Recht beim fehlenden Nachweis einer Straftat an den letzten Gewahrsamsinhaber zurückgegeben werden mussten.[712] Soweit diese Rückgabe bereits vor dem 01.07.2017 erfolgt ist, wird dieser Bargeldbetrag kaum noch auffindbar sein, sodass eine Sicherstellung nicht mehr möglich ist und § 76a Abs. 4 StGB trotz der rückwirkenden Anwendung leerlaufen wird.[713]

Zudem ist schon bei der Anwendung der selbstständigen erweiterten Einziehung auf Sachverhalte nach dem Stichtag fraglich, ob sie mangels erwiesener Täterschaft überhaupt geeignet ist, die Rechtstreue der Bevölkerung zu stärken und die Unverbrüchlichkeit der Rechtsordnung zu erweisen. Dieser Effekt soll erreicht werden, indem der Rechtsgemeinschaft durch die Abschöpfung vor Augen geführt wird, dass sich Straftaten nicht lohnen.[714] Aber kann dieses Ziel auch erreicht werden, wenn es keine nachgewiesene Straftat gibt? Oder führt das in einigen Konstellationen stattdessen dazu, das Vertrauen der Bevölkerung in die Rechtsordnung zu schmälern? Abschöpfungen wie im Sachverhalt des Kammergerichts dürften wohl tatsächlich einen positiven Einfluss auf das Vertrauen der Bevölkerung ausüben. Insofern ist dem Bundesverfassungsgericht zuzustimmen, dass Einziehungen bei Strukturen der organisierten Kriminalität und Delikten ohne unmittelbar Geschädigten sinnvoll sind.[715] Anders kann die Wahrnehmung in der Bevölkerung aber ausfallen, wenn ein schwarzarbeitender Handwerker in den Verdacht einer Geldwäschehandlung gerät und sich sodann einer selbstständigen erweiterten Einziehung gegenübersieht. Mangels nachgewiesener Straftat kann dann schnell der Eindruck entstehen, das Instrument diene Repressalien gegen den „kleinen, hart arbeitenden Mann.“ Zu diesen Fragen und der Beurteilung der Auswirkungen gibt es – soweit ersichtlich – bisher keine validen wissenschaftlichen Studien, die eine objektive Beantwortung ermöglichen würden. Gleichzeitig steht dem Gesetzgeber eine weite

---

712 BR-Drs. 418/16, S. 49; BT-Drs. 18/9525, S. 48.

713 War die Rückgabe noch nicht erfolgt und lief das Verfahren über den Stichtag hinaus, handelt es sich – wie bereits dargelegt – um einen Fall der unechten Rückwirkung.

714 BVerfGE 156, 354 (410); OLG München 5 OLG 15 Ss 539/17, juris Rn. 78.

715 BVerfGE 156, 354 (411); kritisch *Lenk* NJW 2021, 1231 (1232), der von der „sagenumwobene[n]“ organisierten Kriminalität spricht; ähnlich BeckOK-StGB/*Heuchemer* Art. 316h EGStGB Rn. 1.

Einschätzungsprärogative zu. Deshalb wird dementsprechend für die weitere Prüfung ein durchgehend positiver Effekt auf die Rechtstreue der Bevölkerung unterstellt.

Ob ein solcher jedoch auch bei einer rückwirkenden Anwendung anzunehmen ist, erscheint zweifelhaft. Es ist nicht ersichtlich, weshalb eine echte Rückwirkung zu einer höheren Akzeptanz der neuen Rechtslage führen sollte.[716] Bereits die Rechtslage vor dem 01.07.2017 wurde mit der Unverbrüchlichkeit der Rechtsordnung und der Stärkung der Rechtstreue der Bevölkerung gerechtfertigt.[717] Wenn diese Ziele aber bis zum Stichtag bereits mit dem alten Recht erreicht bzw. verfolgt wurden, erschließt sich nicht, weshalb eine Anwendung des neuen Rechts auf neue Fälle nicht ausreichend sein soll.[718] Auch das Argument des Bundesverfassungsgerichts, ohne die rückwirkende Anwendung, entstehe der „abträgliche Eindruck eines erheblichen Vollzugsdefizits“[719], ist für § 76a Abs. 4 StGB nicht durchschlagend. Denn ohne nachgewiesene Straftat kann auch der Eindruck eines fehlenden oder unzureichenden Vollzugs nicht entstehen. In dem Fall würde es eher so aussehen, als bestünde ein Ermittlungsdefizit.

Im Ergebnis bleibt festzuhalten: Die Unverbrüchlichkeit der Rechtsordnung wäre wie die Rechtstreue der Bevölkerung ohne die echte Rückwirkung aufgrund geringer Abschöpfungslücken – wenn überhaupt – nur minimal tangiert.[720]

(3) Abschöpfung des Tatertrages

Als überragend wichtig stuft das Bundesverfassungsgericht die Intention des Gesetzgebers ein, „vermögensordnend zugunsten des Geschädigten einer Straftat einzugreifen und dem Täter den Ertrag seiner Taten […] nicht dauerhaft zu belassen.“[721] Dadurch sollen die oben benannten Ziele – Unverbrüchlichkeit der Rechtsordnung erweisen, Rechtstreue der Bevölkerung stärken – erreicht werden.[722] Doch auch die Abschöpfung des Tatertrages wäre ohne die rückwirkende Anwendung des neuen Rechts nur marginal beeinträchtigt. Dies liegt an den bereits festgestellten, geringen Abschöpfungslücken im Falle der Anwendung

716 So aber BT-Drs. 18/11640, S. 84; kritisch *Bülte* NZWiSt 2021, 203 (208) zur Rückwirkung des neuen Abschöpfungsrechts im Allgemeinen.

717 Vgl. BVerfGE 110, 1 (19 f.).

718 So auch *Saliger* ZIS 2020, 210 (211); a.A.: *Weinbrenner* NStZ 2022, 65 (69).

719 BVerfGE 156, 354 (411).

720 In diese Richtung auch *Bülte* NZWiSt 2021, 203 (206); *Reichling/Lange/Borgel* NStZ 2021, 417 (418); *Saliger* ZStW 2017, 995 (1026 f.).

721 BVerfGE 156, 354 (410).

722 BVerfGE 156, 354 (410 f.).

des alten Rechts. Insbesondere muss danach auch nicht zugunsten des Geschädigten eingegriffen werden, da er dies über ein zivilrechtliches Verfahren selbst tun konnte.[723] Zudem ist es mit der überragend wichtigen Bedeutung dieses Ziels nur schwer in Einklang zu bringen, dass Art. 316h EGStGB insbesondere die rückwirkende Anwendung des § 76a Abs. 4 StGB bezweckt,[724] es sich bei dieser Norm aber lediglich um eine Soll-Vorschrift handelt.[725] Der Gesetzgeber geht selbst von der kriminalpolitischen Bedeutsamkeit dieser Vorschrift aus.[726] Hätte er das alte Recht aber ohne diese Vorschrift für unerträglich lückenhaft erachtet und deshalb die Rückwirkung als unerlässlich für die Funktionsfähigkeit der Abschöpfung angesehen, wäre er konsequenterweise gehalten gewesen, die rückwirkende Anwendung des § 76a Abs. 4 StGB zwingend anzuordnen und es nicht bei einer Soll-Vorschrift zu belassen.[727] Auch das Ziel, dem Täter den Tatertrag nicht zu lassen, wäre ohne die echte Rückwirkung nur in geringem Maße beeinträchtigt gewesen.

(4) Bedeutung der Gemeinwohlbelange

Die vom Bundesverfassungsgericht aufgeführten Gründe müssen so wichtig sein, dass sie das Vertrauensschutzinteresse der Betroffenen zurücktreten lassen. Solche überragenden Belange, die einen rückwirkenden Eingriff[728] rechtfertigen, hat das Gericht in der Wiedergutmachung nationalsozialistischen Unrechts und schwerer Menschenrechtsverletzungen durch die sowjetische Besatzungsmacht

---

723 *Reichling/Lange/Borgel* NStZ 2021, 417 (418); auf die Möglichkeit einer zivilrechtlichen Inanspruchnahme nach altem Recht weist auch das BMJV in seiner Stellungnahme zum Verfahren vor dem Bundesverfassungsgericht hin (BVerfGE 156, 354 (377)).

724 Vgl. BT-Drs. 18/11640, S. 83 f.; im Übrigen ergibt sich das auch aus der Neuartigkeit des § 76a Abs. 4 StGB, denn alle anderen Instrumente standen den Strafverfolgungsbehörden auch schon vor dem 01.07.2017 in ähnlicher Form zur Verfügung, weshalb eine rückwirkende Anwendung für diese nicht nötig gewesen wäre; zu diesem Ergebnis kommt auch *Bülte* NZWiSt 2021, 203 (208).

725 Darauf weist *Bülte* NZWiSt 2021, 203 (208) explizit hin.

726 BT-Drs. 18/11640, S. 83.

727 Zu diesem Schluss kommt auch *Bülte* NZWiSt 2021, 203 (208).

728 BVerfGE 97, 67 (81 f.) ließ eine echte Rückwirkung zu, um Ankündigungs- und Mitnahmeeffekte während des Gesetzgebungsverfahrens zur Aufhebung einer Subventionsregelung zu vermeiden, die die Wirksamkeit der Neuregelung infrage gestellt hätte. Dabei ging es jedoch nicht – wie hier – um den Eingriff in eine bereits bestehende Rechtsposition, weshalb diese Entscheidung nicht als Beispiel aufgeführt ist.

sowie Instanzen der Deutschen Demokratischen Republik gesehen.[729] Eine nachträgliche Anordnung der Sicherungsverwahrung – die das Gericht als nichtstrafähnliche Maßnahme eingestuft hat[730] – ist nach Auffassung der Verfassungsrichter nur zulässig, wenn „eine hochgradige Gefahr schwerster Gewalt- oder Sexualstraftaten aus konkreten Umständen in der Person oder dem Verhalten des Untergebrachten abzuleiten ist und dieser an einer psychischen Störung […] leidet“[731]. Stellt man diese Positionen einander gegenüber, darf bezweifelt werden, ob die für die rückwirkende Anordnung der selbstständigen Einziehung als ausreichend erachteten Gründe überragende Belange des Gemeinwohls sind.[732]

Auf der einen Seite besteht die gesetzgeberische Intention, dem Täter den Tatertrag zu nehmen, die Unverbrüchlichkeit der Rechtsordnung zu erweisen und die Rechtstreue der Bevölkerung zu stärken. Auf der anderen Seite steht die hochgradige Gefahr schwerster Sexual- und Gewaltverbrechen bzw. das Bestreben, das Unrecht menschenverachtender, diktatorischer Regime wiedergutzumachen. Unbestreitbar handelt es sich bei den zuerst genannten Gründen um wichtige Ziele.[733] Doch im Vergleich mit den anderen wird deutlich, dass sie nicht das Gewicht haben, überragende Belange des Gemeinwohls zu sein.[734]

bb) Fehlende Vertrauensschutzwürdigkeit

Das Urteil des Bundesverfassungsgerichts wirkt, als wäre es sich der fehlenden überragenden Bedeutung der Gemeinwohlbelange bewusst. Die vom Gericht herausgearbeiteten Fallgruppen, in denen eine echte Rückwirkung ausnahmsweise zulässig ist, resultieren entweder aus der fehlenden Schutzwürdigkeit des

---

729 BVerfGE 101, 239 (268).

730 BVerfGE 109, 133 (167 ff.; 177); 128, 326 (392 f.); 134, 33 (80 f.); bestätigt in EGMR NJW 2017, 1007 (1013).

731 BVerfGE 133, 40 (57 f.); ähnlich BVerfGE 128, 326 (389, 399); 129, 37 (47 f.); 134, 33 (60).

732 *Bülte* NZWiSt 2021, 203 (208); *Lenk* NJW 2021, 1231 (1232); *Trüg* NJW 2019, 1895 (1896).

733 So auch BGH NJW 2019, 1891 (1893 f.); *Bülte* NZWiSt 2021, 203 (204).

734 Zu diesem Ergebnis kommen auch: *Lenk* NJW 2021, 1231 (1232); *Trüg* NJW 2019, 1895 (1896); in diese Richtung auch: *Bülte* NZWiSt 2021, 203 (204, 208); ebenso BGH NJW 2019, 1891 (1894): „Das gesetzgeberische Ziel, strafrechtswidrig geschaffene Vermögenslagen zukunftsbezogen zu revidieren, rechtfertigt jedoch für sich noch kein echt rückwirkendes Gesetz.“

Vertrauens der Betroffenen oder aus zwingenden Belangen des Gemeinwohls.[735] Liegen aber zwingende Gründe des gemeinen Wohls vor, die dem Prinzip der Rechtssicherheit vorgehen, kommt es gerade nicht mehr auf ein schutzunwürdiges Vertrauen der Betroffenen an, sondern das an sich schutzwürdige Vertrauen der Betroffenen muss zurücktreten.[736] Trotzdem hat das Bundesverfassungsgericht in seinem Beschluss zu begründen versucht, weshalb die Vertrauensposition der Betroffenen nicht schutzwürdig sei.[737] Dadurch wird der Eindruck erweckt, die Überzeugungskraft der Entscheidung solle aus einer Kombination von – wenn auch nicht überragenden, so doch – wichtigen Gemeinwohlbelangen und der fehlenden Vertrauensschutzwürdigkeit der Betroffenen begründet werden.[738] Letztere resultiere aus dem strafrechtswidrigen Vermögenserwerb.[739] Denn die Bewertung eines Verhaltens durch den Gesetzgeber als Straftat und der Vergleich mit zivilrechtlichen Vorschriften zeigten, dass sich ein Vertrauen der Betroffenen auf einen Fortbestand der rechtswidrigen Vermögenslage legitimerweise nicht habe bilden können.[740] Ob diese Argumente ein fehlendes Vertrauen auch für die rückwirkende Abschöpfung gemäß § 76a Abs. 4 StGB begründen können, erscheint zweifelhaft.

(1) Die strafrechtliche Bewertung durch den Gesetzgeber

Nach der Argumentation des Bundesverfassungsgerichts wird dem

> *„Täter […] – Verschulden vorausgesetzt – ein rechtswidriges sozialethisches Fehlverhalten zum Vorwurf gemacht […]. Jede Strafnorm enthält somit ein mit staatlicher Autorität versehenes, sozialethisches Unwerturteil über die von ihr pönalisierte Handlungsweise […]. Daraus folgend wird dem Täter auch in vermögensrechtlicher Hinsicht der Schutz der staatlichen Rechtsordnung weitgehend vorenthalten.“*[741]

---

735 BVerfGE 72, 200 (258); BGH NJW 2019, 1891 (1893); lediglich der Bagatellvorbehalt lässt sich nicht darunter subsumieren; *Maciejewski* wistra 2020, 441 (447); *Sachs* JuS 2021, 1204 (1205 f.); *Schilling/Corsten/Hübner* wistra 2021, 174 (179).

736 BVerfGE 156, 354 (407); 135, 1 (22); 122, 374 (394 f.); *Sachs* JuS 2021, 1204 (1205 f.).

737 BVerfGE 156, 354 (411 ff.).

738 Auch *Sachs* JuS 2021, 1204 (1205 f.) ist von der Prüfung eines fehlenden Vertrauensschutzes im Rahmen der überragenden Gemeinwohlbelange irritiert.

739 BVerfGE 156, 354 (413 f.); BGH NStZ-RR 2018, 241 (242); BT-Drs. 18/11640, S. 84.

740 BVerfGE 156, 354 (411 ff.); in diese Richtung bereits OLG München 5 OLG 15 Ss 539/17, juris Rn. 72.

741 BVerfGE 156, 354 (412).

Dies führe dazu, dass das „auf diese Weise erworbene Vermögen [...] mit dem Makel deliktischer Herkunft behaftet“[742] bleibt. In der Konsequenz entfalle die

> *„Schutzwürdigkeit des Vertrauens [...], wenn bereits zum Zeitpunkt des Erwerbstatbestandes dieser allgemein und anerkanntermaßen missbilligt war. Dies gilt in erster Linie für Straftatbestände, durch deren Schaffung der Gesetzgeber - für den Bürger ohne Weiteres erkennbar - ein mit staatlicher Autorität versehenes, sozialethisches Unwerturteil über die darin pönalisierte Handlungsweise ausspricht.“*[743]

Zusammengefasst entfalle die Schutzwürdigkeit der bestehenden Vermögenssituation, weil sie durch eine Straftat entstanden ist.

(a) Übertragbarkeit auf die selbstständige erweiterte Einziehung

Eine Übertragung dieser Argumentation auf die rückwirkende Anwendung des § 76a Abs. 4 StGB ist abzulehnen.

Der fehlende Vertrauensschutz basiert danach auf dem sozialethischen Unwerturteil, für das allerdings ein Verschulden erforderlich ist. Ein solches wird für eine selbstständige erweiterte Einziehung gerade nicht benötigt, weil nach § 76a Abs. 4 S. 1 StGB eine rechtswidrige Tat ausreichend ist. Allerdings wird zutreffenderweise kritisiert, dass dieses Argument insgesamt nicht trägt, da auch die anderen Arten der Einziehung gemäß §§ 73 ff. StGB keiner schuldhaften Tatbegehung bedürfen.[744] Im Unterschied zu § 76a Abs. 4 StGB ist für ihre Anordnung aber erforderlich, dass die rechtswidrigen Taten nachgewiesen sind. Deshalb dürfte es in den meisten dieser Fälle – soweit die zur Bereicherung führende Tat nicht ohne Schuld begangen wurde – auch zu einer Verurteilung kommen. Diese nachgewiesenen Anlasstaten waren für das Bundesverfassungsgericht der Ausgangspunkt seiner Argumentation.[745] Und diesen Ausgangspunkt gibt es bei der selbstständigen erweiterten Einziehung mangels nachgewiesener Herkunftstat nicht. Deshalb kann diese Argumentation nicht auf die rückwirkende Anwendung des § 76a Abs. 4 StGB übertragen werden.

(b) Stichhaltigkeit der Argumentation

Hielte man diesen Ansatz dennoch für übertragbar – etwa, weil das die Einziehung anordnende Gericht auch bei § 76a Abs. 4 StGB von einer rechtswidrigen

742 BVerfGE 156, 354 (413).
743 BVerfGE 156, 354 (414).
744 Auf diesen Widerspruch weist *Bülte* NZWiSt 2021, 203 (204) hin.
745 Vgl. BVerfGE 156, 354 (410); *Bülte* NZWiSt 2021, 203 (204 f.).

Herkunftstat überzeugt sein muss[746] – ist die Frage zu stellen, wie plausibel diese Argumentation ist.

Nach der verfassungsgerichtlichen Kernthese ist die Vermögenslage deshalb nicht schutzwürdig, weil sie strafrechtswidrig geschaffen wurde.[747] Speziell für § 76a Abs. 4 StGB bleibt es bei dem Problem, dass eine konkrete Straftat nicht nachgewiesen werden konnte. Zur erhöhten Fehleranfälligkeit der diesbezüglichen gerichtlichen Überzeugung wurde bereits im Kapitel zur Vereinbarkeit mit Art. 14 GG ausführlich Stellung genommen.[748] Daraus resultiert das Risiko einer rückwirkenden Abschöpfung bei einem Unschuldigen, der in den Verdacht einer Straftat geraten ist.

Ungeachtet dieser spezifischen Schwierigkeiten ist die Argumentation des Bundesverfassungsgerichts nicht überzeugend. Es begründet sehr ausführlich, weshalb die selbstständige Einziehung gemäß § 76a Abs. 2 S. 1 i.V.m. § 78 Abs. 1 S. 2 sowie § 76b Abs. 1 StGB keine strafähnliche Maßnahme sei.[749] Diese Frage stand nach dem Vorlagebeschluss des Bundesgerichtshofs zwar nicht zur Debatte,[750] doch besteht trotz der zahlreichen entgegenstehenden Argumente durchaus die Gefahr, dass das Bundesverfassungsgericht für die Einziehung gemäß § 76a Abs. 4 StGB genauso entscheidet[751]. Dies vorausgesetzt, ist es aber widersprüchlich, wenn es über vierzehn Seiten erläutert, die Vermögensabschöpfung sei keine Strafe oder strafähnliche Maßnahme, nur um dann die fehlende Vertrauensschutzwürdigkeit mit der (vermeintlich) begangenen Straftat zu begründen.[752] Zwar kann es sinnvoll sein, die Verhängung einer Maßnahme

746 So sieht das OLG München 5 OLG 15 Ss 539/17, juris Rn. 46 den Konnex des gesamten § 76a StGB zu einer Straftat als gegeben an.

747 BVerfGE 156, 354 (413 f.); BGH NStZ-RR 2018, 241 (242); BT-Drs. 18/11640, S. 84.

748 Siehe (3) Abwägung, S. 126 ff.

749 Vgl. BVerfGE 156, 354 (388 ff.); *Bülte* NZWiSt 2021, 203 (204); *Reichling/Lange/Borgel* NStZ 2021, 417 (418).

750 BGH NJW 2019, 1891 (1892) kam zu dem Ergebnis, dass die Einziehung von Tatererträgen keinen Strafcharakter habe und Art. 103 Abs. 2 GG aus diesem Grund keine Anwendung finde. Deshalb bezog sich die Vorlagefrage nur auf die Vereinbarkeit mit dem allgemeinen Rückwirkungsverbot; von deshalb unnötigen Ausführungen und einer falschen Gewichtung der Argumentation des Bundesverfassungsgerichts gehen aus: *Bülte* NZWiSt 2021, 203 (204); *Reichling/Lange/Borgel* NStZ 2021, 417 (418).

751 Vgl. *Lenk* NJW 2021, 1231 (1232): „Wer hier sprichwörtlich das ‚Gras wachsen hören will', kann dem Beschluss bereits entnehmen, dass das BVerfG der noch viel umstritteneren Regelung in § 76a IV StGB ebenso den Strafcharakter abspricht (so jedenfalls lässt sich der ausdrückliche Verweis o. Rn. 108 auf *Höft* HRRS 2018, 196 [200] deuten) […]."

752 *Bülte* NZWiSt 2021, 203 (204 f.); *Schilling/Corsten/Hübner* wistra 2021, 174 (179).

ohne Strafcharakter an eine begangene Straftat zu knüpfen.[753] Jedoch war das fehlende Verschuldenserfordernis ein Argument gegen die Strafähnlichkeit der verschiedenen Abschöpfungsinstrumente[754] und jetzt begründet das Verfassungsgericht die fehlende Vertrauensschutzwürdigkeit mit dem Verschuldenserfordernis[755] und dem einer Strafe inhärenten sozialethischen Unwerturteil[756]. Das ist mindestens inkonsequent und nicht überzeugend.[757]

(2) Der Vergleich mit zivilrechtlichen Vorschriften

Den fehlenden Vertrauensschutz will das Bundesverfassungsgericht zudem aus zivilrechtlichen Regelungen herleiten. Daraus ergebe sich, dass eine strafrechtswidrige Vermögenslage keinen Bestand haben soll.[758] So könnte das aus einem gegen ein gesetzliches Verbot verstoßende Rechtsgeschäft Erlangte nach den §§ 134, 812 ff. BGB zurückgefordert werden; bei Verstößen gegen individualschützende Strafvorschriften bestehe ein Schadensersatzanspruch des Geschädigten aus § 823 Abs. 2 BGB i.V.m. dem einschlägigen Strafgesetz; im Falle des Diebstahls oder eines sonstigen Abhandenkommens sei ein gutgläubiger Eigentumserwerb gemäß § 935 BGB ausgeschlossen; auch eine Ersitzung sei im Falle der Bösgläubigkeit nicht möglich, wie sich aus § 937 BGB ergibt; bei einer Einwirkung auf den Geschädigten durch Täuschung oder Drohung sei eine Anfechtbarkeit des Rechtsgeschäfts gemäß § 123 BGB möglich.[759]

Diese Argumente wirken auf den ersten Blick und unter Berücksichtigung der Auffassung, bei der Einziehung handele es sich um eine am Bereicherungsrecht orientierte, quasi-kondiktionelle Maßnahme[760], schlüssig. Aus diesen Normen scheint sich zu ergeben, eine strafrechtswidrige Vermögenslage habe keinen Bestand, und weil sie bereits vor dem 01.07.2017 in Kraft waren, konnten die Betroffenen die fehlende Garantie für ihre Vermögenslage erkennen, weshalb ein Vertrauen darauf nicht schutzwürdig sei.

---

753 So *Bülte* NZWiSt 2021, 203 (205).

754 BVerfGE 156, 354 (388 f.); BGH NJW 2019, 1891 (1894 f.); BR-Drs. 418/16, S. 62; BT-Drs. 18/9525, S. 58; zu § 73d StGB a.F.: BVerfGE 110, 1 (15); BGHSt 47, 369 (373).

755 BVerfGE 156, 354 (412 ff.).

756 BVerfGE 156, 354 (414).

757 *Bülte* NZWiSt 2021, 203 (204 f.); *Schilling/Corsten/Hübner* wistra 2021, 174 (179).

758 BVerfGE 156, 354 (412).

759 BVerfGE 156, 354 (412).

760 BVerfGE 156, 354 (394 f.); BR-Drs. 418/16, S. 50, 62; BT-Drs. 18/9525, S. 48, 58; BT-Drs. 18/11640, S. 79.

Doch bei näherer Betrachtung wird die fehlende Aussagekraft des Vergleichs mit zivilrechtlichen Vorschriften deutlich. Denn wie *Bülte* zutreffend ausführt, haben

> *„diese Regelungen weder originär etwas mit strafbarem Unrecht zu tun, noch ordnen sie Rückwirkungen an. Es kommt hier regelmäßig nur auf das Wissen oder schuldhafte Nichtwissen von der Fehlerhaftigkeit des Erwerbs im Zeitpunkt des Rechtsgeschäfts an. Auch eine nicht strafbare Täuschung kann zur Anfechtbarkeit führen. Die Unterschlagung einer Sache hat dagegen keineswegs zur Folge, dass sie nicht mehr gutgläubig erworben werden könnte. Die Parallelen zum Zivilrecht, die der Senat aufzeigt, sind einerseits überschaubar und andererseits eher zufällig."*[761]

Insbesondere am Beispiel der Unterschlagung wird klar, dass aus der zivilrechtlichen Beurteilung eines Sachverhaltes keine Rückschlüsse auf dessen strafrechtliche Bewertung gezogen werden können. Folglich lässt sich daraus auch keine fehlende Schutzwürdigkeit des Vertrauens der Betroffenen in die strafrechtliche Rechtslage ableiten.[762] Zudem geht der Vergleich mit den obigen Vorschriften völlig ins Leere, wenn ein Gegenstand zwar strafrechtswidrig, aber zivilrechtlich wirksam erlangt worden ist. So eine Konstellation läge beispielsweise vor, wenn der Täter sich mit dem aus einer Steuerhinterziehung ersparten Geld ein Kunstwerk kauft. In dem Fall ist keine der obigen Vorschriften einschlägig, eine Abschöpfung wäre dennoch möglich.

Speziell für § 76a Abs. 4 StGB kann dieser konstruierte Vergleich zu zivilrechtlichen Vorschriften nie eine Relevanz entfalten. Dabei ist es unerheblich, dass das Bundesverfassungsgericht als Voraussetzung für diesen Vergleich eine nachgewiesene Straftat fordert,[763] die es bei der selbstständigen erweiterten Einziehung nicht gibt. Auch spielt es keine Rolle, dass in Ermangelung einer festgestellten Straftat nie geklärt werden kann, ob eine der vom Senat genannten Normen einschlägig wäre oder eine Konstellation des zwar rechtswidrigen, aber zivilrechtlich wirksamen Erwerbs vorliegt. Diese Gründe für sich genommen genügen zwar schon, um die Stichhaltigkeit dieses Vergleichs entfallen zu lassen. Aber das eigentliche Problem besteht darin, dass die Indizienlage des § 76a Abs. 4 StGB nie ausreichen würde, um auch überhaupt nur eine der genannten zivilrechtlichen Normen bejahen zu können. Um es überspitzt zu formulieren: Kein Zivilgericht

---

761 *Bülte* NZWiSt 2021, 203 (205); in diese Richtung auch *Schilling/Corsten/Hübner* wistra 2021, 174 (179 f.).

762 BGH NJW 2019, 1891 (1894 f.); *Bülte* NZWiSt 2021, 203 (205); *Schilling/Corsten/Hübner* wistra 2021, 174 (179 f.).

763 BVerfGE 156, 354 (412).

würde einen Schadensersatzanspruch aus § 823 Abs. 2 BGB i.V.m. dem Missverhältniskriterium bejahen. Ebenso wenig sind die Kriterien der selbstständigen erweiterten Einziehung ausreichend, um den Tatbestand einer der Kondiktionen der §§ 812 ff. BGB zu erfüllen. Da die Indizien des § 76a Abs. 4 StGB keine zivilrechtliche Bewertung ermöglichen, lässt der Vergleich den Vertrauensschutz der Betroffenen selbst dann nicht entfallen, wenn man aus dem Zivilrecht Rückschlüsse auf die strafrechtliche Bewertung einer Vermögenslage ziehen würde.

Zusammenfassend lässt sich festhalten, dass ein Vergleich mit zivilrechtlichen Vorschriften die fehlende Schutzwürdigkeit des Vertrauens in die Rechtslage vor dem 01.07.2017 nicht begründen kann.

(3) Zirkelschluss des Bundesverfassungsgerichts

Das eigentliche Problem des verfassungsgerichtlichen Beschlusses liegt darin, dass vom Ergebnis her argumentiert wird.[764] Es wird dargelegt, weshalb das Vertrauen in strafrechtswidrig geschaffene Vermögenslagen nicht schutzwürdig ist. Aus dieser fehlenden Schutzwürdigkeit resultiere wiederum eine Nicht-Geltung des Rückwirkungsverbotes, das im Vertrauensschutz nicht nur seinen Grund, sondern auch seine Grenze finde.[765] Die von diesem Ausgangspunkt geführte Argumentation verstellt jedoch den Blick auf die eigentliche Frage: Weshalb durfte der Einziehungsbetroffene nicht auf die vor dem 01.07.2017 bestehende Rechtslage vertrauen? Liest man den Beschluss des Bundesverfassungsgerichts, könnte man den Eindruck gewinnen, Straftäter hätten vor der Neuregelung nie mit einer Vermögensabschöpfung rechnen müssen und diese Lücke musste durch den rückwirkenden Anwendungsbefehl des Art. 316h EGStGB geschlossen werden.[766] Da dem aber nicht so war, lässt sich die fehlende Schutzwürdigkeit des Vertrauens eines Straftäters in die alte Rechtslage nicht einfach damit begründen, dass er ein Straftäter ist.[767] Dies gilt umso mehr für die Betroffenen

---

764 BeckOK-StGB/*Heuchemer* Art. 316h EGStGB Rn. 1; *Schilling/Corsten/Hübner* wistra 2021, 174 (179); ebenfalls in diese Richtung: *Lenk* NJW 2021, 1231 (1232).

765 BVerfGE 156, 354 (414); im Ergebnis ebenso: BT-Drs. 18/11640, S. 84.

766 So beispielsweise BVerfGE 156, 354 (410): „Der Gesetzgeber verfolgt mit der Anordnung in Art. 316h Satz 1 EGStGB […] das legitime Ziel […] auch für verjährte Taten vermögensordnend zugunsten des Geschädigten einer Straftat einzugreifen und dem Täter den Ertrag seiner Taten – auch im Falle fehlender Strafverfolgung – nicht dauerhaft zu belassen."

767 BGH NJW 2019, 1891 (1894); *Bülte* NZWiSt 2021, 203 (206); *Hennecke* NZWiSt 2018, 121 (125); *Maciejewski* wistra 2020, 441 (448); *Saliger* ZIS 2020, 210 (211); Stellungnahme der BRAK Nr. 13/2020, S.8 f.

einer Einziehung nach § 76a Abs. 4 StGB, da es sich bei ihnen nicht um verurteilte, sondern nur um vermeintliche bzw. Straftäter nach gerichtlicher Überzeugung handelt.

Auf die Frage, weshalb die Betroffenen nicht auf die ursprüngliche Rechtslage vertrauen durften, gibt der Beschluss keine Antwort und kann er auch nicht geben. Wie die vom Gericht selbst entwickelten Fallgruppen einer ausnahmsweise zulässigen echten Rückwirkung zeigen, besteht ein grundsätzlich schützenswertes Vertrauen der Betroffenen in die ursprüngliche Rechtslage.[768] Dieses Vertrauen muss nur in den eng umgrenzten Fallgruppen zurücktreten – entweder wegen fehlender Schutzwürdigkeit des Vertrauens oder aus zwingenden Gründen des Gemeinwohls.[769] Von einer Konstellation fehlender Vertrauensschutzwürdigkeit konnte sich das Gericht gerade nicht überzeugen.[770] Insbesondere konnte es keine Verfassungswidrigkeit oder einen Zustand erheblicher Rechtsunsicherheit unter der alten Gesetzeslage feststellen.[771] Stattdessen sah es überragende Belange des Gemeinwohls als gegeben an, die dem Prinzip der Rechtssicherheit vorgingen und gegenüber denen der Vertrauensschutz zurücktreten müsse.[772] Wenn kein Fall einer fehlenden Vertrauensschutzwürdigkeit vorliegt, sondern der Vertrauensschutz ausnahmsweise zurückzutreten hat, dann muss das Gericht in dieser Konstellation selbst von einem existierenden Vertrauensschutz der Betroffenen in die Rechtslage von vor dem 01.07.2017 ausgehen. Dazu passt die Feststellung, wonach

> *„gesetzliche Regelungen grundsätzlich geeignet [seien], dem Bürger schutzwürdiges Vertrauen zu vermitteln. Schwere Mängel des geltenden Rechts, die diesem Befund entgegenstünden, sind im vorliegenden Fall nicht gegeben.“*[773]

Im Ergebnis besteht deshalb ein schützenswertes Vertrauen der Betroffenen in die vormalige Gesetzeslage.[774]

---

768 Siehe nur BVerfGE 156, 354 (406); 127, 1 (19).

769 BVerfGE 72, 200 (258); BGH NJW 2019, 1891 (1893); *Maciejewski* wistra 2020, 441 (447); *Sachs* JuS 2021, 1204 (1205 f.); *Schilling/Corsten/Hübner* wistra 2021, 174 (179).

770 BVerfGE 156, 354 (407 ff.); ebenso BGH NJW 2019, 1891 (1893).

771 BVerfGE 156, 354 (409); BGH NJW 2019, 1891 (1893).

772 BVerfGE 156, 354 (407); a.A. BGH NJW 2019, 1891 (1893); *Lenk* NJW 2021, 1231 (1232); *Trüg* NJW 2019, 1895 (1896).

773 BVerfGE 156, 354 (411).

774 So zur Anwendung des neuen Abschöpfungsrechts auf bereits verjährte Straftaten: BGH NJW 2019, 1891 (1894); BeckOK-StGB/*Heuchemer* Art. 316h EGStGB Rn. 1, 1.5; *Bülte* NZWiSt 2021, 203 (206); *Saliger* ZIS 2020, 210 (211); Stellungnahme

cc) Abwägung

Ob eine echt rückwirkende Anwendung des § 76a Abs. 4 StGB gerechtfertigt ist, hängt von einer Abwägung zwischen den Interessen der Allgemeinheit und dem schutzwürdigen Vertrauen des Einzelnen ab.[775] Anders als das in der Entscheidung zum Vorlagebeschluss des Bundesgerichtshofs dargestellt wird, bezieht sich dieses Vertrauen nicht auf die Vermögenslage,[776] sondern auf die ursprüngliche Rechtslage.[777] Denn der Vertrauensschutz soll den Bürger in die Lage versetzen, längerfristig zu planen, zu disponieren und selbstbestimmt zu handeln.[778] Dieses Ziel kann nur erreicht werden, indem auf die objektive Rechtslage rekurriert wird.

(1) Die Argumentation des Bundesverfassungsgerichts

Diese bisher nicht in Frage gestellte Gewissheit versucht das Bundesverfassungsgericht in seinem Beschluss aufzuweichen. Auch wenn normativ zu beantworten sei, ob das Vertrauen der Betroffenen schutzwürdig ist, könne „nicht isoliert auf die rückwirkend geänderte Norm abgestellt werden. Vielmehr [sei] der von ihr geregelte Sachverhalt in die Bewertung miteinzubeziehen."[779] Der demnach zu berücksichtigende Sachverhalt ist die strafrechtswidrig geschaffene Vermögenslage.[780] Natürlich muss ein etwaiger Verstoß gegen Strafgesetze in der Abwägung berücksichtigt werden.[781] Und einer strafrechtswidrigen Vermögenslage isoliert betrachtet die Schutzwürdigkeit abzusprechen, ist nachvollziehbar.[782] Doch das

---

der BRAK Nr. 13/2020, S. 10; speziell zum Steuerrecht: *Maciejewski* wistra 2020, 441 (448).

775 BVerfGE 127, 31 (48); 67, 1 (15); v. Mangoldt/Klein/Starck/*Sommermann* GG Art. 20 Rn. 297.

776 So aber BVerfGE 156, 354 (411, 413 f.).

777 BVerfGE 76, 256 (349 f.); 127, 31 (47 f.); 114, 258 (300); BGH NJW 2019, 1891 (1894); *Saliger* ZIS 2020, 210 f..; Stellungnahme der BRAK Nr. 13/2020, S. 6.

778 BVerfGE 76, 256 (350); 114, 258 (300 f.); v. Mangoldt/Klein/Starck/*Sommermann* GG Art. 20 Rn. 297.

779 BVerfGE 156, 354 (411).

780 Vgl. BVerfGE 156, 354 (413 f.).

781 Aus diesem Grund muss das Thema hier noch einmal aufgegriffen werden, obwohl es bereits im Rahmen der fehlenden Vertrauensschutzwürdigkeit angeschnitten worden ist.

782 *Hennecke* NZWiSt 2018, 121 (125); *Lenk* NJW 2021, 1231 (1232).

Bundesverfassungsgericht zieht daraus bereits das Ergebnis der Abwägung.[783] Den Betroffenen wird der Schutz der Rechtsordnung versagt, weil sie Straftäter sind.[784]

Diese Argumentation ist ebenso gefährlich wie unzutreffend. Sie nimmt geradezu feindstrafrechtliche Züge[785] an, wenn als Konsequenz der begangenen Straftat gefolgert wird, dem „Täter [werde] auch in vermögensrechtlicher Hinsicht der Schutz der staatlichen Rechtsordnung weitgehend vorenthalten."[786] Abgesehen davon, dass diese Formulierung die Frage aufwirft, in welchen sonstigen Bereichen einem Straftäter der Schutz der Rechtsordnung noch abgesprochen wird,[787] lassen sich so jegliche Verteidigungsrechte aushebeln oder zumindest ihr Schutzniveau senken.[788] Insbesondere kann durch diesen argumentativen Ausgangspunkt jede echte Rückwirkung bei Straftätern gerechtfertigt werden. So wäre die Entscheidung zur nachträglichen Anordnung der Sicherungsverwahrung[789] mit dieser Begründung wahrscheinlich anders ausgefallen. Schließlich handelte es sich bei den Betroffenen um überführte Straftäter, die in vielen Fällen schon einmal in einem psychiatrischen Krankenhaus untergebracht worden waren und eine negative Gefahrenprognose für die erneute Begehung erheblicher Straftaten hatten.[790] Diese Personen wussten um die Schwere ihrer Straftaten, dass der Grund für deren Begehung in ihrer Psyche lag und kannten eine von ihrer Persönlichkeit ausgehende Wiederholungsgefahr. Nach der Argumentation des Verfassungsgerichts konnten sie mit diesem Wissen also nicht darauf vertrauen, dass ihnen zum Schutz der Gesellschaft nachträglich nicht doch noch eine weitere Freiheitsentziehung auferlegt würde.

---

783 Eine Argumentation vom Ergebnis her nehmen auch an: BeckOK-StGB/*Heuchemer* Art. 316h EGStGB Rn. 1; *Schilling/Corsten/Hübner* wistra 2021, 174 (179); ebenfalls in diese Richtung: *Lenk* NJW 2021, 1231 (1232).

784 BVerfGE 156, 354 (412); BGH NStZ-RR 2018, 241 (242); BT-Drs. 18/11640, S. 84; auch nach dem OLG München 5 OLG 15 Ss 539/17, juris Rn. 72 ist die Schutzwürdigkeit der Betroffenen „deutlich geringer zu veranschlagen".

785 So *Bülte* NZWiSt 2021, 203 (205); a.A. *Weinbrenner* NStZ 2022, 65 (70).

786 BVerfGE 156, 354 (412).

787 Diese Frage stellt zu Recht: *Bülte* NZWiSt 2021, 203 (205).

788 *Schilling/Corsten/Hübner* wistra 2021, 174 (180); in diese Richtung auch *Reichling/Lange/Borgel* NStZ 2021, 417 (418), wenn sie auf die im Zuge der Entscheidung ergangenen Verschärfungen im Steuer(straf)recht hinweisen.

789 BVerfGE 133, 40.

790 So die Voraussetzungen des § 66b Abs. 3 StGB in der Fassung vom 23.07.2004, der Gegenstand der verfassungsgerichtlichen Entscheidung war.

Damit wäre die Schutzwürdigkeit des Vertrauens der Betroffenen ausgehebelt gewesen und in der Abwägung hätte dem Schutz der Bevölkerung vor künftigen, schwerwiegenden Straftaten ohne Weiteres der Vorrang eingeräumt werden können. Bekanntlich entschied das Gericht damals anders und ließ die Rückwirkung nur in eng umgrenzten Ausnahmefällen zu.[791] Aber das Beispiel zeigt, wie die vom Bundesverfassungsgericht nunmehr angewandte Argumentation jedes Abwägungsergebnis vorwegnehmen kann und eine objektive Gegenüberstellung und Bewertung von widerstreitenden Interessen unterläuft. Die Begründung einer echten Rückwirkung mit der Täterschaft der Betroffenen rüttelt am Kern des Vertrauensschutzes und der dazu ergangenen Rechtsprechung, die eine ausdifferenzierte Systematik hervorgebracht hat. Denn der Vertrauensschutz ist, abgesehen von den bekannten – wenn auch nicht abschließenden – Fallgruppen, immer und für jedermann zu berücksichtigen. Das umfasst auch Straftäter. Insbesondere gibt es unter den determinierten Fallgruppen keine, wonach Straftätern der Vertrauensschutz pauschal abgesprochen wird.[792] Doch eine solche scheint das Bundesverfassungsgericht entwickeln zu wollen, wenn es ausführt, es bestünden „Abstufungen, wie weit sich Vertrauen auf eine bestimmte gesetzliche Regelung legitimerweise bilden“[793] könne. Gleichzeitig widerspricht es damit seinem Befund, nach dem es sich zur Rechtfertigung der echten Rückwirkung nicht von einer Konstellation fehlenden Vertrauensschutzes überzeugen konnte.[794] Diese ungewohnte Inkonsistenz verdeutlicht die argumentativen Schwächen der verfassungsgerichtlichen Abwägung.[795] Sie lassen sich nur vermeiden, indem man berücksichtigt, dass die bloße Täterschaft bzw. strafrechtswidrige Vermögenslage zur Rechtfertigung einer echten Rückwirkung in dieser Pauschalität nicht ausreicht.[796] Das gilt mangels nachgewiesener Täterschaft erst recht für die rückwirkende Anwendung des § 76a Abs. 4 StGB.

---

791 Vgl. BVerfGE 133, 40 (57 f.).

792 Eine solche würde auch zu einem zumindest erläuterungsbedürftigen Konflikt mit dem Gleichheitsgrundsatz des Art. 3 Abs. 1 GG führen.

793 BVerfGE 156, 354 (411).

794 Vgl. BVerfGE 156, 354 (407), wonach die Rückwirkung mit überragenden Gemeinwohlbelangen, aber nicht einem fehlenden Vertrauensschutz gerechtfertigt sei.

795 Von einer fehlerhaften Abwägung gehen auch aus: BeckOK-StGB/*Heuchemer* Art. 316h EGStGB Rn. 1; *Bülte* NZWiSt 2021, 203 (208); *Hennecke* NZWiSt 2018, 121 (125 f.).

796 BGH NJW 2019, 1891 (1894); *Bülte* NZWiSt 2021, 203 (206); *Hennecke* NZWiSt 2018, 121 (125); *Maciejewski* wistra 2020, 441 (448); *Saliger* ZIS 2020, 210 (211); Stellungnahme der BRAK Nr. 13/2020, S. 8 f.; a.A. *Weinbrenner* NStZ 2022, 65 (72).

(2) Gegenüberstellung der widerstreitenden Interessen

Nachdem bereits festgestellt wurde, dass die Rückwirkung nicht zu einer Entlastung der Rechtsprechung führt, bleiben von den zu berücksichtigenden Interessen der Allgemeinheit noch die Unverbrüchlichkeit der Rechtsordnung, die Rechtstreue der Bevölkerung und die Abschöpfung des Tatertrages übrig. Aufgrund geringer Abschöpfungslücken wären diese drei Ziele ohne eine echte Rückwirkung nur in geringem Maße beeinträchtigt. Dementsprechend ist das Anliegen des Gesetzgebers nicht als besonders bedeutsam einzuschätzen. Insbesondere wies das bis zum 01.07.2017 geltende Abschöpfungsrecht keine schweren Mängel auf[797] und sorgte nicht für eine unerträgliche Rechtslage.[798]

Demgegenüber steht das schutzwürdige Vertrauen der Betroffenen in die ursprüngliche Rechtslage. Danach war eine Abschöpfung grundsätzlich nur bei einer nachgewiesenen Straftat möglich. Wegen § 76a Abs. 4 StGB ist dies nun nicht mehr erforderlich. Gerät man verschuldet oder unverschuldet in das Visier von Ermittlungen und hat „auffällige“[799] Vermögenswerte, lässt sich eine Abschöpfung praktisch nur noch durch den Nachweis eines legalen Erwerbs abwenden.[800] Insofern erscheint es sinnvoll, entsprechende Belege wegen § 76b StGB für mindestens dreißig Jahre aufzubewahren. Da dies bis zur Gesetzesänderung nicht notwendig gewesen ist,[801] wird es den meisten Betroffenen einer rückwirkenden Anwendung des § 76a Abs. 4 StGB schlicht wegen Zeitablaufs unmöglich sein, einen legalen Erwerb nachzuweisen.[802] Damit führt die Rückwirkung zu einer Einschränkung der Verteidigungsmöglichkeiten, die zudem Schuldige und Unschuldige in gleichem Maße treffen kann. Mangels

797 BVerfGE 156, 354 (411); *Saliger* ZIS 2020, 210 (211); Stellungnahme der BRAK Nr. 13/2020, S. 7 f.

798 BVerfGE 156, 354 (409); *Saliger* ZIS 2020, 210 (211); Stellungnahme der BRAK Nr. 13/2020, S. 7 f.

799 Wann davon auszugehen ist, dürfte zumindest in Grenzfällen eine sehr subjektive Entscheidung der Ermittlungsbehörden sein.

800 BR-Drs. 418/16, S. 104; BT-Drs. 18/9525, S. 92.

801 So betragen die steuerrechtlichen Aufbewahrungspflichten maximal zehn Jahre (§ 147 Abs. 3 i.V.m. Abs. 1 Nr. 1, 4, 4a AO, § 14b Abs. 1 UStG, § 257 Abs. 4 i.V.m. Abs. 1 Nr. 1, 4 HGB) und gelten in dieser Länge auch grundsätzlich nur für Unternehmer im weiteren Sinne (vgl. §§ 140 f. AO).

802 Darauf weisen *Hinderer/Blechschmitt* NZWiSt 2018, 179 (183) hin; *Saliger* ZStW 2017, 995 (1027) gibt ferner zu bedenken, dass das „Irrtumsrisiko für solche Eingriffe mit zunehmendem Zeitablauf exponentiell steigt.“

nachgewiesener Straftat streitet zu Gunsten der Betroffenen zudem ihre verfassungsrechtlich garantierte Eigentumsposition aus Art. 14 Abs. 1 GG.[803]

Das Interesse des Gesetzgebers an der Rückwirkung des neuen § 76a Abs. 4 StGB mag verständlich sein. Ein solches Instrument stand ihm bisher nicht zur Verfügung und auch wenn die rückwirkende Anwendung nur wenige Abschöpfungslücken zu schließen vermag, kann es dabei um hohe Beträge gehen, wie der Fall des Kammergerichts[804] zeigt. Deshalb liegt die Vermutung nahe, dass diese fiskalischen Interessen der eigentliche Grund für die Anordnung der Rückwirkung waren.[805] Doch hat das Bundesverfassungsgericht bereits in einer seiner ersten Entscheidungen klargestellt, dass fiskalische Interessen nicht geeignet sind, die „Preisgabe der Rechtssicherheit"[806] zu rechtfertigen. Für eine rückwirkende Anwendung des § 76a Abs. 4 StGB ist dabei auch zu berücksichtigen, dass seine Einführung nicht in der EU-Richtlinie 2014/42/EU, die ein Grund für die Reform des Vermögensabschöpfungsrecht war, begründet liegt.[807] Der Gesetzgeber hätte eine solche Norm also schon deutlich früher schaffen können, um entsprechende fiskalische Interessen durchzusetzen. So wird in der Gesetzesbegründung zu § 76a Abs. 4 StGB auf vergleichbare Instrumente aus dem anglo-amerikanischen und dem italienischen Recht verwiesen.[808] Diese Institute existierten nicht erst seit dem Anstoß des Gesetzgebungsverfahrens zur Reform der strafrechtlichen Vermögensabschöpfung im Jahre 2016.[809] Schon der in Bezug genommene vergleichende Report *Eurojust, Report on non-conviction-based confiscation*, stammte aus dem Jahre 2013.[810] Der Gesetzgeber hatte also

803 BR-Drs. 418/16, S. 104; BT-Drs. 18/9525, S. 92; *Saliger* ZStW 2017, 995 (1027); zur rückwirkenden Abschöpfung wegen bereits verjährter Straftaten: *Lenk* NJW 2021, 1231 (1232).

804 KG NZWiSt 2021, 74.

805 So auch: BeckOK-StGB/*Heuchemer* Art. 316h EGStGB Rn. 1; ebenfalls in diese Richtung: *Lenk* NJW 2021, 1231 (1232); *Reichling/Lange/Borgel* NStZ 2021, 417 (418).

806 BVerfGE 2, 380 (405).

807 BR-Drs. 418/16, S. 131; BT-Drs. 18/9525, S. 112; darauf weisen auch hin: *Saliger* ZStW 2017, 995 (1023); *Schilling/Hübner* StV 2018, 49 (52 f.); Stellungnahme der StVV vom 31.05.2016, S. 14 f.

808 Vgl. BR-Drs. 418/16, S. 62; BT-Drs. 18/9525, S. 58.

809 Siehe nur die Aufzählung in EGMR NVwZ 2016, 1621 (1623 f.) (Gogitidze u.a./Georgien); insbesondere weist das Gericht dort darauf hin, dass in Georgien bereits seit 1997 eine Möglichkeit existierte, gegen Amtsträger mit Vermögen ungeklärter Herkunft vorzugehen.

810 BR-Drs. 418/16, S. 62; BT-Drs. 18/9525, S. 58.

schon deutlich länger Kenntnis von der Möglichkeit eines Instruments wie § 76a Abs. 4 StGB. Zur Einführung eines solchen war er auch nicht von Entscheidungen auf der Ebene der Europäischen Union abhängig. Wenn es ihm also so wichtig gewesen wäre und er es für so nötig erachtet hätte, hätte der Gesetzgeber dieses Institut auch schon deutlich früher einführen können. Nur weil er jahrelang untätig war und jetzt ein neues Abschöpfungsinstrument für sich entdeckt hat, kann er seine Versäumnisse nunmehr nicht zu Lasten und auf dem Rücken der Betroffenen korrigieren.

Auch wenn man die fiskalischen Interessen unberücksichtigt lässt, überwiegt die Vertrauensschutzposition der Betroffenen die Rechtfertigungsgründe des Gesetzgebers. Es ist nicht ersichtlich, weshalb die Eigentumsgarantie und das Rückwirkungsverbot ohne den Nachweis einer Straftat und trotz einer verfassungsmäßigen alten Rechtslage gegenüber dem Abschöpfungsinteresse des Gesetzgebers zurücktreten müssten. Die wenigen Abschöpfungslücken führen zu einer nur geringen Betroffenheit der Gemeinwohlbelange. Im Gegensatz dazu kann eine rückwirkende Abschöpfung ohne nachgewiesene Straftat eine erhebliche Belastung für den Adressaten der Maßnahme darstellen.[811] Und eine solche war für den Betroffenen nicht vorhersehbar. So stellt *Bülte* zutreffend fest:

> *„Eine Vorschrift, die als Reaktion auf kriminelles Verhalten zugeschnitten ist, […] rückwirkend anzuwenden, weil sich der Betroffene strafrechtlich rechtswidrig verhalten hat, ist keine rationale Reaktion eines Rechtsstaats, sondern die Maßnahme eines Gesetzgebers, der es sich aus politischen Gründen – seien sie auch rational plausibel – ‚anders überlegt hat'. Das allgemeine verfassungsrechtliche Rückwirkungsverbot soll den Bürger vor genau solchen beliebigen Rückwirkungen schützen. Wenn die Rechtslage vorher nicht verfassungswidrig oder ansonsten unerträglich, sondern grundsätzlich hinnehmbar war, dann hatte der Gesetzgeber die Wahl, ob er das Abschöpfungsrecht überhaupt reformiert. Demnach kann die rückwirkende Anwendung nicht geboten sein. Für die Anordnung einer echten Rückwirkung fehlt damit die sachliche Rechtfertigung.“*[812]

Dem ist nichts hinzuzufügen. Eine echte Rückwirkung der selbstständigen erweiterten Einziehung kann nicht gerechtfertigt werden.

811 So BVerfGE 156, 354 (396) zur Intensität von Abschöpfungsmaßnahmen im Allgemeinen.

812 *Bülte* NZWiSt 2021, 203 (206) zur rückwirkenden Verjährungsverlängerung durch das neue Abschöpfungsrecht.

b) Zwischenergebnis

Nach hier vertretener Auffassung gibt es keine Notwendigkeit für die echt rückwirkende Anwendung des § 76a Abs. 4 StGB auf Sachverhalte vor dem 01.07.2017. Deshalb verstößt sie gegen das allgemeine Rückwirkungsverbot.[813]

4.) Zulässigkeit der unechten Rückwirkung

Die Fälle der unechten Rückwirkung dürften selten sein. Dazu bedarf es der Sicherstellung wegen eines Katalogtatverdachts nach § 76a Abs. 4 S. 3 StGB vor dem 01.07.2017. Wegen Art. 316h S. 2 EGStGB darf in diesen Verfahren bis zum Stichtag aber noch keine gerichtliche Entscheidung ergangen sein.[814]

Eine unechte Rückwirkung ist grundsätzlich zulässig.[815] Grenzen für den Gesetzgeber ergeben sich aber auch hier aus dem Grundsatz des Vertrauensschutzes und dem Verhältnismäßigkeitsprinzip.[816] Diese Grenzen sind jedoch erst überschritten, wenn die tatbestandliche Rückanknüpfung nicht geeignet oder erforderlich ist, um den Gesetzeszweck zu erreichen oder wenn das Bestandsinteresse der Betroffenen die gesetzgeberischen Veränderungsgründe überwiegt.[817]

a) Fehlende Geeignetheit oder Erforderlichkeit

Die gesetzgeberischen Ziele sind dieselben wie bei der echten Rückwirkung: Entlastung der Rechtsprechung, Unverbrüchlichkeit der Rechtsordnung erweisen,

---

813 Einen Verstoß gegen das Rückwirkungsverbot bei Anwendung des § 76a Abs. 4 StGB auf vor dem 01.07.2017 begangene Erwerbstaten nehmen auch an: BR-Drs. 418/16, S. 81; BT-Drs. 18/9525, S. 74; Lackner/Kühl/*Heger* § 76a Rn. 6; von einem Verstoß des Art. 316h EGStGB hinsichtlich der Anwendung auf bereits verjährte Straftaten gehen aus: BGH NJW 2019, 1891 (1895); *Bülte* NZWiSt 2021, 203 (206, 208); *Hennecke* NZWiSt 2018, 121 (126); *Saliger* ZIS 2020, 210; *Schilling/Corsten/Hübner* wistra 2021, 174 (180); Stellungnahme der BRAK Nr. 13/2020, S. 4; *Trüg* NJW 2019, 1895 (1896); ebenfalls zweifelnd: *Beukelmann* NJW-Spezial 2019, 376 f.; *Lenk* NJW 2021, 1231 (1232); *Reichling/Lange/Borgel* NStZ 2021, 417 (418); *Saliger* ZStW 2017, 995 (1026 f.).

814 Zur Erläuterung der Abgrenzung nach dem Zeitpunkt der Sicherstellung siehe: 2.) Übertragbarkeit auf § 76a Abs. 4 StGB?, S. 147 f.

815 St. Rspr., vgl. nur BVerfGE 30, 392 (402); 95, 64 (86); 101, 239 (263); 122, 374 (394).

816 BVerfGE 95, 64 (86); 101, 239 (263); 122, 374 (394).

817 BVerfGE 95, 64 (86); 101, 239 (263); 122, 374 (394).

Rechtstreue der Bevölkerung stärken und Abschöpfung des Tatertrages bei den Tätern.[818]

Allerdings sind diese Gründe jetzt anders zu bewerten. Da die Sicherstellung schon vor dem Inkrafttreten der neuen Regelungen erfolgt ist, sind die Gerichte damit bereits beschäftigt gewesen. Auch wenn ohne die Anwendung des § 76a Abs. 4 StGB auf diese Sachverhalte weniger Einziehungsentscheidungen ergehen würden, müssten aber immer Entscheidungen über den endgültigen Verbleib des sichergestellten Gegenstandes ergehen. Insofern führt die unechte Rückwirkung jedenfalls nicht zu einer Mehrbelastung der Gerichte, wie es bei der Rückbewirkung von Rechtsfolgen der Fall ist. Ob es dann für die Rechtsprechung eine Erleichterung darstellt, ausnahmslos das neue Recht anzuwenden, unterliegt der Einschätzung des Gesetzgebers und ist deshalb zu unterstellen.

Weiterreichende Abschöpfungsinstrumente in laufenden Verfahren einzusetzen sind ferner auch geeignet, die Unverbrüchlichkeit der Rechtsordnung zu erweisen und die Rechtstreue der Bevölkerung zu stärken. An der Erforderlichkeit gibt es ebenfalls keine Zweifel, da ein milderes gleich geeignetes Mittel nicht ersichtlich ist. Dasselbe gilt für das Ziel, den Tätern den Tatertrag nicht zu belassen. Die Zulässigkeit der unechten Rückwirkung scheitert somit nicht an der Geeignetheit und Erforderlichkeit der Maßnahme zur Erreichung der gesetzgeberischen Ziele.

b) Abwägung

Auch bei dieser Abwägung stehen sich das Vertrauen des Einzelnen auf die Fortgeltung der Rechtslage und die Interessen der Allgemeinheit gegenüber.[819] Gegen den Betroffenen wurde bereits nach alter Rechtslage ein Verfahren eingeleitet. Wird er einer Straftat überführt, ergeben sich kaum Unterschiede, ob das alte oder das neue Recht angewendet wird und es findet grundsätzlich eine Abschöpfung statt.[820] Lediglich, wenn keine Straftat nachgewiesen werden kann und die Voraussetzungen des § 76a Abs. 4 StGB gegeben sind, kommt es für die Zulässigkeit der Abschöpfung auf das Ergebnis der Abwägung an.

Zu berücksichtigen ist dabei, dass zum Zeitpunkt der Gesetzesänderung bereits eine Sicherstellung des Abschöpfungsgegenstandes erfolgt war. Dem Betroffenen waren also mögliche vermögensrechtliche Konsequenzen bewusst. Ab dem Stichtag konnte er nicht mehr darauf vertrauen, dass etwaige

818 BVerfGE 156, 354 (410 f.).
819 BVerfGE 127, 1 (18); 131, 20 (40) jeweils m.w.N.
820 Unterschiede würden sich insbesondere im Falle verjährter Straftaten ergeben.

Abschöpfungsmaßnahmen auch nach den ursprünglich geltenden Gesetzen erfolgen würden. Dies gilt trotz § 2 Abs. 5 StGB. Da eine Abschöpfung nach Auffassung des Gesetzgebers keine strafähnliche Wirkung entfaltet, gilt das absolute Rückwirkungsverbot des Art. 103 Abs. 2 GG nicht.[821] In der Folge war eine Abänderung des § 2 Abs. 5 StGB – wie durch die Übergangsvorschrift des Art. 316h EGStGB geschehen – möglich. Deshalb ist das Vertrauen von Adressaten einer vor dem 01.07.2017 erfolgten Sicherstellung in die ursprüngliche Rechtslage nicht schutzwürdig, soweit bis zum Stichtag noch keine Verfallsanordnung gemäß Art. 316h S. 2 EGStGB ergangen ist.[822]

Auch eine Beschränkung der Verteidigungsmöglichkeiten wie sie bei der echten Rückwirkung gegeben ist, ist nicht zu besorgen. Sie resultiert aus der uneingeschränkten rückwirkenden Anwendung des § 76a Abs. 4 StGB im Zusammenspiel mit der dreißigjährigen Verjährungsfrist des § 76b Abs. 1 StGB. Für einen Einziehungsadressaten wird es nahezu unmöglich sein, den Nachweis eines legalen Erwerbs für einen dreißig Jahre zurückliegenden Sachverhalt zu erbringen. Diese Gefahr besteht bei der unechten Rückwirkung in den meisten Fällen nicht. Die Sicherstellung erfolgte in einem Ermittlungsverfahren, das nach altem Recht eingeleitet wurde. Für eine Abschöpfung in Form des Verfalls nach altem Recht war erforderlich, dass die Tat noch nicht verjährt war, § 78 Abs. 1 S. 1 StGB a.F. Bei einem Ermittlungsverfahren sind etwaige Verfahrenshindernisse wie die Verjährung zu berücksichtigen, da es ansonsten gemäß § 170 Abs. 2 S. 1 StPO einzustellen ist.[823] Folglich handelte es sich bei den vor dem 01.07.2017 eingeleiteten und noch laufenden Verfahren – auch soweit sie auf eine Vermögensabschöpfung zielten – grundsätzlich nur um solche, bei denen die Strafverfolgungsbehörden davon ausgingen, es sei noch keine Verjährung eingetreten.[824] Eine dreißigjährige Verfolgungsverjährung existierte und existiert nur für Taten, die mit lebenslanger Freiheitsstrafe bedroht sind (vgl. § 78 Abs. 3 Nr. 1 StGB a.F.); darüber hinaus gibt es die Unverjährbarkeit bei Mord (vgl. § 78 Abs. 2 StGB a.F.). Im Vortatenkatalog des § 76a Abs. 4 S. 3 StGB findet sich aber weder der Mord noch eine andere Straftat, auf deren Begehung eine lebenslange Freiheitsstrafe

---

821 BT-Drs. 18/11640, S. 84; BVerfGE 156, 354 (388 ff.); BGH NJW 2019, 1891 (1892).

822 Zu diesem Schluss – aber auf ein anhängiges Strafverfahren abstellend – kommt auch der Verfassungsausschuss der Bundesrechtsanwaltskammer in seiner Stellungnahme gegenüber dem Bundesverfassungsgericht (BVerfGE 156, 354 (385 f.)).

823 BeckOK-StPO/*Gorf* § 170 Rn. 4.1; KK-StPO/*Moldenhauer* § 170 Rn. 15.

824 Aufgrund der neuen Regelungen sind seit dem 01.07.2017 auch Verfahren wegen verjährter Straftaten mit dem Ziel der Vermögensabschöpfung möglich.

steht. Die meisten Katalogtaten verjähren zwischen drei und zehn Jahren. In der Folge besteht die Gefahr einer Einschränkung der Verteidigungsmöglichkeiten bei vor dem 01.07.2017 eingeleiteten Verfahren auch dann nicht, wenn letztlich eine Abschöpfung nach § 76a Abs. 4 StGB erfolgt.

Daran ändert sich auch nichts, wenn während des Verfahrens festgestellt wird, dass die Straftat doch bereits verjährt ist. Damit Beginn und Dauer der Verjährung bestimmt werden können, muss bekannt sein, um welche Straftat es sich handelt, vgl. §§ 78, 78a StGB. Ist die Straftat jedoch bekannt, ist eine Anwendung von § 76a Abs. 4 StGB ausgeschlossen. Dann ist die Gefahr aber gebannt, dass eine Abschöpfung nur deshalb erfolgt, weil der Betroffene den legalen Erwerb des Einziehungsgegenstandes nicht mehr nachweisen kann. In der Folge sind seine Verteidigungsmöglichkeiten auch nicht eingeschränkt. Die Interessen der Betroffenen, die bei der echt rückwirkenden Anwendung zu einer Unzulässigkeit geführt haben, sind bei der unechten Rückwirkung nur noch in geringem Maße tangiert.

Demgegenüber steht das berechtigte Anliegen des Gesetzgebers, mit dem neuen Recht eine möglichst umfassende Abschöpfung von Taterträgen zu gewährleisten. Insbesondere kann durch § 76a Abs. 4 StGB verhindert werden, bereits sichergestellte und mutmaßlich rechtswidrig erlangte Gegenstände wieder herausgeben zu müssen. Im Rahmen von noch laufenden Verfahren ist es auch möglich, mit der Einziehung von Vermögenswerten die Rechtstreue der Bevölkerung zu stärken und die Unverbrüchlichkeit der Rechtsordnung zu erweisen. Diese wichtigen Ziele[825] stehen jedenfalls nicht erheblich hinter den Belangen der Einziehungsadressaten zurück. Deshalb führen die Interessen der Betroffenen nicht zu einer ausnahmsweisen Unzulässigkeit der unechten Rückwirkung. Eine fehlerhafte Abwägung des Gesetzgebers ist bei der tatbestandlichen Rückanknüpfung nicht ersichtlich. Somit ist die Anwendung des neuen Rechts auf vor dem 01.07.2017 sichergestellte Gegenstände zulässig.[826]

825 BGH NJW 2019, 1891 (1893 f.); *Bülte* NZWiSt 2021, 203 (204).

826 In diese Richtung auch *Korte* wistra 2018, 1 (9), der eine rückwirkende Abschöpfung für „Gegenstände, die wegen des Verdachts einer in § 76a Abs. 4 S. 3 StGB genannten Straftat sichergestellt wurden“ für möglich hält; ähnlich *Köhler/Burkhard* NStZ 2017, 665 (682), wonach das neue materielle Recht „auch für Verfahren, die zum Zeitpunkt des Inkrafttretens bereits liefen“ gelte.

III.) Ergebnis

Nach hier vertretener Auffassung verstößt die Anwendung des § 76a Abs. 4 StGB auf vermeintliche, vor dem Stichtag begangene Straftaten gegen das strafrechtliche Rückwirkungsverbot gemäß Art. 103 Abs. 2 GG.[827]

Selbst unter Zugrundelegung der gesetzgeberischen Ansicht, wonach es sich bei der Abschöpfung nicht um eine strafähnliche Maßnahme handelt, ist die rückwirkende Anwendung nicht mit dem allgemeinen Rückwirkungsverbot nach Art. 20 Abs. 3 GG vereinbar. In diesen Konstellationen muss das alte Abschöpfungsrecht unter Inkaufnahme geringer Abschöpfungslücken wegen des überwiegenden Bestandsinteresses der Betroffenen angewendet werden. Das bedeutet, es ist insbesondere ein Rückgriff auf § 76a Abs. 4 StGB gesperrt.

Lediglich in den wohl seltenen Fällen einer Sicherstellung vor dem Stichtag ohne eine bis dato erfolgte Entscheidung über die Anordnung des Verfalls, kann das neue Recht angewendet werden. Die in geringerem Maße tangierten Interessen der Betroffenen reichen nicht aus, um die grundsätzlich zulässige unechte Rückwirkung ausnahmsweise unstatthaft werden zu lassen.

---

827 So auch: BeckOK-StGB/*Heuchemer* Art. 316h EGStGB Rn. 1; *Reichling* wistra 2018, 139 (140); *Rebell-Houben* NZWiSt 2018, 153 (155); ebenfalls kritisch: MüKo-StPO/*Scheinfeld/Langlitz* § 437 Rn. 20; *Schilling/Corsten/Hübner* wistra 2021, 174 (179); *Trüg* NJW 2019, 1895 (1896).

F) Zusammenfassung und Ausblick

I.) Zusammenfassung der Ergebnisse

Nach hier vertretener Ansicht handelt es sich bei dem Abschöpfungsinstrument des § 76a Abs. 4 StGB um eine strafähnliche Maßnahme. In der Konsequenz verstößt sie deshalb sowohl gegen den Schuldgrundsatz und die Unschuldsvermutung als auch gegen die Selbstbelastungsfreiheit der Betroffenen und das strafrechtliche Rückwirkungsverbot. Da sie zudem einen unverhältnismäßigen Eingriff in die verfassungsrechtlich geschützte Eigentumsposition der Abschöpfungsadressaten darstellt, liegt auch ein Verstoß gegen Art. 14 Abs. 1 GG vor. Lediglich im Hinblick auf die freie richterliche Beweiswürdigung kann der selbstständigen erweiterten Einziehung eine Unbedenklichkeit attestiert werden.

Aus all diesen Gründen müsste das Bundesverfassungsgericht in dem Verfahren 2 BvR 533/21[828] nach seiner eigenen Rechtsprechung den Beschluss des Kammergerichts aufheben, eine Verfassungswidrigkeit des § 76a Abs. 4 StGB feststellen und die Norm für nichtig erklären, § 95 Abs. 3 S. 2 i.V.m. S. 1 BVerfGG.[829] Das dürfte gerade im Hinblick auf dieses spezielle Verfahren dem allgemeinen Gerechtigkeitsempfinden widersprechen. Die sichergestellten Immobilien und Vermögenswerte müssten an die Clanmitglieder zurückgegeben werden. Doch auch wenn es sich falsch anfühlt, ist es im Hinblick auf die Werte der Verfassung das Richtige. Der Schaden für den Rechtsstaat und die betroffenen Prinzipien des Grundgesetzes wäre ungleich größer, würde diese Entscheidung nicht getroffen. Im deutschen Rechtsstaat gibt es keine Einzelfallgesetzgebung (vgl. Art. 19 Abs. 1 S. 1 GG), weshalb sich auch für den Remmo-Clan keine Ausnahme statuieren lässt. Zudem muss ein Rechtsstaat solche unbillig wirkenden, aber rechtmäßigen Entscheidungen aushalten können. Ferner ist zu bedenken, dass dieses Problem nur wegen zweier Fehler des Gesetzgebers existiert. Zum einen hat er es versäumt, ein Abschöpfungsinstrument wie § 76a Abs. 4 StGB

---

828 Siehe dazu unter A) Einleitung, S. 13 f.

829 Stattdessen könnte das Bundesverfassungsgericht die Norm auch für mit dem Grundgesetz unvereinbar erklären, dem Gesetzgeber eine Frist zur Neuregelung setzen und das Verfahren an das Fachgericht zurückverweisen mit der Folge, dass dieses das Verfahren bis zur gesetzlichen Neuregelung auszusetzen hätte (vgl. *Lenz/Hansel* BVerfGG § 95 Rn. 80 f.). Stellt das Gericht aber wie der Verfasser einen Verstoß gegen das Rückwirkungsverbot fest, scheidet diese Möglichkeit für das Verfahren aus, da sich der zugrundeliegende Sachverhalt vor dem 01.07.2017 ereignet hat.

früher zu installieren, obwohl es ihm möglich gewesen wäre.[830] Zum anderen hat er, als er sich endlich zu einer solchen Regelung durchringen konnte, nicht auf die zahllosen mahnenden Stimmen gehört und deshalb eine verfassungswidrige Norm geschaffen.

II.) Ausblick

Auf das letzte Problem soll noch einmal eingegangen und eine mögliche Lösung entwickelt werden. Aufgrund der zahlreichen Verstöße und wegen des eindeutigen Willens des Gesetzgebers in der Gesetzesbegründung kommt eine Korrektur des § 76a Abs. 4 StGB über eine verfassungskonforme Auslegung nicht in Betracht.[831]

Die Kernprobleme der Norm sind ihre hohe Eingriffsintensität ohne das Erfordernis einer nachgewiesenen Straftat bei gleichzeitiger Beeinträchtigung der Selbstbelastungsfreiheit und des Eigentumsgrundrechts aus Art. 14 Abs. 1 GG. Senkt man die Eingriffsintensität, sodass die Strafähnlichkeit des Abschöpfungsinstruments entfällt, entgeht man dadurch bereits einem Verstoß gegen den Schuldgrundsatz und die Unschuldsvermutung. Dafür genügt es allerdings nicht, dieses Institut einfach in einem anderen Rechtsgebiet zu verorten.[832] Denn auch solche Maßnahmen können strafähnlich sein. Ein Beispiel dafür ist § 890 Abs. 1 ZPO, dem die Rechtsprechung einen strafähnlichen Sanktionscharakter zulegt.[833]

Es gibt zwei Möglichkeiten, die Einziehung von Vermögen unklarer Herkunft zu gewährleisten. Entweder man überarbeitet das bestehende Institut oder man entwirft eine neue Norm. Aufgrund der zahlreichen Probleme des gegenwärtigen Abschöpfungsinstruments ist die zuletzt genannte Option die erfolgversprechendere. Trotzdem ist sie anhand des gegenwärtigen Instituts zu entwickeln, um dessen Fehler zu vermeiden.

---

830 Siehe (2) Gegenüberstellung der widerstreitenden Interessen, S. 171 f. insbesondere war der Gesetzgeber nicht auf europäische Vorgaben bzw. Entscheidungen angewiesen.

831 Zu diesem Ergebnis kommen auch *Rönnau/Begemeier* JZ 2018, 443 (449 f.); a.A. LG Aachen 60 KLs 4/20, juris Rn. 58; LG Aachen 60 KLs 2/21, juris Rn. 45.

832 So auch *Hinderer/Blechschmitt* NZWiSt 2018, 179 (185); zu § 73d a.F.: *Weßlau* Aktuelles Verfassungsrecht und Strafverteidigung 141 (145).

833 Siehe nur: BVerfGE 84, 82 (87); 20, 323 (332); BVerfG NJW-RR 2007, 860 (861); BGH NJW-RR 2017, 836.

Die Strafähnlichkeit des § 76a Abs. 4 StGB resultiert daraus, dass mehr abgeschöpft werden kann als mutmaßlich strafrechtswidrig erlangt wurde, und eine Abschöpfung davon abhängig ist, dass sich das Gericht von einer rechtswidrigen Herkunftstat überzeugen kann. Bei Vermischungskonstellationen ließe sich das Problem der Mehrabschöpfung vermeiden, indem man § 73c StGB auf § 76a Abs. 4 StGB entsprechend anwendet.[834] In Fällen, in denen ein Gegenstand sowohl mit nachweislich legalen Mitteln als auch Vermögen unklarer Herkunft finanziert wurde bzw. sich aus legalem und mutmaßlich rechtswidrigem Vermögen zusammensetzt, ermöglicht § 73c StGB statt der Einziehung des gesamten Gegenstandes die Abschöpfung eines Geldbetrages in Höhe des bemakelten Anteils.[835] Konsequenterweise darf der Begriff des „Herrührens" dann auch nicht mehr nach der Lehre von der Totalkontamination definiert werden.[836] Denn danach würde der gesamte mischfinanzierte Gegenstand das Einziehungsobjekt darstellen und für eine Anwendung des § 73c StGB wäre kein Raum mehr. Die Folge dieser beiden Maßnahmen wäre eine Begrenzung des Abschöpfungsumfangs, was zu einer erheblichen Reduzierung der Eingriffsintensität in diesen Konstellationen führen würde.

Ebenfalls problematisch ist die Gefahr, in sonstigen Sachverhalten unwissentlich zu viel abzuschöpfen. Ein bereits erwähntes Beispiel ist der Schwarzarbeiter, der unter Geldwäscheverdacht gerät. Kann dieser Verdacht nicht nachgewiesen werden, wird alles, was über sein steuerlich angegebenes Einkommen hinausgeht, eingezogen. Das wäre dann der gesamte schwarz erarbeitete Ertrag, obwohl bei einem entsprechenden Nachweis nur die steuerlich ersparten Aufwendungen abgeschöpft werden dürften. Der Einziehungsbetroffene könnte dies zwar verhindern, indem er seine schwarz vorgenommenen Tätigkeiten offenlegt. Dann drohen ihm aber weitere Konsequenzen nach dem Schwarzarbeitsbekämpfungsgesetz und die Einleitung eines Verfahrens wegen Steuerhinterziehung nach § 370 AO. Gerade diese Wahl zwischen zwei Übeln – überhöhte Abschöpfung oder Einleitung eines Steuerstrafverfahrens – stellt einen Verstoß gegen die Selbstbelastungsfreiheit des Betroffenen dar. Beide Probleme lassen sich lösen,

---

834 Auf diese Lösungsmöglichkeit weist hin: SSW-StGB/*Heine* § 76a Rn. 15; ebenso: Entschließungsantrag Bündnis 90/Die Grünen im AVR (BT-Drs. 18/11640, S. 76); zum selben Ergebnis kommen *Rönnau/Begemeier* JZ 2018, 443 (449) durch Anwendung der Lehre von der Teilkontamination.

835 MüKo-StGB/*Joecks/Meißner* § 73c Rn. 6; Schönke/Schröder/*Eser/Schuster* § 73c Rn. 4.

836 *El-Ghazi/Marstaller/Zimmermann* NZWiSt 2021, 297 (300) plädieren für eine Abkehr vom Begriff des Herrührens, um die Reichweite des § 76a Abs. 4 StGB zu beschränken.

indem man entweder ein Beweisverwertungsverbot für Aussagen aus solchen Einziehungsverfahren konstituiert[837] oder eine sinngemäße Anwendung des § 97 Abs. 1 S. 3 InsO etabliert.[838] Danach dürfen Auskünfte des Betroffenen in einem späteren Straf- oder Ordnungswidrigkeitenverfahren nur mit seiner Zustimmung verwertet werden. Durch ein Verwertungsverbot könnte der Einziehungsbetroffene dafür sorgen, die Abschöpfung auf die tatsächlich rechtswidrig erworbenen Vermögenspositionen zu begrenzen, ohne sich selbst einer Straftat belasten zu müssen.

Aufgrund der Konzeption des § 76a Abs. 4 StGB besteht die reale Gefahr einer Einziehung bei Unschuldigen, die dann wegen Zeitablaufs oder fehlender Dokumentation nicht in der Lage sind, einen legalen Erwerb des sichergestellten Gegenstands nachzuweisen. Eine Lösung dieses Problems ergibt sich weder aus dem Anlasstatenkatalog noch der erforderlichen gerichtlichen Überzeugung, da sie sich nicht auf die Täterschaft des Einziehungsadressaten bezieht. Wie gezeigt, schafft es der Katalog des § 76a Abs. 4 S. 3 StGB nicht, den Kreis der möglichen Betroffenen auf Terroristen und Mitglieder der organisierten Kriminalität zu beschränken. Deshalb sollte die erwiesene Mitgliedschaft in einer dieser beiden gesetzeswidrigen Strukturen Tatbestandsvoraussetzung werden.[839] Dies würde zugleich zu einer Verhältnismäßigkeit der Maßnahme und einer Vereinbarkeit mit Art. 14 Abs. 1 GG führen. Denn ihre Anwendung wäre nunmehr tatsächlich auf den Bereich der organisierten Kriminalität und des Terrorismus beschränkt, wo eingriffsintensivere Maßnahmen angemessen sein dürften.[840] Durch diese Voraussetzung würde zwar nicht die vom Gesetzgeber angestrebte Erleichterung der Abschöpfung von Bargeldfunden bei Flughafen- oder Verkehrskontrollen erreicht werden.[841] Dies gilt zumindest dann, wenn der Besitzer des Geldes nicht

837 *Meyer* NZWiSt 2018, 246 (249); *Meyer* StV 2017, 343 (354); *Meyer* ZStW 2015, 241 (281); *Schilling/Hübner* StV 2018, 49 (57).

838 MüKo-StGB/*Joecks/Meißner* § 76a Rn. 25; dazu auch *Rönnau/Begemeier* JZ 2018, 443 (444 Fn. 10).

839 Eine ähnliche Regelung, die auf die Einziehung bei Amtsträgern begrenzt war, wurde vom Europäischen Gerichtshof für Menschenrechte für mit der EMRK vereinbar erklärt (EGMR NVwZ 2016, 1621 (Gogitidze u.a./Georgien)); in diese Richtung auch *Meyer* NZWiSt 2018, 246 (249); einen Überblick über die Ausgestaltung der Vermögensabschöpfung in anderen Ländern gibt *Meyer* ZStW 2015, 241 (267 ff.).

840 Auch *Höft* HRRS 2018, 196 (204) hält § 76a Abs. 4 StGB nicht für mit Art. 14 Abs. 1 GG vereinbar, weil der Anlasstatenkatalog keine Begrenzung auf die organisierte Kriminalität und den Terrorismus gewährleistet. Er will dieses Problem jedoch durch eine Überarbeitung des Katalogs lösen.

841 BR-Drs. 418/16, S. 49; BT-Drs. 18/9525, S. 48.

dem Bereich der organisierten Kriminalität oder des Terrorismus zugeordnet werden kann. Aber der zurzeit geltende § 76a Abs. 4 StGB ist zu so einer Erleichterung ebenfalls nicht in der Lage.[842] Deshalb ist hier dem Schutz Unschuldiger der Vorrang einzuräumen, insbesondere wenn dies dazu beiträgt, die Vorschrift verfassungskonform auszugestalten.

Ein weiteres Manko ist die erforderliche gerichtliche Überzeugung von einer rechtswidrigen Tat. Sie steht zum einen dem Ziel des Gesetzgebers im Weg, ein echtes ad rem-Verfahren zu etablieren,[843] und zum anderen verknüpft sie die selbstständige erweiterte Einziehung mit einem sozialethischen Unwerturteil.[844] Indem auf diese Voraussetzung verzichtet wird, entkoppelt man die selbstständige Einziehung vollständig von einem strafrechtlichen Vorwurf und macht den Anlasstatenkatalog des § 76a Abs. 4 S. 3 StGB überflüssig. Als Folge wäre die Vorschrift auch flexibler anwendbar. So könnte man eine Abschöpfung nicht nur im Kielwasser strafrechtlicher Ermittlungen wegen einer Katalogtat durchführen, sondern auch, wenn Steuer- und Finanzbehörden Vermögensdiskrepanzen, z.B. im Rahmen einer Steuerprüfung, feststellen.[845] Dies würde die Effektivität und Durchschlagskraft des Einziehungsinstruments insgesamt erhöhen. Erforderlich wäre dafür aber auch eine engere Zusammenarbeit zwischen den Finanz- und Strafverfolgungsbehörden und die Einrichtung von zentralen Stellen für die Vermögensabschöpfung, wie das in einigen Bundesländern bereits geschehen ist.[846] Wie bei einem echten ad rem-Verfahren wären die daran Beteiligten lediglich der Staat und die Sache selbst.[847] Es ginge dabei ausschließlich um die Frage, ob der Inhaber des Gegenstandes diesen mit seinen legalen Einkünften erwerben konnte oder nicht. Da eine Überzeugung von einer vorangegangen rechtswidrigen Tat nicht erforderlich ist, hat das Verfahren dann eher etwas von einer Steuerprüfung. Dies sollte durch die Überführung des Abschöpfungsinstruments in

842 Siehe (bb) Schutz der Rechte Dritter, S. 104 ff.

843 BR-Drs. 418/16, S. 104; BT-Drs. 18/9525, S. 92.

844 Vgl. bb) Strafcharakter nach der Rechtsprechung des Bundesverfassungsgerichts, S. 57 f.

845 Zwar können Finanzbehörden schon nach geltendem Recht gemäß § 401 AO einen Einziehungsantrag wegen Vermögen unklarer Herkunft stellen, erforderlich ist aber natürlich ein Katalogtatverdacht gemäß § 76a Abs. 4 S. 3 StGB (Klein/*Jäger* AO § 401 Rn. 4 ff., 13).

846 Siehe *Kaufmann*, Reform scheint sich zu bewähren, LTO vom 07.06.2019, https://www.lto.de/recht/justiz/j/vermoegensabschoepfung-straftaten-staatsanwaltschaften-reform-in-der-praxis-bewaehrt/, zuletzt abgerufen am 04.07.2022.

847 Vgl. dazu *Meyer* ZStW 2015, 241 (259); Stellungnahme der StVV vom 21.09.2016, S. 4.

ein anderes Rechtsgebiet unterstützt werden. Auch wenn das für sich genommen die Probleme allein nicht lösen kann, verstärkt es den Abstand zu einem Strafverfahren.[848] Da das Abschöpfungsinstrument schuldunabhängig und gegen das Einziehungsobjekt gerichtet ist,[849] bietet sich eine Verweisung der Strafprozessordnung in das Zivilrecht an.[850]

Daraus lassen sich dann auch die notwendigen Verjährungsvorschriften ableiten, die je nach Einziehungsobjekt variieren sollten, um sich nahtlos in das Rechtsgebiet einzufügen. Seiner Art nach handelt es sich bei dem Abschöpfungsinstrument um einen modifizierten Herausgabeanspruch des Staates. Soweit dieser bewegliche Gegenstände betrifft, sollte die Verjährungsfrist in Anlehnung an § 985 BGB drei Jahre betragen, vgl. § 195 BGB. Richtet sich der Anspruch gegen Immobilien, bietet sich die Übertragung der zehnjährigen Verjährungsfrist des § 196 BGB an. Die Verjährung beginnt wie gewöhnlich im Zivilrecht mit der Entstehung des Anspruchs und der Kenntniserlangung des Gläubigers von der Person des Schuldners und den anspruchsbegründenden Umständen, § 199 Abs. 1 BGB. Letztere lägen vor, wenn die Ermittlungsbehörden die Zugehörigkeit des Einziehungsbetroffenen zu einer Vereinigung der organisierten Kriminalität oder des Terrorismus und eine unerklärliche Diskrepanz zwischen dessen Vermögen und seinen legalen Einkünften feststellen. Die Verjährungshöchstfrist betrüge entsprechend § 199 Abs. 4 BGB ohne Rücksicht auf die Kenntnis oder grob fahrlässige Unkenntnis der Voraussetzungen zehn Jahre von der Entstehung an. Insofern würde dies letztlich zu einem Gleichlauf der Verjährung von Maßnahmen gegen Mobilien und Immobilien führen.

Unter Berücksichtigung dieser Vorgaben ist die Abschöpfung von Vermögen unklarer Herkunft möglich. Das neue Abschöpfungsinstrument muss in seinem Umfang auf das Vermögen unbekannter Herkunft und daraus gezogene Nutzungen begrenzt sein. Dadurch hat es eine geringere Eingriffsintensität als der gegenwärtige § 76a Abs. 4 StGB und stellt keine strafähnliche Maßnahme dar. In der Folge greifen der Schuldgrundsatz und die Unschuldsvermutung für dieses Institut nicht ein. Um den Betroffenen in Vermischungskonstellationen oder

---

848 Ein vom Strafverfahren losgelöstes, eigenständiges Institut favorisiert auch: *Meyer* StV 2017, 343 (344); *Meyer* ZStW 2015, 241 (266), auch wenn er eine Realisierung in einem strafrechtlichen Verfahren für möglich erachtet (*Meyer* ZStW 2015, 241 (267)).

849 Ausführlich zu den Zielrichtungen der einzelnen Abschöpfungsmodelle der verschiedenen Rechtsgebiete: *Saliger* ZStW 2017, 995 (1001 ff.).

850 Auch wenn das Zivilrecht hier favorisiert wird, ist das nicht zwingend, in Betracht käme auch eine Implementierung in das Verwaltungsrecht, vgl. *Meyer* StV 2017, 343 (344 f.); *Saliger* ZStW 2017, 995 (1022).

Fällen von Schwarzarbeit eine Möglichkeit zu geben, sich gegen übermäßige Abschöpfungen zu verteidigen und gleichzeitig ihre Selbstbelastungsfreiheit zu schützen, muss das neue Institut ferner mit einem Beweisverwertungsverbot ausgestattet werden. Das Gericht hat sich in einem Zivilverfahren von der Mitgliedschaft des Betroffenen in der organisierten Kriminalität oder einer terroristischen Vereinigung bzw. einer Gehilfen- oder Unterstützertätigkeit für eine solche zu überzeugen. Auf den ersten Blick mag das befremdlich wirken. Führt man sich aber vor Augen, dass Zivilgerichte beispielsweise bei der Prüfung des § 823 Abs. 2 BGB wegen Verstoßes gegen eine Norm des Strafgesetzbuches auch Straftatbestände zu prüfen haben, ist es nicht so systemfremd, wie es anfangs erscheint. Zudem muss sich die gerichtliche Überzeugung auf das Missverhältnis zwischen dem Wert des Gegenstandes und dem Einkommen des Betroffenen beziehen. Diese beiden Voraussetzungen machen im Zusammenspiel aus der bisherigen verfassungswidrigen Beweislastumkehr einen Beweis des ersten Anscheins. Denn der Erfahrungssatz, dass Vermögensdiskrepanzen bei Mitgliedern der organisierten Kriminalität oder des Terrorismus aus rechtswidrigen Taten stammen, dürfte kriminalistisch ohne Weiteres begründbar sein. Da sich das Gericht aber nicht von diesen rechtswidrigen Taten überzeugen muss, die Abschöpfung ohne den Verdacht einer Anlasstat erfolgen kann und das Verfahren nicht der Strafgerichtsbarkeit unterfällt, ist jede Verknüpfung zu einer Kriminalstrafe oder strafähnlichen Maßnahme gekappt. Gleichzeitig ist die Gefahr einer Einziehung bei Unschuldigen oder Personen, die mit keinem der beiden Kriminalitätsbereiche – organisierte Kriminalität oder Terrorismus – etwas zu tun haben, auf ein Minimum reduziert. Der Wegfall eines Vortatenkatalogs ist einerseits unproblematisch, weil seine begrenzende Wirkung – wie die aktuelle Regelung zeigt – ohnehin sehr limitiert ist und die Vermögensabschöpfung andererseits flexibler macht. Führt die Steuerprüfung bei einer bekanntermaßen der organisierten Kriminalität zugehörigen Person zu Vermögensdiskrepanzen, kann schon die Steuerbehörde ein Einziehungsverfahren in Gang setzen, ohne dass der Verdacht einer Anlasstat erforderlich wäre.

Im Ergebnis bleibt festzuhalten, dass eine Abschöpfung von Vermögen unklarer Herkunft in gesetzeskonformer Weise möglich ist, die gegenwärtige Regelung diesen Ansprüchen jedoch nicht genügt. Deshalb ist unter Rechtsstaatsgesichtspunkten zu hoffen, dass das Bundesverfassungsgericht das Abschöpfungsinstrument des § 76a Abs. 4 StGB in dem Verfahren 2 BvR 533/21 für mit der Verfassung unvereinbar erklärt und dem Gesetzgeber entsprechende Hinweise zur Ausgestaltung einer verfassungskonformen Regelung an die Hand gibt.

Literaturverzeichnis

Bach, Florian: Anmerkung zum Urteil des BGH vom 21.03.2002 – 5 StR 138/01, in: wistra 2006, S. 46-49.

Bauer, Wolfram: Anmerkung zum Beschluss des BGH vom 29.06.2010 – 1 StR 245/09, in: NStZ 2011, S. 396-398.

Beukelmann, Stephan: Selbstständige Einziehung – Non-conviction-based confiscation, in: NJW-Spezial 2019, S. 376-377.

Bittmann, Folker: Beiträge Vermögensabschöpfung: § 76a Abs. 1 und Abs. 4 StGB, § 459g Abs. 5 StPO – Drei Akte eines Lustspiels, in: wistra 2021, S. 257-262.

Bittmann, Folker: Das Gesetz zur Reform der strafrechtlichen Vermögensabschöpfung in der Rechtsprechung 2019/20, Teil 2, in: NStZ 2020, S. 648-658.

Bittmann, Folker: Praxiskommentar zum Urteil des BGH vom 18.09.2019 – 1 StR 320/18, in: NStZ 2020, S. 152-155.

Böhme, Frank; *Busch*, Markus: Das Gesetz zur Verbesserung der strafrechtlichen Bekämpfung der Geldwäsche: Richtlinienumsetzung und Neuausrichtung von § 261 StGB, in: wistra 2021, S. 169-174.

Bülte, Jens: Anmerkung zum Beschluss des BVerfG vom 10.02.2021 – 2 BvL 8/19, in: NZWiSt 2021, S. 203-208.

Dannecker, Gerhard: Anmerkung zum Urteil des BGH vom 16.05.2006 – 1 StR 46/06, in: NStZ 2006, S. 683-684.

Dierlamm, Alfred; *Krause*, Daniel; *Müller-Jacobsen*, Anke; *Park*, Tido; *Saliger*, Frank (Verf.): Bundesrechtsanwaltskammer Stellungnahme Nr. 15/2016 – Zum Referentenentwurf zur Reform der strafrechtlichen Vermögensabschöpfung, Berlin 2016 (zitiert: Stellungnahme der BRAK Nr. 15/2016, S.).

Dierlamm, Alfred; *Krause*, Daniel; *Park*, Tido; *Saliger*, Frank (Verf.): Bundesrechtsanwaltskammer Stellungnahme Nr. 39/2016 – Zum Regierungsentwurf eines Gesetzes zur Reform der strafrechtlichen Vermögensabschöpfung (BT-Drs. 18/9525), Berlin 2016 (zitiert: Stellungnahme der BRAK Nr. 39/2016, S.)

Dürig, Günter; *Herzog*, Roman; *Scholz*, Rupert; *Herdegen*, Matthias; *Klein*, Hans (Hrsg.): Grundgesetz Kommentar, München, 96. Ergänzungslieferung, Stand: November 2021, Bände: Band 2 (Art. 6-16a); Band 3 (Art. 17-28); Band 6 (Art. 87a-106b) (zitiert: Dürig/Herzog/Scholz/*Bearbeiter* GG Art. Rn.).

El-Ghazi, Mohamad; *Laustetter*, Christian: Das Gesetz zur Verbesserung der strafrechtlichen Bekämpfung der Geldwäsche – Ein Überblick über die wichtigsten Änderungen beim Straftatbestand des § 261 StGB und bei der selbständigen Einziehung nach § 76a Abs. 4 StGB, in: NZWiSt 2021, S. 209-216.

El-Ghazi, Mohamad; *Marstaller*, Marie-Lena; *Zimmermann*, Till: Die erweiterte selbständige Einziehung gem. § 76a Abs. 4 StGB nach der Reform des Geldwäschestrafrechts, in: NZWiSt 2021, S. 297-304.

El-Ghazi, Mohamad; *Zimmermann*, Till: Anmerkung zum Urteil des BGH vom 18.09.2019 – 1 StR 320/18, in: wistra 2020, S. 64-65.

Epping, Volker; *Hillgruber*, Christian (Hrsg.): Beck'scher Online-Kommentar Grundgesetz, 51. Edition, Stand: 15.05.2022, München (zitiert: BeckOK-GG/*Bearbeiter* Art. Rn.).

Erb, Volker; *Schäfer*, Jürgen (Hrsg.): Münchener Kommentar zum Strafgesetzbuch, München, Bände: Band 2 (§§ 38-79b), 4. Auflage 2020; Band 4 (§§ 185-262), 4. Auflage 2021 (zitiert: MüKo-StGB/*Bearbeiter* § Rn.).

Eser, Albin: Neue Wege der Gewinnabschöpfung im Kampf gegen die organisierte Kriminalität?, in: Beiträge zur Rechtswissenschaft – Festschrift für Walter Stree und Johannes Wessels zum 70. Geburtstag, Heidelberg 1993, S. 833-854.

Fischer, Thomas (Hrsg.): Strafgesetzbuch mit Nebengesetzen, 69. Auflage, München 2022 (zitiert: *Fischer* § Rn.).

Gebauer, Tim: Reform der strafrechtlichen Vermögensabschöpfung, in: ZRP 2016, S. 101-104.

Geiger, Thomas: Die Rechtsnatur der Sanktion. Der Grundrechtseingriff und die ihn legitimierenden Zwecke als Charakteristika der Rechtsnatur. Zur erforderlichen Differenzierung in einen formellen und einen materiellen Strafbegriff, veranschaulicht am Beispiel der §§ 56 ff. StGB. Die Rechtsnatur der Sanktionen des Strafgesetzbuches und ihr System im deutschen Strafrecht, insbesondere die Verfassungswidrigkeit der Vermögensstrafe, die Verfassungsmäßigkeit des Erweiterten Verfalls sowie die Weitergeltung des Nettoprinzips für den Verfall, Berlin 2006 (zitiert: *Geiger* Die Rechtsnatur der Sanktion, S.).

Graf, Jürgen (Hrsg.): Beck'scher Online-Kommentar StPO mit RiStBV und MiStra, 43. Edition, Stand: 01.04.2022, München (zitiert: BeckOK-StPO/*Bearbeiter* § Rn.).

Greier, Gunnar: Anmerkung zum Urteil des BGH vom 18.09.2019 – 1 StR 320/18, in: jurisPR-StrafR 2/2020 Anm. 2.

Grüneberg, Christian (Hrsg.): Bürgerliches Gesetzbuch mit Nebengesetzen, 81. Auflage, München 2022 (zitiert: Grüneberg/*Bearbeiter* BGB § Rn.).

Hannich, Rolf (Hrsg.): Karlsruher Kommentar zur Strafprozessordnung mit GVG, EGGVG und EMRK, 8. Auflage, München 2019 (zitiert: KK-StPO/*Bearbeiter* § Rn.).

Heintschel-Heinegg, Bernd von (Hrsg.): Beck'scher Online-Kommentar StGB, 53. Edition, Stand: 01.05.2022, München (zitiert: BeckOK-StGB/*Bearbeiter* § Rn.).

Hellmann, Uwe: Richterliche Überzeugungsbildung und Schätzung bei der Bemessung strafrechtlicher Sanktionen, in GA 1997, S. 503-524.

Hennecke, Frank: Ein Ende der Verjährung – Zur Verfassungsmäßigkeit des „Gesetzes zur Reform der strafrechtlichen Vermögensabschöpfung", in: NZWiSt 2018, S. 121-126.

Hinderer, Patrick; *Blechschmitt*, Lisa: Die „erweiterte selbständige Einziehung" nach § 76a Abs. 4 StGB i.V.m. § 437 SPO, in: NZWiSt 2018, S. 179-185.

Höft, Kersten: § 76a Abs. 4 StGB – Ein neues und verfassungswidriges Instrument im deutschen Vermögensabschöpfungsrecht, in: HRRS 2018, S. 196-204.

Hohn, Kristian: Die Bestimmung des erlangten Etwas i.S.d. § 73 StGB durch den BGH – Zur Funktion und Leistungsfähigkeit des Bruttoprinzips –, in: wistra 2003, S. 321-327.

Hoyer, Andreas: Die Rechtsnatur des Verfalls angesichts des neuen Verfallsrechts, in: GA 1993, S. 406-422.

Hüls, Silke: Zur Reform des Rechts der Vermögensabschöpfung im Strafrecht, in: ZWH 2017, S. 242-251.

Jarass, Hans; *Pieroth*, Bodo (Begr.): Grundgesetz für die Bundesrepublik Deutschland Kommentar, 16. Auflage, München 2020 (zitiert: Jarass/Pieroth/*Bearbeiter* GG Art. Rn.).

Jauernig, Othmar (Begr.): Bürgerliches Gesetzbuch mit Rom-I-VO, Rom-II-VO, Rom-III-VO, EG-UnthVO/HUntProt und EuErbVO Kommentar, 18. Auflage, München 2021 (zitiert: Jauernig/*Bearbeiter* BGB § Rn.).

Joecks, Wolfgang; *Miebach*, Klaus (Hrsg.): Münchener Kommentar zum Strafgesetzbuch, Band 4 (§§ 185-262), 2. Auflage, München 2012 (zitiert: MüKo-StGB/*Bearbeiter* 2. Auflage § Rn.).

Kindhäuser, Urs; *Neumann*, Ulfried; *Paeffgen*, Hans-Ullrich (Hrsg.): Strafgesetzbuch, 5. Auflage, Baden-Baden 2017, Bände: Band 1 (§§ 1-79b); Band 2 (§§ 80-231); Band 3 (§§232-358) (zitiert: NK-StGB/*Bearbeiter* § Rn.).

Klein, Franz; *Orlopp*, Gerd (Begr.): Abgabenordnung einschließlich Steuerstrafrecht, 15. Auflage, München 2020 (zitiert: Klein/*Bearbeiter* AO § Rn.).

Knauer, Christoph; *Kudlich*, Hans; *Schneider*, Hartmut (Hrsg.): Münchener Kommentar zur Strafprozessordnung, München, Bände: Band 1 (§§ 1-150), 1. Auflage, 2014; Band 2 (§§ 151-332), 1. Auflage, 2016; Band 3/1 (§§ 333-499), 1. Auflage, 2019 (zitiert: MüKo-StPO/*Bearbeiter* § Rn.).

Köhler, Marcus: 3. Unternehmensstrafrechtliche Tage, in: NZWiSt 2018, S. 226-230.

Köhler, Marcus: Die Reform der strafrechtlichen Vermögensabschöpfung – Teil 1/2 – Überblick und Normverständnis für die Rechtspraxis –, in: NStZ 2017, S. 497-512.

Köhler, Marcus; *Burkhard*, Christiane: Die Reform der strafrechtlichen Vermögensabschöpfung – Teil 2/2 – Überblick und Normverständnis für die Rechtspraxis –, in: NStZ 2017, S. 665-682.

Köllner, Rolf; *Mück*, Jörg: Reform der strafrechtlichen Vermögensabschöpfung, in: NZI 2017, S. 593-599.

Korte, Matthias: Vermögensabschöpfung reloaded, in: wistra 2018, S. 1-12.

Kraushaar, Felix: Anmerkung zum Urteil des BGH vom 18.09.2019 – 1 StR 320/18, in: NJW 2020, S. 167-168.

Kraushaar, Felix: Die Einziehung nach § 76a Abs. 4 StGB – Zivilprozess im Strafprozess?, in: NZWiSt 2019, S. 288-293.

Krüger, Wolfgang; *Rauscher*, Thomas (Hrsg.): Münchener Kommentar zur Zivilprozessordnung mit Gerichtsverfassungsgesetz und Nebengesetzen, Band 1 (§§ 1-354), 6. Auflage, München 2020 (zitiert: MüKo-ZPO/*Bearbeiter* § Rn.).

Lackner, Karl; *Kühl*, Kristian; *Heger*, Martin (Hrsg.): Strafgesetzbuch Kommentar, 29. Auflage, München 2018 (zitiert: Lackner/Kühl/*Bearbeiter* § Rn.).

Leitner, Werner; *Rosenau*, Henning (Hrsg.): Wirtschafts- und Steuerstrafrecht, 2. Auflage, Baden-Baden 2022 (zitiert: NK-WSS/*Bearbeiter* StGB § Rn.).

Lenk, Maximilian: Anmerkung zum Beschluss des BVerfG vom 10.02.2021 – 2 BvL 8/19, in: NJW 2021, S. 1231-1232.

Lenz, Christofer; *Hansel*, Ronald (Hrsg.): Bundesverfassungsgerichtsgesetz Handkommentar, 3. Auflage, Baden-Baden 2020 (zitiert: *Lenz/Hansel* BVerfGG § Rn.).

Löffelmann, Markus (Hrsg.): Rechtspolitik 2016 – Kommentare zu rechtspolitischen Themen des Jahres, Norderstedt 2016 (zitiert: *Löffelmann* Rechtspolitik 2016, S.).

Maciejewski, Tim: Rückwirkende Gesetzesverschärfungen im Steuerstrafrecht – Verfassungswidrig, nur unsystematisch oder noch nicht weitgehend genug? –, in: wistra 2020, S. 441-449.

Madauß, Norbert: Das neue Recht der strafrechtlichen Vermögensabschöpfung und Steuerstrafverfahren – Fragen aus der Sicht der Praxis, in: NZWiSt 2018, S. 28-35.

Mangoldt, Hermann von; *Klein*, Friedrich; *Starck*, Christian (Begr.): Grundgesetz Kommentar, 7. Auflage, München 2018, Bände: Band 1 (Präambel-Art. 19);

Band 2 (Art. 20-82); Band 3 (Art. 83-146) (zitiert: v. Mangoldt/Klein/Starck/*Bearbeiter* GG Art. Rn.).

Matt, Holger; *Saliger*, Frank (Verf.): Bundesrechtsanwaltskammer Stellungnahme Nr. 13/2020 – Verfassungsbeschwerde zur verfassungsrechtlichen Prüfung des Art. 316h Satz 1 EGStGB – Aussetzungs- und Vorlagebeschluss des BGH v. 07.03.2019 (3 StR 192/18) – 2 BvL 8/19 –, Berlin 2020 (zitiert: Stellungnahme der BRAK Nr. 13/2020, S.).

Meißner, Markus; *Schütrumpf*, Matthias (Verf.): Organisationsbüro Strafverteidigervereinigungen – Stellungnahme der Strafverteidigervereinigungen zum Entwurf eines Gesetzes zur strafrechtlichen Vermögensabschöpfung (RefE des BMJV) vom 31.05.2016, Berlin 2016 (zitiert: Stellungnahme der StVV vom 31.05.2016, S.).

Meißner, Markus; *Schütrumpf*, Matthias (Verf.): Organisationsbüro Strafverteidigervereinigungen – (Ergänzende) Stellungnahme zum Entwurf eines Gesetzes zur strafrechtlichen Vermögensabschöpfung (Gesetzesentwurf der Bundesregierung) vom 21.09.2016, Berlin 2016 (zitiert: Stellungnahme der StVV vom 21.09.2016).

Meyer, Frank: Abschöpfung von Vermögen unklarerer Herkunft, in: NZWiSt 2018, S. 246-250.

Meyer, Frank: Die selbstständige Einziehung nach § 76a StGB-E, oder: Don't bring a knife to a gunfight, in: StV 2017, S. 343-354.

Meyer, Frank: „Reformiert die Rückgewinnungshilfe!" – Denkanstöße für eine Generalüberholung der Vermögensabschöpfung, in: ZStW 127 (2015), S. 241-283.

Meyer-Goßner, Lutz; *Schmitt*, Bertram; *Köhler*, Marcus (Hrsg.): Strafprozessordnung mit GVG und Nebengesetzen, 65. Auflage, München 2022 (zitiert: Meyer-Goßner/Schmitt/*Bearbeiter* § Rn.).

Münch, Ingo von; *Kunig*, Philip (Begr.): Grundgesetz Kommentar, 7. Auflage, München 2021, Bände: Band 1 (Präambel-Art. 69); Band 2 (Art. 70-146) (zitiert: v. Münch/Kunig/*Bearbeiter* GG Art. Rn.).

Musielak, Hans-Joachim; *Voit*, Wolfgang (Hrsg.): Zivilprozessordnung mit Gerichtsverfassungsgesetzt Kommentar, 19. Auflage, München 2022 (zitiert: Musielak/Voit/*Bearbeiter* ZPO § Rn.).

Pelz, Christian: Abschöpfung von Vermögen unklarer Herkunft in Deutschland, in: NZWiSt 2018, S. 251-254.

Pohar, Katerina-Maria: Die Rechtsnatur der verurteilungsunabhängigen Vermögensabschöpfung nach § 76a Abs. 4 StGB i.V.m. § 437 StPO, Berlin 2022, zugl.: Diss., Hagen 2022 (zitiert: *Pohar* Die Rechtsnatur der verurteilungsunabhängigen Vermögensabschöpfung, S.).

Prütting, Hanns; *Wegen*, Gerhard; *Weinreich*, Gerd (Hrsg.): BGB – Bürgerliches Gesetzbuch Kommentar, 16. Auflage, Hürth 2021 (zitiert: PWW/*Bearbeiter* BGB § Rn.).

Rebell-Houben, Hanja: Anmerkung zum Urteil des LG Kaiserslautern vom 20.09.2017 – 7 KLs 6052 Js 8343/16 (3), in: NZWiSt 2018, S. 153-156.

Reichling, Tilman: Anmerkung zum Urteil des LG Kaiserslautern vom 20.09.2017 – 7 KLs 6052 Js 8343/16 (3), in: wistra 2018, S. 139-140.

Reichling, Tilman; *Lange*, Moritz; *Borgel*, Laura: Praxiskommentar zum Beschluss des Bundesverfassungsgerichts vom 10.02.2021 – 2 BvL 8/19, in: NStZ 2021, S. 417-418.

Rönnau, Thomas: Beweiserleichterungen im kommenden Vermögensabschöpfungsrecht?, in: Strafrecht – Jugendstrafrecht – Kriminalprävention in Wissenschaft und Praxis – Festschrift für Heribert Ostendorf zum 70. Geburtstag am 7. Dezember 2015, Baden-Baden 2015, S. 707-724.

Rönnau, Thomas; *Begemeier*, Moritz: Die neue erweiterte Einziehung gem. § 73a Abs. 1 StGB-E: mit Kanonen auch auf Spatzen?, in: NZWiSt 2016, S. 260-264.

Rönnau, Thomas; *Begemeier*, Moritz: Die Vermögensabschöpfung ist keine Strafe!? – Zur Rechtsnatur der §§ 73 ff. StGB anlässlich BVerfG, Beschl. v. 10.02.2021 - 2 BvL 8/19, in NStZ 2021, S. 705-708.

Rönnau, Thomas; *Begemeier*, Moritz: Grund und Grenzen der Bruttoeinziehung – Zur Gestaltung der Bruttoabschöpfung anlässlich der Reform der strafrechtlichen Vermögensabschöpfung, in: GA 2017, S. 1-19.

Rönnau, Thomas; *Begemeier*, Moritz: Wider die Entgrenzung der Vermögenseinziehung gemäß § 76a Abs. 4 StGB durch die Geldwäschedogmatik, in: JZ 2018, S. 443-450.

Sachs, Michael: Anmerkung zum Beschluss des BVerfG vom 10.02.2021 – 2 BvL 8/19, in: JuS 2021, S. 1204-1206.

Sachs, Michael (Hrsg.): Grundgesetz Kommentar, 9. Auflage, München 2021 (zitiert: Sachs/*Bearbeiter* GG Art. Rn.).

Säcker, Franz Jürgen; *Rixecker*, Roland; *Oetker*, Hartmut; *Limperg*, Bettina (Hrsg.): Münchener Kommentar zum Bürgerlichen Gesetzbuch, München, Bände: Band 4 (§§ 433-534), 8. Auflage 2019; Band 5 (§§ 533-630h), 8. Auflage 2020; Band 7 (§§ 705-853), 8. Auflage 2020 (zitiert: MüKo-BGB/*Bearbeiter* § Rn.).

Saenger, Ingo (Hrsg.): Zivilprozessordnung mit Familienverfahren, Gerichtsverfassung, Europäisches Verfahrensrecht – Handkommentar, 9. Auflage, Baden-Baden 2021 (zitiert: Saenger/*Bearbeiter* ZPO § Rn.).

Saliger, Frank: Anmerkung zum Beschluss des BGH vom 07.03.2019 – 3 StR 192/18, in: ZIS 2020, S. 210-211.

Saliger, Frank: Grundfragen der Vermögensabschöpfung, in: ZStW 129 (2017), S. 995-1034.

Satzger, Helmut; *Schluckebier*, Wilhelm; *Widmaier*, Gunter (Hrsg.): Strafgesetzbuch Kommentar, 5. Auflage, Hürth 2021 (zitiert: SSW-StGB/*Bearbeiter* § Rn.).

Satzger, Helmut; *Schluckebier*, Wilhelm; *Widmaier*, Gunter (Hrsg.): Strafprozessordnung mit GVG und EMRK Kommentar, 4. Auflage, Köln 2020 (zitiert: SSW-StPO/*Bearbeiter* § Rn.).

Schilling, Hellen; *Corsten*, Johannes; *Hübner*, Yannic: Das Gesetz zur Reform der strafrechtlichen Vermögensabschöpfung, in: StraFo 2017, S. 305-316.

Schilling, Hellen; *Corsten*, Johannes; *Hübner*, Yannic: Entkoppelung der Verjährung strafrechtlicher Einziehung auch rückwirkend – Besprechung von BVerfG, wistra 2021, 193 –, in: wistra 2021, S. 174-180.

Schilling, Hellen; *Hübner*, Yannic: „Non-conviction-based confiscation" – Ein Fremdkörper im neuen Recht der strafrechtlichen Vermögensabschöpfung?, in: StV 2018, S. 49-57.

Schneiderhan, Peter (Verf.): Deutscher Richterbund – Zweite Stellungnahme des Deutschen Richterbundes zum Gesetzentwurf zur Reform der strafrechtlichen Vermögensabschöpfung, Stellungnahme Nr. 19/16, Berlin 2016 (zitiert: Stellungnahme des DRB Nr. 19/16, S.).

Schönke, Adolf; *Schröder*, Horst (Begr.): Strafgesetzbuch Kommentar, 30. Auflage, München 2019 (zitiert: Schönke/Schröder/*Bearbeiter* § Rn.).

Schörner, Christian: Sud Fondi, Varvara und G.I.E.M.: Die Entscheidungen des EGMR zu einer italienischen Non-Conviction-Based-Confiscation als Indikator für die Konventionswidrigkeit des deutschen § 76a Abs. 4 StGB? Zugleich Anmerkung zu EGMR G.I.E.M. S.r.l. u.a. v. Italien, Urt. v. 28.6.2018 – 1828/06, 34163/07 und 19029/11, in: ZIS 2019, S. 144-152.

Stockinger, Barbara (Verf.): Deutscher Richterbund – Stellungnahme zum Referentenentwurf eines Gesetzes zur Reform der strafrechtlichen Vermögensabschöpfung, Stellungnahme Nr. 9/16, Berlin 2016 (zitiert: Stellungnahme des DRB Nr. 9/16, S.).

Trüg, Gerson: Anmerkung zum Beschluss des BGH vom 07.03.2019 – 3 StR 192/18, in: NJW 2019, S. 1895-1896.

Trüg, Gerson: Die Reform der strafrechtlichen Vermögensabschöpfung, in: NJW 2017, S. 1915-1918.

Trüg, Gerson (Verf.): Stellungnahme des Deutschen Anwaltvereins durch den Ausschuss Strafrecht zum Entwurf eines Gesetzes zur Reform der strafrechtlichen Vermögensabschöpfung – Empfehlungen der Ausschüsse des

Bundesrates (Bundesrat-Drucksache 418/1/16 vom 12.09.2016, Stellungnahme Nr. 59/2016, Berlin 2016 (zitiert: Stellungnahme des DAV Nr. 59/2016, S.).

Trüg, Gerson; *Maier-Reimer*, Georg; *Beaumart*, Markus; *Mayer*, Barbara; *Pannen*, Klaus; *Rigol*, Ruth; *Rotter*, Klaus (Verf.): Stellungnahme des Deutschen Anwaltvereins durch die Ausschüsse Strafrecht, Zivilrecht, Insolvenzrecht und Bank- und Kapitalmarktrecht zum Referentenentwurf des Bundesministeriums der Justiz und für Verbraucherschutz – Entwurf eines Gesetzes zur Reform der strafrechtlichen Vermögensabschöpfung, Stellungnahme Nr. 30/2016, Berlin 2016 (zitiert: Stellungnahme des DAV Nr. 30/2016, S.).

Veljovic, Miguel: Anmerkung zum Beschluss des KG vom 30.09.2020 – 4 Ws 46/20 – 161 AR 97/20, in: NZWiSt 2021, S. 82-83.

Weigend, Thomas: Zur Reichweite der Unschuldsvermutung, in: Systematik in Strafrechtswissenschaft und Gesetzgebung – Festschrift für Klaus Rogall zum 70. Geburtstag am 10. August 2018, Berlin 2018, S. 739-755.

Weinbrenner, Christoph: Übergangsfälle der Vermögensabschöpfung nach Art. 316h S. 1 EGStGB, in: NStZ 2022, S. 65-72.

Weßlau, Edda: Verfassungsrechtliche Probleme der Vorschrift über den erweiterten Verfall (§ 73d StGB), in: 20. Strafverteidigertag – Aktuelles Verfassungsrecht und Strafverteidigung, Köln 1996, S. 141-154.

Weßlau, Edda: Neue Methoden der Gewinnabschöpfung? – Vermögensstrafe, Beweislastumkehr –, in: StV 1991, S. 226-235.

www.ingramcontent.com/pod-product-compliance
Ingram Content Group UK Ltd.
Pitfield, Milton Keynes, MK11 3LW, UK
UKHW021853290926
8980IPUK00005B/815

9 783631 910559